DES SOINS

A DONNER

UX MALADES

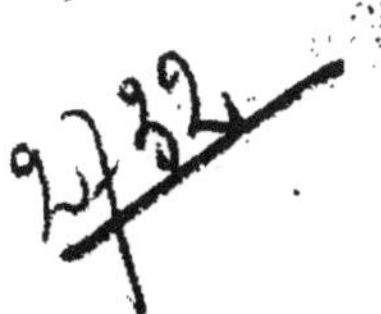

IMPRIMERIE L. TOINON ET Ce, A SAINT-GERMAIN.

DES SOINS

A DONNER

AUX MALADE

CE QU'IL FAUT FAIRE, CE QU'IL FAUT ÉVITER

PAR

MISS NIGHTINGALE

OUVRAGE TRADUIT DE L'ANGLAIS, AVEC L'AUTORISATION DE L'AUTEUR

PRÉCÉDÉ D'UNE LETTRE DE M. GUIZOT

ET

D'UNE INTRODUCTION PAR M. DAREMBERG

DEUXIÈME ÉDITION

PARIS

LIBRAIRIE ACADÉMIQUE

DIDIER ET Cᵉ, LIBRAIRES-ÉDITEURS

35, QUAI DES AUGUSTINS

1869

Tous droits réservés

LETTRE DE M. GUIZOT

A M. LE Dr DAREMBERG

On vous a dit, monsieur, que j'avais connu en Angleterre miss Nightingale, et vous me demandez si je ne pourrais pas vous donner à son sujet quelques détails. J'ai vu assez souvent en effet, en 1848 et 1849, cette personne qu'alors déjà tous ceux qui la connaissaient trouvaient si rare, et qui depuis est devenue si vertueusement célèbre. Quelquefois, à Brompton où j'habitais, elle venait voir mes filles à qui elle témoignait un intérêt affectueux. Je me souviens qu'elle vint un jour pendant que, seul avec mes enfants, je leur lisais quelques scènes de *Polyeucte*; elle me demanda de continuer la lecture, et je fus

frappé de l'expression gravement émue que
prit en l'écoutant sa physionomie. Pas plus
que personne et qu'elle-même, je ne me dou-
tais alors de l'emploi que miss Nightingale
ferait un jour de sa vie ; mais j'entrevis une
âme à la fois forte et sympathique, pour qui
les grandes pensées et les grands dévouements
avaient un sérieux attrait, et capable de les
accomplir comme de les admirer. Je n'ai pas
revu miss Nightingale depuis cette époque ;
mais j'ai gardé d'elle un profond souvenir, et
l'exemple de charité et de puissance chrétienne
qu'elle a donné dans la guerre de Crimée ne
m'a paru que le développement de la nature
que j'avais pressentie.

Je ne suis pas bien au courant de tout ce
qu'a fait, depuis la paix, miss Nightingale
pour naturaliser en Angleterre, et en harmonie
avec son état social, les Sœurs de la charité,
et je n'ai et ne puis avoir, sur la valeur médicale de son petit écrit, *Des soins à donner aux
malades*, aucune opinion ; mais l'intelligence
profondément humaine de l'état moral des malades, et de l'effet que peuvent produire sur
eux des soins à la fois matériels et moraux,

éclate à chaque ligne dans cet ouvrage ; je tiens pour impossible que les médecins et les gardes-malades n'y trouvent pas des directions, je dirai plutôt des inspirations efficaces et salutaires. On fait donc très-bien de le publier en France ; et en l'autorisant de votre suffrage, vous vous associez, monsieur, au bien que miss Nightingale, après en avoir tant fait de sa personne, veut et peut faire encore par ses conseils. Je vous en félicite, et je vous prie de croire à mes sentiments les plus affectueux comme les plus distingués.

GUIZOT.

Val-Richer, 16 juillet 1862.

INTRODUCTION

Quelques personnes de beaucoup de charité et de beaucoup d'esprit ont pensé qu'il serait bon de traduire en français un ouvrage de miss Nightingale dont voici le titre : *Notes on nursing ; what it is, and what it is not*, et qui a eu, soit en Angleterre, soit en Amérique, plusieurs éditions tirées à un grand nombre d'exemplaires. Elles m'ont fait l'honneur de me consulter sur l'opportunité d'une telle publication ; comme je suis d'avis qu'il serait difficile de mettre un meilleur livre aux mains des gens du monde et même sous les yeux des médecins, j'ai fort approuvé le projet qui m'était soumis, j'ai même accepté volontiers la tâche de surveiller l'impression de ce petit volume et de parler du livre et de l'auteur dans le *Journal des Débats.*

Le nom de miss Nightingale, déjà populaire en Angleterre, s'est répandu dans le monde civilisé depuis le jour où cette noble femme, n'écoutant que son amour du prochain, se mit à la suite de l'armée anglaise pour organiser et diriger en Crimée le service des ambulances. Le livre que nous annonçons a été traduit par une dame dont le zèle pour le soin des pauvres et des malades, pour le soulagement de toutes les misères physiques et morales, ne connaît ni limites ni obstacles; cette dame a fait de la vie de miss Nightingale un récit simple et vrai que nous sommes heureux de pouvoir imprimer en entier à la suite de cette Introduction. On apprendra avec intérêt, et non sans en être touché, dans quelles circonstances miss Nightingale a réuni les matériaux de son ouvrage, ou plutôt comment elle a su dérober quelques instants à ses œuvres de prédilection pour recueillir et rassembler ses notes. De cette façon, on éprouvera plus de sympathie pour l'auteur, on accordera à son livre une plus légitime autorité.

Miss Nightingale a un grand sens pratique, une rare puissance d'organisation, une longue expérience des malades; elle les aime, elle compatit à leurs maux, non pas précisément avec cette tendresse de cœur qu'on trouve si souvent chez nos dames ou chez nos Sœurs de charité, mais avec ce sentiment grave et un peu froid, avec cette espèce de solennité que tout Anglais apporte dans l'accomplissement d'un devoir. Il semble que chez nos voisins la philanthropie ne laisse que peu de place à la charité, et que la préoccupation des détails ralentisse les élans de la commisération; la poésie est exclue de la chambre d'un malade, on n'y doit rencontrer que la triste réalité, les soins l'emportent de beaucoup sur les consolations. Ce n'est pas un reproche que j'adresse à miss Nightingale; c'est un fait physiologique que je signale, une dissemblance que je reconnais entre le caractère des Anglais et celui des Français. Le point important pour un Anglais, c'est de guérir correctement et promptement, *tuto et cito*; on n'a pas de temps à perdre; le Français ajoute le *jucunde*; il a besoin que la pilule soit dorée; il veut être traité en petite-maîtresse et en enfant gâté; il exige qu'on prenne souci de son imagination autant que de son corps; il n'aime pas les visages sévères; l'idée d'une mort sans gloire et précédée de souffrances sans compensations lui est insupportable; il ne veut pas et ne sait pas être malade, ou plutôt il est malade à sa façon, avec toutes sortes de caprices, de petites misères, de susceptibilité nerveuse, je dirais presque de coquetterie. L'Anglais et le Français affrontent la maladie comme ils vont au feu : le premier avec cette fermeté qui relève presque uniquement de la notion du devoir, le second avec cette ardeur chevaleresque qui veut être applaudie, et, s'il est possible, récompensée. Le Français malade aime qu'on l'encourage à souffrir et qu'on le distraie des angoisses de la mort ; l'Anglais y met plus de fierté, plus de sombre résignation.

Ainsi ce ne sont pas des douceurs que miss Nightingale veut qu'on prodigue aux malades, ce sont des soins éclairés, méthodiquement administrés et minutieux qu'elle exige des gardes, des amis ou des parents du malade. Ce n'est pas chose très-gaie ni même très-commode d'être gouverné suivant les préceptes de notre auteur, du moins c'est chose en général fort sensée, presque toujours profitable, et conforme aux règles de l'hygiène scientifique.

L'hygiène, comme toute science d'application, ne vit guère que d'emprunts ; elle suppose la connaissance des lois qui régissent la nutrition ou, ce qui revient au même, le développement et l'entretien régulier de l'organisme, lois dont la connaissance constitue une des parties les plus considérables du domaine de la physiologie ; l'histoire naturelle, la physique, la chimie, et plusieurs autres sciences lui fournissent des notions exactes sur la nature et sur les propriétés des substances alimentaires, sur l'air que nous respirons, sur les objets dont nous nous entourons, sur les exercices auxquels nous nous livrons, enfin sur les passions ou les sentiments qui agitent notre âme et retentissent sur notre corps. De ces mutuelles relations entre la matière de l'hygiène et les lois de la physiologie, le

médecin tire des règles de conduite aussi précises
que le permettent la diversité native ou accidentelle
des constitutions, le mouvement perpétuel de composition et de décomposition qui s'opère au sein des
corps vivants, la variabilité des milieux qui agissent
souvent dans des sens contraires, et, pour les aliments, leur degré de pureté et leur mode de préparation. En d'autres termes, l'hygiène cherche et
établit les rapports qui existent entre le monde extérieur et les êtres organisés. C'est malgré ses difficultés, malgré la multiplicité des détails dans lesquels elle doit entrer, une des parties aujourd'hui
les plus positives de la médecine ; elle s'est victo-
rieusement affranchie de toutes les vaines théories de l'ancienne école ; elle a fait depuis longtemps justice des affirmations de la routine et
de l'empirisme ou des prétentions des industriels ; aussi quand l'expérience semble en désac-
cord avec les données de la chimie, il y a tout lieu
de supposer ou que la chimie n'a pas encore dit son
dernier mot, ou que l'expérience est défectueuse, car
la contradiction est impossible, attendu qu'il existe
un lien nécessaire, quoique souvent caché, entre la
puissance d'alimentation et la composition élémentaire des substances nutritives,

Si l'hygiène est une des fractions les plus positives de la médecine, elle est en même temps l'une
des plus importantes, puisqu'elle enseigne à maintenir la santé dans un juste équilibre, et qu'elle

aide puissamment les médicaments à combattre les
ravages de la maladie. « L'hygiène, dit M. Schneider, guérit plus de maladies que la matière médicale. » C'est aussi une des parties de notre science
les plus accessibles à tout esprit un peu cultivé,
puisqu'il s'agit plutôt d'apprendre des faits que de
se familiariser avec des théories, et plutôt de retenir
des résultats que de s'appliquer à des raisonnements;
il suffit, comme point de départ, de savoir que la
physiologie est arrivée à un haut degré de certitude,
et que la physique et la chimie sont en possession
de méthodes d'analyse et de vérification qui ne laissent presque rien à désirer.

Cependant, malgré l'utilité de l'hygiène et malgré l'intérêt naturel qu'il semble qu'elle doive présenter, personne dans le monde ne s'en soucie, et
plus d'un en médit comme d'une science à la fois
vaine et fort gênante; on aime mieux obéir à ses
caprices ou à ses passions qu'aux préceptes divul-
gués par les hommes compétents; c'est peut-être
plus agréable en apparence; en réalité, c'est une
source de cruels mécomptes et de rudes afflictions.
Mais cette science qu'on méprise pour soi-même et
pour les siens, on en fait le plus grand cas quand
il s'agit de sa ferme ou de ses écuries; il n'y a pas
d'éleveur, pas de cultivateur qui ne sache régler
l'hygiène de ses animaux, qui ne cherche à s'instruire sur les moyens d'améliorer, de transformer
et de perpétuer les espèces, et d'en tirer le meilleur

parti possible. C'est uniquement par une application intelligente des règles de l'hygiène que nos marchés sont aujourd'hui si florissants et qu'ils rivalisent avec ceux de l'Angleterre. Les plantes ont aussi leur hygiène puisqu'elles vivent, et les jardiniers ou les maraîchers habiles ne manquent pas aujourd'hui, soit par routine, soit surtout par l'étude, de mettre leurs élèves dans les conditions les plus favorables. Sans doute l'homme jouit d'une liberté d'action, et, de plus, il a des devoirs à remplir qui ne lui permettent pas de se conformer toujours à toutes les prescriptions, mais il est des observances générales que toute personne sensée doit tenir pour nécessaires, s'il est vrai qu'on doive avoir quelque souci de son bien-être et de l'intégrité de ses facultés naturelles, physiques ou morales ; je ne veux pas qu'on *entraîne* les hommes comme on *entraîne* les chevaux ; au moins faut-il vivre conformément aux lois de la nature et de la raison.

Depuis plus de cinquante ans l'État donne l'exemple aux particuliers : dans toute la France les Conseils d'hygiène fonctionnent avec une grande régularité ; les règlements, les arrêtés se succèdent et sont pris à la suite des études les plus sérieuses faites par des hommes instruits et désintéressés. Quand on parcourt le précieux *Dictionnaire d'hygiène publique* de M. Tardieu, on comprend et on apprécie la sollicitude que mettent les gouvernements à améliorer l'état sanitaire des villes et des campagnes, à diminuer les dangers qu'entraînent les établissements industriels insalubres et les mesures parfaitement sages que l'administration a prises pour assurer la bonne construction des habitations ; mais tant de vigilance est mis trop souvent en défaut par l'incurie ou par le mauvais vouloir. Il semble que personne ne veuille comprendre que la force morale et l'activité intellectuelle d'une nation dépendent de la somme de force physique qu'elle a su acquérir. On va même jusqu'à nier la légitimité de l'intervention de l'État, comme si l'État n'avait pas le droit de veiller à ce que chaque maison ne devienne pas un foyer d'infection, à ce que les rues ne soient pas des cloaques, à ce que les personnes sans recours direct contre leurs voisins soient efficacement protégées, à ce que les propriétaires et les locataires respectent mutuellement leurs droits et connaissent leurs devoirs.

Si les préfets et les maires consultaient l'ouvrage de M. Tardieu, si les conseils municipaux pouvaient seulement soupçonner tout ce qu'il renferme de renseignements utiles et de règlements obligatoires, on n'aurait pas à constater tant de contraventions, à déplorer tant de dommages ou tant d'imprudences. Je voudrais que ce *Dictionnaire* fît partie de toutes les bibliothèques communales, et qu'il devînt le *vade-mecum* de tout officier municipal.

Si l'hygiène des personnes bien portantes est négligée à ce point qu'il semble que l'homme doive être livré à tous les hasards qui compromettent sa santé et sa vie, l'hygiène des malades n'est pas plus avancée parmi les gens du monde. Quand elle n'est pas réglée avec sévérité par un médecin qui prend le soin et le temps de s'en occuper, elle est abandonnée à l'ignorance, aux préjugés, aux caprices du malade lui-même ou de ceux qui l'assistent ; et pour peu que mes lecteurs en doutent, je les renverrai (et j'espère qu'ils m'en sauront gré) soit aux réflexions vives et sensées de M. Schneider[1] sur l'exercice de la médecine, soit au livre de M. le docteur Munaret, intitulé *le Médecin des villes et des campagnes*. M. Schneider, ancien chirurgien militaire, a le style parfois un peu dégagé ; et l'on voit trop dans son livre qu'il a beaucoup à se plaindre des confrères autant que des malades. L'auteur du *Médecin des villes et des campagnes* est plus mesuré dans son langage ; je le tiens pour un praticien excellent ; il a de l'esprit, de la verve, du bon sens et une instruction littéraire assez étendue ; seulement elle est parfois un peu prétentieuse. Le portrait qu'il a tracé du paysan et du citadin dans l'état de santé ou de maladie est dessiné d'après nature ; la peinture des misères, des déceptions, des difficultés de la profession, de l'ingratitude des malades, de la

____

1. *Préparation à l'exercice de la médecine.*

jalousie ou des scandales de métier, des fatigues
stériles, et des intrigues odieuses qui attendent le
médecin à la ville ou à la campagne (peinture qu'il
faut compléter à l'aide d'une centaine de pages excellentes écrites sur le même sujet par le docteur
Schneider) est saisissante de vérité ; mais elle est
faite par un homme qui en *a pris son parti* et qui fait
résolûment son devoir. Le chapitre sur les erreurs,
les préjugés, les objections ridicules, les raisonnements absurdes et les supercheries quelquefois offen-
santes des malades, de leurs amis ou de leurs proches, serait des plus amusants s'il ne s'agissait au
fond de la vie et de la mort de tant de milliers de
pauvres gens (pauvres d'esprit, du moins en ce qui
regarde leur santé) qui se livrent avec une déplorable obstination aux mains des charlatans les plus
audacieux ou des commères les plus ineptes, mais
qui se garderaient bien (car ils sont intelligents
d'ailleurs) de confier soit leur fortune, soit leurs affaires à des personnes sans aveu ou sans connaissances spéciales : sur ce point, ils écoutent volontiers tous les conseils que chacun s'empresse de leur
donner ; mais en général ils ne suivent que le bon,
c'est-à-dire celui qui est conforme à leur intérêt
bien entendu. Il n'y a, comme l'a si bien remarqué
M. l'abbé Perreyve en son beau livre intitulé *la
Journée des Malades*, il n'y a d'*esprits forts* qu'en
médecine et en religion ; mais les *esprits forts* sont
toujours les plus crédules et les plus superstitieux.

Hippocrate a trouvé à la fois l'excuse et l'explication d'une telle conduite : « Les malades ne connaissent ni la nature ni les causes de leur mal ; ignorant quelles en seront les conséquences et ce qui arrive à la suite de cas analogues, souffrant dans le présent, effrayés de l'avenir, remplis de maux, vides de nourriture, ils désirent plutôt ce que la maladie leur rend agréable que ce qui peut amener la guérison ; ils redoutent la mort, mais ne peuvent supporter courageusement leur mal. N'est-il pas vraisemblable que le médecin prescrira un traitement convenable, et que le malade ne pourra le suivre exactement ; de sorte qu'en négligeant ce traitement, il courra à la mort, catastrophe dont les mauvais raisonneurs font retomber la cause sur ceux qui en sont innocents, pour en décharger les véritables auteurs. »

Ailleurs, dans ce premier *Aphorisme* qui, suivant la belle expression de M. Littré, semble une inscription moitié grecque, moitié orientale, inscrite au frontispice de la médecine, au moment où les portes en sont ouvertes par une main puissante, Hippocrate résume toute la science des maladies dans ces brèves paroles : « Il faut non-seulement faire soi-même ce qui convient, mais encore être secondé par le malade, par ceux qui l'assistent et par les choses extérieures. » *Le Médecin des villes et des campagnes* n'est qu'un ample commentaire de tout cet aphorisme, et les *Notes* de miss Nightingale sur les soins à donner aux malades se rapportent spécialement à la seconde partie : les devoirs des assistants envers le malade et le médecin.

Je ne sais si jamais le livre de M. Munaret ou la *Déontologie médicale* de M. Max Simon arriveront sous les yeux de miss Nightingale, mais je suis assuré qu'elle leur ferait bon accueil ; elle reconnaîtrait sans peine dans ces deux auteurs de véritables amis des malades ; elle les accepterait pour ses disciples, tant ils ont d'amour de la propreté et du grand air, tant ils ont d'horreur pour la médecine de hasard, de contrebande ou d'amateurs : la médecine des sorciers, des rhabilleurs, des bonnes femmes (celles du petit ou du grand monde), des prôneurs de recettes toutes plus infaillibles les unes que les autres (car il n'y a pas de métier dont il y ait plus de gens que le métier de médecine, comme disait plaisamment Laur. Joubert), enfin des gardes-malades, dont le nombre heureusement diminue chaque jour, grâce à l'extension et à la bonne organisation des établissements religieux.

Miss Nightingale a partagé son livre sur les soins à donner aux malades en quatorze sections : ventilation et chaleur, salubrité des maisons, observance des petits détails, bruit qu'on fait autour des malades, variété comme moyen de guérison, nourriture, lit, lumière, propreté, bavardage, banalités qu'on débite au patient, nécessité de bien étudier le malade, qualités que doit avoir la garde-malade, direction de la convalescence et soins particuliers pour les enfants.

La première règle à observer dans la chambre des malades ou dans les salles d'hôpitaux, la règle sans laquelle toutes les autres ne sont rien, et avec laquelle on pourrait presque dire que toutes les autres peuvent être laissées de côté, est très-simple ; la voici : *Faire en sorte, sans refroidir le malade, que l'air qu'il respire soit aussi pur qu'est l'air extérieur.* Cette règle, miss Nightingale l'inscrit au frontispice de son ouvrage ; elle y revient sans cesse et sous toutes les formes. Il n'y a pas de sarcasme qu'elle n'imagine contre les gardes qui craignent l'air, pas d'instances et de prières qu'elle ne fasse pour qu'on laisse le bon air, cet aliment de la vie, *pabulum vitæ,* se renouveler sans cesse autour de ses pauvres malades, qui doivent ordinairement passer toutes les journées et toutes les nuits dans la même chambre ; elle ne manque pas, en même temps, d'indiquer certaines précautions qu'il faut prendre pour que l'air arrive en abondance dans les meilleures conditions possibles de pureté et de température.

« Rien n'est plus évident [1], dit notre auteur, que l'extrême confusion qui existe dans l'esprit, même

---

1. Ces citations ont été faites en partie d'après le texte original, en partie d'après la traduction, et d'ailleurs nous nous sommes permis quelques changements ou suppressions qui ne touchent en rien au fond des idées.

des personnes éclairées, entre la ventilation et le refroidissement. Pour refroidir un appartement, il n'est nullement nécessaire de l'aérer, et pour l'aérer, il n'est nullement nécessaire de le refroidir. Cependant, si la garde trouve l'air de la chambre trop renfermé, elle laissera tomber le feu, ce qui rendra l'air encore plus épais, ou bien, pour le purifier, elle ouvrira une porte sur une chambre froide, sans feu, sans communication avec l'air extérieur. L'atmosphère la plus saine pour une chambre de malade est un bon feu et une fenêtre ouverte, excepté dans les températures extrêmes. Mais il est presque impossible de faire comprendre cela à aucune garde : aérer une petite chambre sans risquer d'y établir des courants d'air demande beaucoup plus de précautions que d'aérer une grande pièce. L'on a souvent observé que les gardes qui se récrient le plus contre les fenêtres ouvertes sont celles qui prennent le moins de précautions pour empêcher les courants d'air, toujours fort dangereux. On ne peut se défendre de quelque irritation quand on voit des gardes stupides faire dégénérer en un mal ce qui, pour leur malade, doit être la source de la vie, c'est-à-dire l'air pur. »

Tous ces préceptes si sages sont confirmés par les données de la physique, de la chimie et de la physiologie. Je veux rappeler ces données en quelques mots pour bien établir que ce n'est pas chose indifférente de négliger les avis de miss Nightingale.

L'air est un mélange d'oxygène et d'azote dans des proportions qui restent sensiblement les mêmes sur tous les points du globe, dans les vallées et dans les plaines, dans les villes et dans les campagnes (*ox.* 0.21, *az.* 0.79) ; l'air renferme en outre une quantité variable de vapeur d'eau, une faible quantité d'acide carbonique et quelques autres gaz ou vapeurs à peine appréciables. Le volume d'air qui entre dans le poumon à chaque inspiration est un peu plus fort que celui qui en sort à chaque expiration ; d'un autre côté, ces deux quantités varient d'après une multitude de circonstances qui tiennent soit au milieu dans lequel on respire, soit à la constitution de chaque individu ou à l'état accidentel dans lequel il se trouve ; mais quelles que soient ces différences, le résultat des changements chimiques qui s'opèrent pendant l'acte de la respiration est constant et intéresse au plus haut point l'hygiène : chaque inspiration enlève à l'air une quantité notable d'oxygène, d'*air vital*, comme on disait autrefois, et chaque expiration, au contraire, verse dans l'atmosphère ambiante une quantité non moins considérable d'acide carbonique, gaz essentiellement impropre à la vie.

Si l'on veut bien prendre la peine de parcourir, dans le *Traité de physiologie* de M. Béclard (l'un des meilleurs ouvrages classiques que l'on puisse recommander aux gens du monde aussi bien qu'aux médecins), le chapitre sur la respiration, on verra que l'air expiré contient en volume 4.87 d'oxygène en moins que l'air inspiré, et que d'autre part il renferme en moyenne 4.26 en plus d'acide carbonique. Si on vérifie les résultats de la respiration pendant la durée d'une heure, on constate que l'homme expire, en moyenne, 18 litres 5 d'acide carbonique et qu'il a absorbé 21 litres d'oxygène. La conséquence d'un tel fait est bien simple; si l'air n'est pas renouvelé et s'il est incessamment respiré, le gaz qui entretient la vie, l'oxygène, aura bientôt disparu, et le poumon ne se trouvera plus en contact qu'avec l'acide carbonique, c'est-à-dire avec le gaz qui porte la mort à travers les vaisseaux aux extrémités les plus reculées de l'organisme. L'*asphyxie* n'a pas d'autre cause que cette disparition de l'oxygène et cette accumulation de l'acide carbonique.

Quand on songe aux terribles et inévitables effets que produit ou immédiatement ou à la longue une atmosphère viciée sur les êtres vivants, quand on a assisté à ces expériences où les animaux s'affaissent et périssent empoisonnés par leur propre respiration, on serait tenté de crier *à l'assassin !* toutes les fois qu'on entre dans ces chambres à coucher hermétiquement fermées, dans ces salles basses et étroites où cent poitrines à la fois exhalent la pestilence, dans ces salons d'où les flots pressés de visiteurs ne songent même pas à s'échapper, quand déjà les bougies pâlissent ou s'éteignent faute de ce gaz oxygène qui alimentait leur flamme. Mais ce

n'est pas seulement de la soustraction de l'oxygène
et de la prépondérance de l'acide carbonique que
vient le danger : un homme d'une constitution
moyenne verse par la surface pulmonaire de 400 à
500 grammes de vapeur d'eau dans les vingt-quatre
heures. Cette vapeur et celle qui résulte de la transpiration cutanée entraînent avec elles des matières
organiques ; ces matières, s'altérant très-prompte-
ment dans un air confiné et échauffé, deviennent de
véritables miasmes qui, suivant la remarque judicieuse qu'en a faite M. Béclard, ont déjà altéré l'air
d'une façon fort sensible avant même que cet air
soit saturé d'acide carbonique.

Ajoutez à ces causes d'asphyxie ou d'empoisonnement que l'homme porte en lui-même celles qui
proviennent du dehors ; mais, pour le moment,
mettant de côté les causes qu'on pourrait appeler
accidentelles, bien qu'elles soient très-fréquentes,
par exemple les émanations végétales et animales
(effluves des marais, miasmes provenant de la putréfaction des substances animales ou végétales),
nous nous bornerons à signaler, comme agissant à
peu près dans le même sens que la respiration, l'é-
clairage et le chauffage. Cette question si importante et en même temps si compliquée, M. Péclet l'a
étudiée dans son admirable *Traité de la chaleur*
(c'est l'épithète dont se sert M. Tardieu) avec un soin
et un degré de compétence qui ne laissent plus guère
à ceux qui écrivent sur le même sujet que la peine

de le citer. On y trouve des expériences délicates et minutieuses, des détails précis et curieux, une discussion claire et peu chargée de calculs mathématiques de tous les principes de cette partie de la physique, un examen impartial de tous les appareils imaginés, surtout dans ces derniers temps, pour mettre en équilibre ou d'accord deux problèmes de nature opposée, pour ainsi parler : d'une part donner au chauffage et à l'éclairage toute l'intensité nécessaire, et, d'autre part, ventiler les appartements ou les salles d'assemblée de façon à contrebalancer efficacement les altérations que l'air subit précisément par la combustion des corps qui servent à produire la chaleur et la lumière. Les chiffres donnés par M. Péclet parlent assez éloquemment pour qu'il nous suffise de les placer ici sous les yeux de nos lecteurs, et sans qu'il soit nécessaire d'entrer dans de plus longues explications : 1 kilog. de bois ordinaire exige pour sa combustion l'appel d'un volume d'air qui égale (en négligeant les fractions) 3 mètres cubes; la même quantité de charbon de bois en réclame 7; il en faut de 7 à 8 pour le charbon de houille, la houille moyenne et le coke. Il résulte aussi des calculs de M. Péclet que, par heure, la flamme d'une chandelle de six à la livre et d'une bougie ordinaire consomme 11 grammes de matières, et que les lampes à gros bec brûlent 42 grammes d'huile; d'où il résulte que la quantité d'air absorbée exige une ventilation d'au moins

6 mètres par bougie et par heure, de **24** mètres par lampe à gros bec, quand il n'existe pas de causes accessoires et aggravantes de viciation de l'air.

Les animaux qu'on a la funeste habitude de laisser dans les chambres à coucher, même dans les chambres des malades, pendant la nuit aussi bien que pendant le jour, ne contribuent pas moins que l'homme à vicier l'atmosphère. Le chien, par exemple, comme M. Béclard en fait la remarque, d'après les expériences de MM. Regnault et Reiset, exhale, *eu égard à son poids*, une quantité d'acide carbonique plus considérable que l'homme ; par conséquent, il absorbe une plus grande quantité d'oxygène ; il en est de même pour le chat. Quant à l'influence que les plantes en végétation ou placées dans des vases exercent sur la composition de l'air, elle n'est pas encore bien connue, et les expériences de M. Boussingault tendent à prouver qu'elles absorbent plutôt qu'elles ne produisent l'acide carbonique ; M. Lévy pense qu'elles n'agissent guère que par les particules odorantes qui s'en échappent et qui souvent affectent le cerveau d'une manière fort grave.

Si donc, nous rappelant l'influence directe que l'air exerce sur l'homme en bien ou en mal, suivant le degré de pureté auquel cet air est respiré, nous combinons ces diverses causes, qu'on peut appeler naturelles, de la viciation ou de la déperdition de l'air atmosphérique (respiration, chauffage et éclairage) ; si nous y ajoutons la production de gaz délétères (oxyde de carbone, hydrogènes carburés, etc.), par le fait même de la combustion à l'air libre ou même dans des foyers mal construits [1] ; si enfin on songe que dans l'état de maladie, surtout dans les affections de nature typhoïde, le sang est déjà vicié, que les organes sont affaiblis, que les réactions sont moins puissantes et que les produits de la maladie elle-même sont de véritables miasmes, on ne craindra pas de répéter avec miss Nightingale que le seul cas où il pourrait être malsain d'ouvrir la chambre des malades, c'est lorsque l'air extérieur est plus corrompu que l'air intérieur;

1. MM. Tardieu et Michel Lévy, s'appuyant sur les recherches les plus récentes et les plus positives, ont montré que de tous les combustibles le bois, employé dans des appareils bien faits, est le plus salubre, s'il n'a pas la plus grande puissance calorifique. Les produits de sa combustion, quand elle est exacte, consistent en vapeur, eau et acide carbonique, qui s'échappent pour la plus grande partie par la cheminée. La seule condition fâcheuse est celle où de la fumée irritante (elle est chargée d'acide acétique et d'huile empyreumatique) refluerait hors du foyer ; encore cette fumée, toute nuisible qu'elle puisse être, n'a pas, à proprement parler, de propriétés toxiques. L'emploi du charbon de bois ou de la braise, même dans de bons foyers, est des plus pernicieux à cause de la grande quantité d'oxyde de carbone, gaz irrespirable, qui s'échappe, en même temps que l'acide carbonique, pendant la combustion et qui agit avant même que l'air soit saturé d'acide carbonique. La houille ou charbon de terre a tous les inconvénients du charbon de bois; elle dégage en outre du gaz sulfureux et de l'hydrogène carburé, gaz incommodes et insalubres ; enfin elle produit une poussière considérable : inconvénients qui ne seraient contrebalancés que par des foyers excellents, ce qui est une condition très-difficile à remplir, du moins en France, à ce qu'il paraît. Le coke est moins nuisible, et son pouvoir rayonnant est très-intense.

dans ce cas (malheureusement trop fréquent dans nos grandes villes et dans certaines campagnes marécageuses), il n'y a pas d'autre alternative : fuir, ou souffrir et mourir !

Miss Nightingale n'indique guère d'autre moyen pour corriger l'impureté de l'air que d'ouvrir souvent les fenêtres ou même de les laisser constamment entr'ouvertes la nuit aussi bien que le jour, en prenant grand soin toutefois de tenir le malade en dehors des courants d'air [1]. Ouvrir les fenêtres est en effet le moyen qui se trouve le plus à la portée des pauvres gens, et c'est particulièrement cette classe de la société qu'il semble que miss Nightingale ait en vue, car les procédés les plus simples sont ceux qu'elle met d'abord en avant [2]. Toutefois

1. Les courants sont nuisibles en ce que l'air agissant avec intensité, dans divers sens ou dans tous les sens à la fois, soustrait rapidement une grande quantité de calorique. De là des affections de toute nature et souvent des plus graves, surtout quand le courant frappe sur un corps qui est fortement en transpiration.

2. A propos des fumigations que l'on emploie dans le but de purifier l'air, miss Nightingale a écrit ce passage où ne manquent ni l'esprit ni l'à-propos :

« Gardez-vous des fumigations désinfectantes et autres inventions semblables, destinées à purifier l'air. Ce n'est pas l'odeur qu'il faut éloigner, mais ce qui la produit. Un célèbre professeur de médecine commença un jour ainsi une de ses leçons : « Les » fumigations, messieurs, sont d'une extrême importance ; elles » produisent en général une si abominable odeur, qu'elles forcent » à ouvrir les fenêtres. » Je souhaiterais, pour ma part, qui tous ces fluides inventés pour désinfecter eussent la propriété de laisser une odeur abominable, parce qu'on se trouverait forcé de laisser entrer l'air du dehors. Ce serait vraiment alors une invention utile. »

et quoi qu'en dise notre auteur, il n'est pas toujours utile ni prudent d'ouvrir les fenêtres soit durant la nuit, où l'air est plus humide, plus froid
qu'à un autre moment de la journée, soit pendant
l'hiver, car il faudrait rétablir l'équilibre par une
trop grande accumulation de calorique dans l'appartement. D'ailleurs, les salles d'hôpital où se
trouvent rassemblées un grand nombre de personnes
se prêtent mal à ce mode d'aération. M. Péclet a
consacré le troisième volume de son *Traité* à faire
connaître les procédés de chauffage et de ventilation
qui sont à la fois les plus satisfaisants et les plus
économiques pour chaque cas en particulier : pour
les petits appartements, pour les hôtels et pour les
vastes salles ou amphithéâtres ; c'est une des parties de l'ouvrage dont nous aimons à recommander
plus particulièrement la lecture ; la pratique et la
théorie s'y prêtent un mutuel appui et conduisent à
des résultats d'une grande sûreté pour la fabrica-
tion des appareils de chauffage et de ventilation.
Le seul reproche qu'on puisse faire à M. Péclet,
c'est de n'avoir pas assez pris en considération les
données de la physiologie, d'être resté beaucoup
au-dessous de la nécessité en ce qui regarde la dispensation de l'air neuf. Sur ce point, nous sommes
entièrement de l'avis de M. Tardieu et de M. le général Morin. Après de nombreuses expériences, le
général Morin réclame dans les hôpitaux, pour
chaque individu et par heure, le jour et la nuit,

une moyenne de 80 mètres d'air pur, de 120 mètres dans les salles de chirurgie aux heures de pansement, 60 mètres dans les ateliers, 20 mètres dans les casernes pendant le jour et 60 pendant la nuit, enfin 30 mètres pour les écoles; pour un individu isolé, la proportion doit varier entre 10 et 20 mètres, suivant les conditions de santé et d'habitation. Combien, suivant la remarque de M. Béclard, on est loin de ces chiffres dans les lieux publics de réunion! Cependant il faut constater avec M. Tardieu, qui a une grande expérience en ces sortes de matières, que l'importance d'une bonne ventilation est chaque jour mieux appréciée, et qu'un mouvement très-digne d'être encouragé s'est manifesté à cet égard parmi les constructeurs auxquels ont fait appel les grandes administrations publiques de Paris.

Dans un très-bon travail sur l'hygiène hospitalière en France et en Angleterre, M. le docteur Le Fort [1], prenant pour point de départ la statistique des opérations pratiquées dans les hôpitaux de ces deux pays [2], explique en grande partie la différence

1. *Note sur quelques points de l'hygiène hospitalière en France et en Angleterre,* par le docteur Le Fort. In-8. Paris, 1862, chez V. Masson.

2. A la suite des grandes opérations, la mort peut en général être réputée comme *accidentelle* ou expliquée par l'état du milieu où sont placés les malades ; la statistique de ces opérations est donc un des éléments les plus précieux pour établir le degré en plus ou en moins de la pureté de l'air. On doit faire entrer immédiatement après en ligne de compte les affections typhoïdes qui se comportent différemment suivant que les habitations sont

énorme de mortalité, tout en notre défaveur, par l'infériorité où nous sommes en France, eu égard à l'aménagement des salles et à leur ventilation; les arguments qu'il fournit sont difficiles à réfuter, et les efforts que fait chaque jour l'administration de l'assistance publique pour améliorer nos hôpitaux prouvent assez qu'on est loin d'être satisfait de leur organisation.

M. Larrey [1] constate aussi que les améliorations introduites successivement dans les hôpitaux civils ont également profité à l'hygiène des hôpitaux militaires, et il ajoute que le plus grand bienfait qui puisse se rattacher à ce principe de perfectionnement sera de réaliser de plus en plus les avantages encore incomplets de la dissémination des malades et de l'aération des salles; et à ce propos, il ne manque pas de citer un nom « illustre, » celui de miss Nightingale.

On trouve dans le discours à la fois incisif et érudit de M. le baron Larrey l'accent du cœur et la marque d'une longue et habile expérience. M. Larrey ne ménage pas la vérité à qui doit l'entendre; mais il la dit avec le respect qui est dû à l'autorité et avec cette conviction ardente qui sied si bien, lorsqu'on

saines ou malsaines. Cette influence est moins sensible pour les autres maladies fébriles aiguës ; elle est pour ainsi dire nulle pour les affections organiques qui entraînent presque fatalement la mort.

1. *Notice sur l'hygiène des hôpitaux militaires,* par le baron Larrey. In-8.

parle des intérêts sacrés des malades. En définitive, comme M. Le Fort l'a très-judicieusement remarqué, c'est non pas l'administration, mais les médecins qui jugent en dernier ressort, à l'aide de la statistique comparée, de la bonne ou de la mauvaise organisation des hôpitaux.

M. Lévy [1] (comme M. Larrey, comme presque tous les médecins ou chirurgiens qui ont pris la parole au sein de l'Académie de médecine dans la longue discussion sur l'hygiène des hôpitaux [2]) a insisté avec toute l'autorité qui s'attache à ses connaissances spéciales et à ses importantes fonctions d'inspecteur du service de santé des armées, sur la question de l'aération des salles d'hôpitaux ou d'infirmeries ; il a réclamé, en fournissant les preuves à l'appui, la dissémination des malades ; en d'autres termes, et sans qu'il soit nécessaire, comme dans *les Misérables*, de changer le palais d'un évêque en hôpital et l'hôpital en palais épiscopal, il veut de petits hôpitaux avec de vastes salles qui contiennent peu de malades et beaucoup d'air. Ce n'est pas contre la nourriture, contre le mauvais état des lits ou contre la répartition défectueuse des soins, mais contre l'encombrement des malades et

1. *De la salubrité des hôpitaux en temps de paix et en temps de guerre*, par M. Michel Lévy. In-8.

2. *Discussion sur l'hygiène des hôpitaux*, discours prononcés à l'Académie de médecine. *Voyez le Bulletin* de cette compagnie, 1861-1862.

l'insuffisance d'air qu'il a réclamé avec énergie, et qu'il a mis l'administration en demeure de pourvoir à ces exigences que commandent la science et l'humanité. Du reste, les explications fournies par MM. Davenne et Husson laissent pressentir que l'assistance publique, toujours vigilante et vraiment charitable, ne restera pas inactive à la suite du débat solennel qui a occupé un grand nombre de séances et conduit à la tribune de l'Académie les plus habiles et les plus savants orateurs de cette compagnie.

Longtemps avant ce débat, le gouvernement a eu l'heureuse pensée de créer pour les hôpitaux des maisons de convalescence ; de son côté, l'administration de l'assistance publique a provoqué des études sérieuses sur le meilleur mode de ventilation et de chauffage pour les salles d'hôpitaux. M. Péclet a donné l'histoire des divers appareils qui ont été adoptés ; il expose avec impartialité les raisons qui doivent maintenant fixer les préférences. Le système de M. le docteur Van Hecke, appliqué en Hollande et en Belgique à de grands établissements publics, à de vastes amphithéâtres, à des vaisseaux de haut bord, et récemment en France à l'hôpital Beaujon, semble, d'après l'exposé de MM. Péclet et Tardieu, le plus économique et le plus puissant; il satisfait aux exigences les plus diverses et les plus compliquées ; avec ce système on peut obtenir, outre la ventilation en

toute saison, le chauffage en hiver, le rafraîchissement en été et le service des bains ordinaires ou de
vapeur.

Pour peu qu'on lise avec quelque attention les
cinquante pages que M. Péclet a consacrées au
chauffage et à la ventilation des appartements, on
reconnaît bien vite que sous ce rapport nos architectes n'ont pas fait de grands progrès depuis les
heureuses mais insuffisantes réformes de Rumfort.
L'auteur voit le mal, il le signale avec énergie,
mais il n'a pas le remède sous la main ; il est persuadé que le procédé élémentaire de ventilation qui
consiste à ouvrir les fenêtres, c'est-à-dire à faire
une prise d'air directe à l'extérieur, entraîne, en
un grand nombre de cas, de graves inconvénients
(il les signale, *voy.* t. III, p. 112-113), et qu'il est
même quelquefois impossible ; mais il ne trouve
guère pour y remédier que des appareils imparfaits
et non équilibrés qui doivent servir en même temps
au chauffage et à la ventilation : les cheminées qui
donnent beaucoup de vent et peu de chaleur, et les
poêles qui versent dans la chambre beaucoup de
chaleur, mais en prenant tout l'air sans le renouveler ; ce qui prouve bien malheureusement qu'en
France : tout ou presque tout est en péril quand le
gouvernement ou l'administration n'interviennent
pas par des ordonnances et par des règlements.

Je voudrais pouvoir suivre M. Péclet dans les détails techniques fort intéressants où il entre sur le

chauffage et la ventilation des antichambres, des
salles à manger, des salons et des chambres particulières, cabinets de travail ou chambres à coucher.
A défaut de calorifères qui suffisent à toute une
maison, M. Péclet propose : pour les antichambres,
des poêles en terre cuite avec de larges bouches ;
pour les salles à manger, des calorifères en tôle qui
permettent de commencer ou de cesser le chauffage
à volonté : pour les salons, les appareils doivent varier suivant le nombre des personnes que la pièce
peut contenir : enfin, pour les chambres particulières, M. Péclet recommande, après en avoir fait
lui-même l'expérience, une forme de cheminée dont
je veux donner ici la description en l'abrégeant un
peu :

« L'appareil (il est mobile et s'adapte à toutes
les cheminées) se compose d'une caisse en tôle ren-
fermant le foyer, derrière lequel se trouvent des
tuyaux disposés en quinconces et qui établissent la
communication entre une caisse inférieure à air
froid (qu'on peut faire communiquer avec le dehors)
et une caisse supérieure à air chaud. Le foyer est
séparé des tuyaux par une plaque de fonte qu'on
enlève à volonté pour le nettoyage. Le courant des
gaz chauds sortant du foyer se recourbe par-dessus
cette plaque et vient après avoir circulé en descen-
dant autour des tubes, s'échapper dans la cheminée
par une ouverture placée au point le plus bas. L'air
froid entre dans la caisse inférieure, s'échauffe dans

ces tuyaux et vient se dégager, à une chaleur équilibrée, par une ouverture pratiquée au sommet de la caisse à air chaud. Une plaque mobile permet de faire passer sur ce combustible la proportion d'air qu'on juge convenable, tout en laissant visible une grande partie du feu. — En été, cet appareil agit tout naturellement comme ventilateur. »

Le jour où l'on aura pu persuader aux propriétaires et aux architectes l'indispensable nécessité d'un renouvellement continu de l'air qui sert à la respiration, c'est-à-dire à l'entretien le plus direct de la vie, ce jour-là l'hygiène aura fait une grande conquête, et la maladie aura perdu la moitié de ses droits sur l'humanité. « Si l'homme, dit excellemment M. Debay en son *Hygiène des Familles* (ouvrage que j'aime à relire et à citer), avait un choix à faire entre une bonne nourriture et la respiration d'un bon air, l'intérêt le plus immédiat de sa conservation exigerait que son choix tournât au profit du bon air; en un mot, il lui sera plus facile de se passer d'une bonne alimentation que d'un air salubre. » Il y a longtemps qu'un poëte grec, Philyllius, s'écriait : « Il n'y a rien de plus important pour la santé que de respirer un air pur ! » — et longtemps aussi qu'un auteur hippocratique rédigeait cet aphorisme : « L'air est le plus puissant agent de tout et en toutes choses; il vaut la peine d'en considérer la force. »

Que ces dernières réflexions me servent aussi

d'excuse pour avoir insisté sur un sujet dont tant
de personnes ne soupçonnent même pas l'importance. Il me reste maintenant à présenter quelques
considérations sur certaines conditions qui doivent
concourir à une bonne aération; sur la nourriture
des malades qu'il ne faut pas négliger non plus, et
sur quelques autres points secondaires, mais importants, traités par miss Nightingale et dont les médecins ne semblent guère se soucier.

Sans lumière, l'heureuse influence d'une aération
abondante est en grande partie détruite. M. Lévy
a insisté sur ce point dans un chapitre qu'il me suffira de résumer pour montrer l'importance de la
question : dans l'ombre, la peau s'étiole et se dé-
colore; le contact de la lumière l'anime en déve-
loppant les réseaux capillaires, la colore, l'épaissit
et favorise la transpiration. La lumière solaire et la
chaleur qui y est inhérente sont indispensables au
développement régulier des organes. Les individus
qui passent une grande partie de leur vie dans les
lieux obscurs ou mal éclairés ne se distinguent pas
seulement par la teinte de leur peau, ils respirent
moins et plus mal; ils ont les chairs molles, bouf-
fies et comme infiltrées; tous leurs tissus sont frappés d'atonie. Tels sont les individus que la misère
confine dans les quartiers les plus sombres et les
plus encombrés des grandes villes, les prisonniers
relégués dans des cachots ténébreux, les marins

dont le poste habituel est dans les parties profondes des vaisseaux, les portiers d'un grand nombre de maisons de Paris, les ouvriers qui travaillent au-dessous du niveau du sol. C'est dans ces classes de la population qu'on observe le plus de difformités, de scrofules, de phthisies. La lumière et la chaleur artificielles, quelque intenses qu'elles soient, ne peuvent suppléer au moindre rayon de soleil ni pour la végétation ni pour l'économie animale. Les femmes du monde s'étiolent et se flétrissent au milieu des lustres et des bougies en leurs salons chauffés par de puissants calorifères. Où manque la lumière du soleil, toutes les causes débilitantes acquièrent plus d'énergie et amènent plus rapidement cette altération du sang qui est propre aux diverses espèces de chlorose.

M. Ribes a aussi consacré à la lumière ou à l'obscurité, comme agents curatifs, un article fort intéressant de son *Traité d'hygiène thérapeutique*. Cet auteur remarque que dans les climats où la nudité n'est pas incompatible avec la santé, l'exposition d'une grande partie de la surface du corps à la lumière est très-favorable à l'évolution régulière de l'organisme. M. de Humboldt a constaté que dans les régions équinoxiales les difformités et les déviations sont infiniment rares. Au rapport des médecins, les vices de conformation sont également peu fréquents dans l'Inde et au Mexique. — On a vu le délire se dissiper à 'approche d'une lumière artifi-

cielle, et des malades se plaindre, s'ennuyer, avoir
la fièvre ou tomber dans le marasme pour être res-
tés dans des appartements sombres, mais renaître
promptement à la joie et à la santé aussitôt qu'on
les eut rendus à la lumière. L'absence ou l'intensité
de la lumière ont une action marquée dans les diverses espèces d'affections nerveuses. Laennec l'a
observé en plus d'une circonstance, même pour des
affections qui simulaient des maladies fébriles.

Miss Nightingale a dit avec grande raison : « La
santé se détruit dans une maison privée de lumière
et de l'action directe des rayons du soleil ; les personnes qui y tombent malades ne peuvent jamais
s'y rétablir. » Le chapitre ix *Des soins à donner aux
malades* n'est que le développement de cette proposition ; les deux derniers paragraphes sont surtout dignes d'être cités :

« Un des plus grands observateurs des choses
humaines a dit dans une autre langue : *Là où est le
soleil, là est la pensée.* Les observations physiologiques confirment cette vérité ; dans les vallées profondes, du côté de l'ombre, l'on voit des crétins ;
dans les rues étroites et humides où le soleil ne peut
pénétrer, la race humaine est chétive et dégénérée ;
l'esprit et le corps sont également abâtardis. Mais
exposez les créatures et les plantes étiolées à ses
rayons bienfaisants, et s'il n'est pas trop tard, vous
les verrez renaître. — Il est curieux d'observer combien presque tous les malades couchent la face

tournée vers le jour, aussi bien que les plantes qui cherchent toujours la lumière. Un malade quelquefois se plaint que « cela lui fait mal d'être couché sur ce côté. » *Alors pourquoi vous couchez-vous de ce côté?* Il l'ignore ; mais nous, nous le savons. C'est parce que, dans cette position, il peut voir la fenêtre. Un médecin fort à la mode a publié dernièrement, dans un rapport fait au gouvernement, qu'il a soin de tourner ses malades à contre-jour; mais la nature est plus forte que les médecins à la mode, et soyez sûrs qu'elle tournera toujours la figure des malades, autant qu'elle le pourra, du côté de la lumière. Parcourez les différents quartiers d'un hôpital, et comptez combien vous y avez vu de malades le visage tourné du côté de la muraille! »

En France comme en Angleterre, l'administration, provoquée ou soutenue par les conseils de salubrité, a fait les plus grands efforts pour l'aménagement des eaux dans les rues et dans les maisons et pour la confection des égouts; mais combien il reste encore à faire, au dire des hommes les plus compétents, de M. Michel Lévy, par exemple ! Que de causes de malpropreté par insuffisance d'eau ou par amas d'immondices, et que de causes de maladies par l'usage d'eaux impures ou délétères! Combien de maisons, à la ville et à la campagne, devenues par ces motifs de véritables foyers de pestilence et des repaires d'affections rachitiques ou scrofuleuses! Les anciens, sous ce rapport, étaient beau-

coup plus avancés que les modernes; ils n'avaient
ni plus d'eau ni de meilleure eau que nous, mais ils
savaient mieux et plus universellement l'employer;
ainsi, pour ne parler que des bains, ce qui était
chez eux d'un usage journalier est pour nous une
affaire de luxe; dans les petites villes et à la campagne on ne sait pas ce que c'est que prendre un
bain, pas plus qu'on ne sait ce que c'est que laver et nettoyer une maison; il faut l'apprendre dans
les chapitres VIII, IX, X et XI de l'ouvrage de miss
Nightingale; elle y enseigne aux gardes comment,
dans la chambre d'un malade, on doit aérer et sécher les lits, enlever la poussière, laver et raboter
les planchers ou parquets, battre les tapis quand
malheureusement il s'en trouve, enfin comment les
personnes qui entourent le malade et le malade lui-
même doivent être tenus dans une exquise propreté.
Dans une maison surveillée par miss Nightingale,
ce ne sont pas seulement les apparences qu'il faut
sauver comme dans beaucoup de maisons anglaises;
elle visite les plus petits coins, pénètre dans les plus
obscurs cabinets, tenant la garde par la main et lui
montrant un atome de poussière, une goutte d'eau
sale répandue, un linge souillé, un tapis mal se-
coué, un vase non essuyé, des couvertures tachées
et des meubles en désordre.

La lumière, la distribution d'eaux saines et la
propreté sont donc les corollaires obligés d'une
bonne ventilation; point d'air pur pour les gens bien

portants, et encore moins pour les malades, sans
l'extrême propreté au dehors et au dedans. Les maladies voltigent avec la poussière ; elles se glissent
derrière les sales vêtements et derrière les rideaux
du lit, elles surnagent sur les eaux croupissantes.
Comme miss Nightingale en fait la remarque, dans
certains misérables quartiers des grandes villes, les
pauvres refusent d'ouvrir leur fenêtre et leur porte
à cause de la mauvaise odeur qui monte dans les
chambres ; beaucoup de personnes riches aiment à
avoir leur écurie près de leur maison, et les paysans
vivent sur leurs fumiers ; dans de telles conditions,
mieux vaut, en effet, tenir les fenêtres fermées que
de les ouvrir.

Notre auteur a particulièrement insisté sur les
ravages que la mort fait parmi les enfants lorsqu'ils
sont placés dans ces déplorables conditions ; elle a
des cris de désespoir ou d'indignation quand elle
voit le triste état où ces êtres si frêles sont tenus
dans la basse classe, soit par l'incurie des parents,
soit par l'inobservance des règles de l'hygiène publique. Les calculs de M. Bouchut sur la mortalité
des enfants pendant la première année concordent
avec ceux de miss Nightingale. Le livre où M. Bouchut a donné ces calculs est bien propre, si on le lit
avec attention et si on sait profiter des précieux conseils qu'il renferme, à faire baisser le chiffre effrayant de cette mortalité. L'*Hygiène de la première
enfance* est un de ces ouvrages comme les aime

miss Nightingale, fondés sur des faits bien observés, remplis de considérations pratiques et exempts de préjugés. M. Bouchut avait du reste un excellent modèle à suivre : *les Conseils* de M. Donné *aux mères de famille*, livre que recommandent également l'élégance du style et la sagesse des préceptes.

Lucrèce, dans quelques beaux vers de la fin du deuxième livre, a peint les efforts d'abord soutenus, puis défaillants de la nature pour l'entretien, pour l'*alimentation* de toutes choses :

> *Omnia debet enim cibus integrare novando,*
> *Et fulcire cibis ac omnia sustentare.*
> *Necquicquam ; quoniam nec venæ perpetiuntur*
> *Quod satis est, neque quantum opus est Natura ministrat.*

Ces vers, si on oublie un instant leur généralité, s'appliquent merveilleusement à l'homme dans l'état de santé et dans l'état de maladie. Ici la nature est généreuse et active; là, au contraire, elle se montre impuissante et va même succomber si on ne vient à son secours. Or ce que les médecins savent peut-être le moins, mais ce qu'ils apprendront le mieux dans les ouvrages de MM. Ribes et Fonsagrives, c'est la puissance du régime pour venir en aide à la nature dans la guérison des maladies et dans la bonne direction de la convalescence. Le vulgaire croit, suivant la judicieuse remarque de M. Schneider, qu'il n'est pas besoin de *consulter* pour *boire et manger*; de leur côté, les médecins sup-

posent trop volontiers que leurs clients ont des connaissances suffisantes sur les propriétés des substances alimentaires et des boissons; et de fait, il n'y
a guère de partie de l'hygiène pour laquelle on rencontre plus d'ignorance, de préjugés, de routine, et
moins d'expérience bien conçue et bien dirigée,
point non plus pour laquelle chacun (depuis la cuisinière jusqu'aux beaux esprits de l'endroit) ne se
croie plus en droit d'émettre son avis. On prescrit
la diète pour *affaiblir* la maladie, on alimente pour
donner des forces aux malades avec une assurance
qui n'a d'égale que la sottise.

Sur ce point, miss Nightingale, d'accord avec
Celse, suivant qui « le meilleur médicament est une
bonne nourriture donnée à propos, » n'abandonne
rien à l'arbitraire des gardes et des amis du malade;
elle combat les erreurs les plus grossières, donne
les avis les plus généraux, et, pour tout le reste, elle
veut qu'on s'en rapporte à la direction éclairée et
constante d'un bon médecin.

« L'expérience clinique, dit M. Ribes, a établi
d'une manière irréfragable la valeur du régime alimentaire comme moyen thérapeutique. Les changements qu'il introduit dans l'économie affectée
d'une maladie, soit aiguë, soit chronique, sont tout
aussi réels que ceux dont l'état de santé donne
journellement le témoignage. On sait que les erreurs
de régime contribuent quelquefois à la mort et peuvent même l'occasionner d'une manière immédiate.

Dans tous les cas, au moins, les fautes en pareille matière sont capables d'altérer le caractère d'une maladie aiguë, de la rendre méconnaissable, d'en troubler le cours et de pervertir les bonnes tendances de la puissance médicatrice. Il est certes bien utile d'avertir le malade de ne pas écouter ses caprices ou de ne pas céder aux suggestions des personnes étrangères à la médecine, qui l'excitent à manger et réveillent inconsidérément ses désirs. Aucun médecin ne l'ignore, et cependant il s'en trouve qui appliquent à tous les cas la même formule de régime. Le médicament une fois administré, l'opération une fois terminée, il semble qu'il n'y ait plus à s'occuper de rien. •

Combien de fois n'ai-je pas entendu, à la fin de la visite, les assistants ou le malade lui-même faire un reproche indirect au médecin en lui adressant ces paroles : « Eh bien ! docteur, vous oubliez le principal ; que mangerons-nous aujourd'hui ? » C'est, en effet, au début de la convalescence et dans le cours d'affections qui n'exigent pas une diète rigoureuse, la principale préoccupation des malades : savoir ce qu'ils pourront manger. Les médecins ont donc une double indication à remplir : venir en aide au traitement et à la nature par une nourriture appropriée, soutenir le moral du malade, amuser, comme il le dit lui-même, son estomac ; enfin donner un but intéressant aux soins des amis ou des parents, en indiquant parmi les substances alimenlaires celles qui plaisent le plus en même temps qu'elles servent le mieux. La bonne direction du régime des malades a toujours été considérée par les vrais médecins comme chose si délicate et si importante, qu'Hippocrate n'a pas cru faire preuve de présomption en se vantant devant la postérité d'avoir, mieux que ses devanciers, réglé le régime des maladies aiguës ; de plus, il s'applaudit de s'être instruit d'abord par l'étude du régime des hommes tandis qu'ils sont encore en santé ; car c'est le grand principe qui domine presque toutes les œuvres hippocratiques, que la connaissance de l'homme en bonne santé est le point de départ de l'étude de l'homme dans l'état de maladie.

Nous avons déjà dit qu'il importe, dans la direction du régime, de tenir compte des modifications que la maladie apporte dans la faculté digestive et dans la puissance nutritive ; j'ajouterai , avec M. Bayard [1], qu'il ne faut pas non plus, quand on passe de la théorie à la pratique, confondre la nutrition avec la digestibilité ; un aliment ne nourrit que s'il est digéré ; or, comme l'estomac, dans l'état de maladie, plus encore, s'il se peut, que dans l'état de santé, est un organe essentiellement individuel, il n'a ni la même puissance, ni, j'allais presque dire, la même volonté chez les divers sujets ; chez une

---

1. *Traité pratique des maladies de l'estomac,* par le docteur Bayard. Paris, 1862, in-8°, chez V. Masson.

même personne il change suivant les circonstances extérieures, les dispositions morales et les occupations journalières; à lui seul, il a tous les caractères du tempérament nerveux, il en offre tous les caprices et toutes les habitudes déréglées. Hippocrate, ce profond observateur, a écrit avec une exquise sagesse : « On supporte bien les boissons et les aliments auxquels on est accoutumé, même quand la qualité n'en est pas bonne naturellement, et l'on supporte mal les boissons et les aliments auxquels on n'est pas habitué, quand même la qualité n'en est pas mauvaise. »

L'appétence, le désir, les habitudes doublent en quelque sorte les aptitudes digestives de l'estomac, et c'est généralement une faute que d'insister auprès du malade pour qu'il prenne des aliments qui lui répugnent, alors même qu'ils sont utiles et inoffensifs de leur nature. C'est à cette excitation du goût, de la vue et de l'odorat sur l'estomac qu'il faut attribuer sans aucun doute l'innocuité fréquente de ces transgressions alimentaires que se permettent les malades et qui savent déjouer les sinistres avertissements de leurs médecins. M. Fonsagrives a rapporté quelques faits curieux qui viennent à l'appui de cette proposition :

Au rapport de Grant, un Westphalien, habitué à manger du lard cru, en avala une assez grande quantité au quatorzième jour d'une fièvre grave; il eut un redoublement léger et guérit promptement.

Par malheur, son médecin eut l'idée d'essayer du même moyen sur un soldat français ; mais le soldat succomba ! Le célèbre médecin Franck vomissait chaque fois qu'il avalait une seule fraise. On a cité dans les journaux de médecine, l'observation singulière d'un soldat piémontais qui ne pouvait manger du pain sans être pris de vomissements et de défaillances. Quand on en émiettait à son insu dans ses aliments, les mêmes phénomènes se manifestaient. Telles personnes qui supportent très-bien les raisins et le lait en grande quantité, rejettent à l'instant une goutte de vin ou une parcelle de fromage. C'est surtout pendant la convalescence qu'il faut tenir compte de ces prédispositions singulières. Ainsi le paysan breton, habitué aux substances féculentes et aux corps gras, ne retirera pas autant de bénéfice que les paysans du nord de la France ou de l'Angleterre d'une nourriture fortement animalisée. Vous réconfortez le Flamand par un verre de bière qui donnerait une forte indigestion à nos vignerons de la Bourgogne. M. Fonsagrives a observé à l'hôpital de Cherbourg qu'il fallait, au déclin de la maladie, donner de l'eau-de-vie et non pas seulement du vin, aux marins russes dans une épidémie de typhus. M. Lebert a reconnu qu'à Zurich les individus affectés de fièvre typhoïde supportent, exigent même une nourriture plus forte qu'à Paris. Il n'est pas jusqu'à l'ivrognerie, même chez les vieillards, comme l'a si bien établi M. Chomel, qui ne crée des exigences toutes spéciales; et, pour ne citer qu'un exemple, on a vu un ivrogne être pris, à la suite d'un sevrage trop brusque de vin, d'une hydropisie qui nécessita sept ponctions, mais qui guérit rapidement et définitivement aussitôt qu'on eut ajouté une bonne dose d'eau-de-vie à sa ration ordinaire. M. Brière de Boismont, l'un des médecins qui se sont occupés avec le plus de succès et de talent de l'aliénation mentale, a fait la même remarque pour les ivrognes qu'il a eus si souvent à traiter dans sa maison de santé ou dans sa clientèle.

L'état social, les races, le climat, les saisons, le tempérament, l'âge et le sexe doivent être pris aussi en grande considération pour l'alimentation des malades et des convalescents. Mais nous ne pouvons suivre sur ce terrain de la pathologie ni M. Ribes ni M. Fonsagrives. Dieu nous garde de faire de la *médecine populaire*; nous voulons seulement inspirer à nos lecteurs de la confiance dans les vrais médecins et dans la vraie médecine, les prémunir contre les mauvaises pratiques, leur laisser entrevoir les difficultés d'une bonne ordonnance du régime, afin de les mettre en garde contre l'intempérance des conseils, contre le danger des fausses mesures ou de ces « lourdes méprises » que font toutes sortes de personnes remplies de bonnes intentions, sans doute, mais qui veulent, se croyant bien informées, traiter des sujets auxquels elles n'entendent absolument rien.

Quand on a réglé la nourriture du malade et la distribution de l'air dans sa chambre, il reste encore à faire une multitude de choses dont miss Nightingale aime à nous instruire; en toute occasion, elle nous révèle son amour et sa connaissance des petits détails, de ces mille riens de grande conséquence dont il faut savoir s'occuper sans bruit, sans vaines paroles, sans embarras, sans empressement, sans ostentation et sans que personne s'en aperçoive, ni vous-même ni le malade; elle exige qu'une garde prenne de l'expérience non pour avoir soigné pendant longtemps les malades, mais pour les avoir bien observés ; elle veut qu'elle sache *prévoir* et qu'elle se donne la peine de penser par elle-même. Cela est peut-être possible en Angleterre ; c'est au moins bien difficile en France : l'administration n'a pas songé encore à réglementer le régime des malades ni les soins qu'on en doit prendre ; le médecin ne peut pas tout indiquer d'avance ; la maladie a ses nécessités imprévues, et le malade ses caprices infinis !

Je ne voudrais pas transcrire ici tout le livre de miss Nightingale ; cependant je ne puis résister au désir, je dirai presque au devoir, de donner avec elle quelques conseils dont l'observance ou l'oubli ont de si bons résultats ou de si graves conséquences.

« Une lettre ou un message qui peuvent agiter

le malade lui seront transmis à contre-temps, ou
bien on ne lui remettra pas à propos une lettre ou
un message important. Un visiteur qu'il avait intérêt à recevoir sera refusé, tandis qu'un autre,
qu'il aurait mieux valu qu'il ne vît pas, sera admis,
parce que la personne à laquelle le malade est
confié ne se sera jamais fait cette question : « Comment se passent les choses quand je ne suis pas
là ? » Pourquoi laissez-vous votre malade exposé à
toutes les surprises, excepté à celles des voleurs ?
Je n'en sais rien. — En Angleterre, personne ne
descend par la cheminée ou n'entre par la fenêtre,
à moins que ce ne soit un voleur. Les gens entrent
par la porte, et il y a quelqu'un pour la leur ouvrir ;
ce quelqu'un chargé d'ouvrir cette porte, c'est une,
deux, trois ou quatre personnes au plus. Quelle
difficulté y a-t-il que quatre personnes qui veil-
lent auprès d'un malade soient bien averties de ce
qu'elles ont à faire, lorsqu'elles entendent sonner
à la porte d'entrée ? La sentinelle qui garde un
poste est changée beaucoup plus souvent que ne
peuvent l'être les domestiques d'une maison particulière ou d'une institution ; et cependant que penserions-nous de cette excuse : L'ennemi a surpris le poste, parce que A et non pas B était de
garde ? C'est pourtant une excuse semblable qu'on
entend constamment dans les maisons et que l'on
admet.

« Il ne faut pas que le malade ait à se préoccuper

des choses que vous pourriez oublier. Vos propres efforts, pour être là à un moment donné, sont une fatigue pour sa pensée. Si, au contraire, vous pouviez tout arranger pour que les choses fussent faites, que vous y fussiez ou non, le malade ne s'en troublerait pas. Laissez donc faire à un malade tout ce qu'il peut faire lui-même. Vous lui épargnerez ainsi l'inquiétude; à moins cependant que vous ne possédiez à un haut degré l'intelligence de tous les soins bien entendus. Il y a évidemment moins de tourments pour un malade à répondre lui-même à une lettre par le retour du courrier, que d'avoir à ce sujet quatre conversations, d'attendre cinq jours, de se préoccuper six fois jusqu'à ce que la personne qui devait répondre à sa place soit en mesure de le faire. Il y a beaucoup d'opérations chirurgicales où toutes choses étant égales d'ailleurs, le danger est en raison directe du temps que dure l'opération, et où le succès de l'opérateur sera en raison directe de sa promptitude. Eh bien! il y a un grand nombre d'opérations intellectuelles où la même règle doit être observée avec les malades; leur aptitude à les supporter dépend directement de la rapidité sans précipitation avec laquelle vous les leur ferez traverser.

» Mais comment faire accepter de tels principes, quand il est avéré qu'en général on prend une garde moins pour mieux *soigner* le patient que pour éviter aux amis du malade de rester debout,

et aux domestiques de monter et de descendre jour
et nuit? »

« L'hygiène, écrit M. Ribes dans son *Hygiène
thérapeutique*, ne règle pas seulement notre régime
alimentaire, notre habitude de vivre, l'architecture
de nos demeures, elle règle notre âme à la fois et
notre corps. Si nous mourons d'affections violentes,
nous vivons d'affections douces ; et si, comme on
l'a dit, les apothicaires vendaient la sérénité de
l'âme, à quelque prix qu'ils la vendissent, ils ne la
vendraient jamais ce qu'elle vaut. »

Si la sérénité d'âme est mise à un si haut prix
pour les gens bien portants, combien n'est-elle pas
plus précieuse encore pour les malades, pour ceux
surtout au chevet desquels la mort semble être assise ! Qui dira les angoisses d'une pauvre mère sur
son lit de douleur, qui peindra les tortures morales
d'un père qui va peut-être laisser toute sa famille
dans les larmes et dans le dénûment? Qui ne cher-
cherait à adoucir leurs souffrances, et, s'il en est
besoin, à éloigner même par des « banalités » la
sombre idée d'une fin prochaine? Quelle âme stoïque, ou, si l'on veut, quelle âme anglaise ne faut-il
pas pour exiger qu'on dise la *vérité* aux malades
et pour souhaiter que les malades sachent l'entendre?

Ce qui semble à miss Nightingale « d'absurdes
consolations » est recherché avec avidité et avec
complaisance par le malade. N'auriez-vous à lui

offrir que l'ombre de l'espérance, il ferait ses efforts pour la saisir et pour s'y cramponner; et si vous ajoutez à vos consolations des distractions habile-ment ménagées, c'est alors que vous aurez vraiment donné à votre malade « un jour ou une heure de santé. » La compassion est un sentiment tout chrétien, c'est la sœur jumelle de la charité; elle n'exclut ni la prudence, ni la réserve, ni le bon sens, ni la droiture d'intention; elle n'autorise pas à laisser mourir un malade sans qu'il ait satisfait aux devoirs de la famille ou à ceux de la religion, mais elle sait éloigner les terreurs inutiles; elle aide à supporter la souffrance; elle ranime le courage, soutient l'énergie et fait naître la patience, cette précieuse auxiliaire que la médecine est toujours si heureuse de trouver à son aide. J'ai vu bien des malades, et plus de pauvres que de riches, je ne me suis jamais repenti de les avoir consolés et de les avoir entretenus dans ces illusions que Dieu semble avoir mises dans l'âme de tout homme qui souffre; je me repentirais au contraire toute ma vie de leur avoir dit la vérité, lors même qu'ils me l'auraient demandée. Au moment où le prêtre apporte les derniers sacrements et les suprêmes consolations, le mourant se rattache encore à la vie; cependant, pour la plupart des malades, la visite du prêtre, c'est la visite de la mort, puisque, même parmi les personnes qui s'honorent du titre de chrétien, on appelle le prêtre au dernier moment, pour ne pas dire « trop tôt » la vérité au malade.

M. Ribes ne partage point les scrupules de miss Nightingale ; il ne croit pas à l'héroïsme des malades; il appelle à son secours, pour réconforter le patient et pour occuper son imagination, pour l'aider à souffrir et pour éloigner de lui les tristesses de la mort, tout ce que le cœur, l'intelligence et la religion ont de sentiments, de ressources et de saintes paroles ; il sait par expérience et pour en avoir trouvé de fréquents et terribles exemples dans les auteurs, combien il importe de ménager la susceptibilité nerveuse du malade et de lui laisser la douce espérance qui suffit quelquefois pour l'arrêter au bord même de la tombe.

Il est question, dans les *Mille et une Nuits*, d'une princesse qui se mourait par gradation toutes les fois que certaines gens approchaient d'elle, et qui reprenait connaissance et se ranimait quand le bon génie venait dans sa chambre. Le bon médecin est ce génie bienfaisant, quand il sait se servir des dons de l'esprit et des facultés de l'âme en même temps que des prescriptions de l'hygiène et de la médecine pour la guérison ou du moins pour le soulagement des malades.

CH. DAREMBERG.

Un de mes excellents amis, un financier des plus considérés, un homme qui aime beaucoup les lettres, et qui surtout aime beaucoup son prochain, m'a écrit, à propos des articles que cette *Introduction* reproduit en partie, une lettre dont je veux mettre quelques extraits sous les yeux de mes lecteurs. Je passe les compliments; les discuter semblerait une fausse modestie, les transcrire serait une vraie vanité. Je me borne à donner ici les observations critiques que contient cette lettre; je serais désolé qu'elles fussent fondées; heureusement elles ne le sont pas; j'essayerai de le prouver en deux mots après les avoir rapportées textuellement.

« Si la sérénité d'âme, dites-vous, est mise à un si haut prix pour les gens bien portants, combien n'est» elle pas plus précieuse encore pour les malades, pour » ceux surtout au chevet desquels la mort semble être » assise. »

Tout le monde sera d'accord avec vous sur ce point, mais permettez-moi de n'être pas de votre avis sur le moyen que vous proposez pour maintenir cette sérénité d'âme.

Vous voulez cacher au malade le danger quand il le menace et lui refuser les secours de la religion.

Qu'est-ce qui lui donnera la sérénité d'âme, si ce n'est la confiance en Dieu? A qui se confiera votre malade, qui s'inquiète de laisser, comme vous dites, toute sa famille dans les larmes et le dénûment, si ce n'est à la Providence? Où prendra-t-il sa fermeté si son âme ne s'élève à Dieu avant d'entrer dans une nouvelle vie en quittant celle-ci, et comment s'élèvera-t-il à Dieu si on ne lui en fait sentir la nécessité, non pas par un appareil effrayant, mais par de douces paroles chrétiennes qu'on peut dire, qu'on doit dire à tous les hommes dans toutes les conditions d'existence et de maladie?

Vous dites, cher docteur, avoir vu bien des malades, vous avez vu aussi sans doute bien des mourants dans votre charitable ministère; dites-nous, je vous prie, lesquels de ces mourants vous avez vus mourir avec le plus de sérénité, ceux qui le savaient et savaient aussi qu'ils avaient un Sauveur, ou ceux qu'on avait étourdis d'illusions. C'est cependant là un point important, et quoique médecin, j'espère que vous conviendrez qu'il importe de *bien* mourir.

Ceci m'amène à une dernière observation. De quel droit cachez-vous à un homme qu'il va mourir et le trompez-vous par des illusions, ou *ne lui dites-vous pas la vérité lors même qu'il vous l'aurait demandée?* Votre étude des propriétés infinies de la matière ne vous fait pas oublier l'âme qui l'anime. Or, cette âme immortelle est faite pour une autre vie. Son sort dans cette autre vie dépend de ses sentiments, de ses pensées dans ce monde, d'une dernière pensée peut-être, qui assurera son salut. N'était-ce pas la dernière pensée du brigand sur la croix : *Seigneur, souviens-toi de moi quand tu seras entré dans ton règne,* qui lui valut cette réponse du Sauveur :

Je te dis en vérité que tu seras aujourd'hui avec moi dans le paradis.

Or, ce cri suprême, cet élan de l'âme qui s'élancerait vers son Sauveur, si elle savait qu'elle va le voir, ce repentir qui s'emparerait peut-être de son cœur jusqu'alors hésitant, cette lumière divine, cette grâce qui viendrait le soutenir dans le passage de la vie à la mort, s'il la demandait, qu'en faites-vous, lorsque vous cachez aux malades que le moment est venu d'écouter ce cri, de céder à cet élan, de recevoir cette lumière et d'implorer cette grâce ? Vous n'en avez pas le droit, vous chrétien ! Car vous n'êtes pas un de ces malheureux docteurs que leur grand savoir met hors de sens et qui se sont tellement absorbés dans l'étude des influences du corps sur les corps, de la matière sur la matière, qu'ils ont oublié l'esprit qui nous anime et le Dieu qui a tout créé. Je les plains ces pauvres savants qui ont tout appris, excepté la *seule chose nécessaire*, et je ne puis m'adresser à eux.

Non, je ne veux pas qu'on dise la vérité aux malades, lors même qu'ils la demandent. Sur une personne qui la prendra bien, mille en éprouveront les plus grands dommages; l'expérience des médecins est là pour le prouver; non, je n'ai pas même le droit de dire ce qu'on appelle la *vérité*, puisque je ne dispose ni de la vie ni de la mort. Mais est-ce une raison pour que je refuse aux malades les secours et les consolations de la religion? Dieu me préserve d'une telle pensée ! Je me plains, au con-

traire, qu'on fasse presque toujours venir le prêtre
trop tard, quand tout est fini ou que tout va finir ;
— je loue M. le docteur Ribes de ce qu'il appelle
en aide à la médecine tous les sentiments et toutes
les espérances que provoque la foi ; — je voudrais
que dans l'intérieur de la famille on parlât souvent
au malade de son âme et de Dieu et qu'on trouvât
dans ces deux mots ou un adoucissement à des
souffrances qui doivent avoir une heureuse issue ,
ou une préparation lointaine, détournée mais effi-
cace, aux pensées qui doivent occuper tout chrétien
à qui Dieu et la nature vont demander le sacrifice
de sa vie.

Si , à l'exemple d'un homme prudent qui règle
ses *affaires* longtemps à l'avance, on faisait aussi
de longue date et à tout événement son testament
religieux, il n'y aurait jamais besoin de produire
cette violente commotion que ressent un malade,
soit qu'on lui dise , soit qu'on lui montre qu'il est
temps de se préparer à la mort et que la dernière
heure a sonné [1]. Ce n'est plus la faute du médecin,

1. Miss Nightingale elle-même a écrit : « J'ai entendu dire
qu'au milieu d'un pénible accouchement la force dépendait du
calme du docteur et de la garde. Si l'un ou l'autre avait laissé
soupçonner que c'était un cas extraordinaire ou douteux, elles
auraient senti que tout *était fini* pour elles. J'ai observé la même
chose dans les maladies aiguës, lorsque les plateaux de la balance
penchaient entre la vie et la mort. Si le médecin trahissait quelque
indécision, si la garde perdait une portion de son sang-froid ,
le plateau de la balance était aussitôt précipité du côté de la
mort. »

mais la faute du malade ou de ceux qui l'entourent, si le malade apprend brusquement, par un
prêtre ou par un pasteur, qu'il va mourir; ou s'il
meurt sans avoir songé qu'au sortir de cette vie, il
reste de lui quelque chose qui doit répondre de
ses bonnes et de ses mauvaises actions.

CH. D.

NOTICE

UR

MISS FLORENCE NIGHTINGALE

L'auteur du livre dont nous donnons la traduction est si populaire en Angleterre, si célèbre dans toute l'Europe, qu'il semble superflu de chercher à le faire connaître davantage par quelques détails sur sa vie et sur sa personne. Mais le temps marche si vite de nos jours, les événements contemporains s'enfoncent si rapidement dans le passé, que les souvenirs sont fugitifs comme les événements. En France, d'ailleurs, nous sommes si familiarisés avec le dévouement des femmes consacrées au service des pauvres, des malades, des affligés, que nous n'en tenons guère plus de compte que de l'accomplissement des devoirs naturels renfermés dans l'intérieur de la famille. L'admirable fécondité des institutions

catholiques, la merveille quotidienne des vocations religieuses qui envoient, sans les compter, dans toutes les
parties du monde, *des médecins français* (comme les Chi-
nois appellent nos Sœurs de charité), nous ont accoutumés à penser qu'il n'y a, pour elles, d'autre gloire et
d'autre récompense, que celles qui les attendent dans le
ciel. Mais qu'une femme, une jeune fille, née dans un
pays privé de ces institutions incomparables, conçoive à
elle seule l'idée d'un semblable dévouement, qu'elle le
réalise, qu'elle acquière, par l'autorité de son intelligence,
de son caractère, de sa charité, la puissance nécessaire
pour faire le bien, pour réformer les abus, pour soumettre
les rivalités et pour se faire pardonner cette usurpation de
l'empire réservé à un autre sexe; que ce soit au plus fort
des horreurs de la guerre, au milieu d'une armée déci-
mée par l'épidémie autant que par le feu de l'ennemi,
qu'elle entreprenne et achève sa tâche; c'est, sans doute,
un sujet d'étonnement et d'admiration qui ne peut laisser
aucun lecteur indifférent aux détails que nous voulons
emprunter à quelques-unes des biographies publiées à
Londres (contre son gré, nous assure-t-on) sur cette
femme héroïque.

Florence Nightingale naquit à Florence dans l'année
1828, et reçut son nom de baptême en souvenir du lieu
de sa naissance, de même que sa sœur [1], née à Naples,
fut nommée Parthénope. Son père, d'une très-ancienne
et riche famille du Yorkshire, se maria jeune et consa-
cra son activité au soin de sa famille et au succès de
toutes les idées généreuses. La première jeunesse de Florence Nightingale s'écoula au milieu des circonstances

____

1. Aujourd'hui lady Verney.

les plus favorables au développement de ses qualités morales et intellectuelles. Sous la direction de son père, elle atteignit un degré d'instruction assez élevé dans les études classiques et mathématiques; elle acquit aussi des connaissances générales dans les sciences, la littérature et les arts. Les talents qui tiennent ordinairement la première place dans l'éducation des femmes ne furent pas négligés dans la sienne; elle devint bonne musicienne, et parle les langues modernes, le français, l'italien, l'allemand, avec presque autant de facilité que sa langue maternelle. Le cours de ses études fut achevé par de grands voyages; elle visita la plupart des villes remarquables du continent; elle vit l'Italie, la Grèce et pénétra même fort avant dans l'Égypte. Elle trouva des amis dans toutes les classes de la société et dans toutes les croyances, et elle acquit ainsi, bien jeune encore, une grande expérience de la vie.

On se demandera, sans doute, comment miss Nightingale, comblée de tous les dons de la nature et de la fortune, de toutes les jouissances des affections de famille, remplissant tous les devoirs de sa position dans le monde, jusque dans le détail d'une présentation à la cour, a pu s'affranchir de toutes les séductions, sacrifier tout le bonheur intime d'une telle vie, pour se transplanter sur le théâtre des scènes tragiques, dont l'horreur pouvait faire défaillir les cœurs les plus forts. Un seul mot donne la solution de cette énigme : *l'amour du prochain.* Elle avait vu le monde tel qu'il est, elle avait vu des chagrins qui pouvaient être adoucis, des vices qui pouvaient être réformés, des misères qui pouvaient être relevées; elle brûlait du désir de faire quelque chose pour les infortunés, nommés ses frères par le divin fon-

dateur de notre foi, par celui qui, dans sa providence,
avait tant fait pour elle. Dès son enfance, elle avait montré une tendre affection et une profonde sympathie pour
toutes les classes d'affligés. On l'avait accoutumée à
pourvoir aux besoins des pauvres qui avoisinaient les
terres de son père, achetant ce privilége par des sacri-
fices et des actes d'abnégation; plus tard, dans sa jeunesse, elle devint leur amie, leur consolatrice, leur insti-
tutrice. Lorsqu'elle fut arrivée à un âge qui lui permettait
plus d'indépendance dans ses actions, elle fréquenta et
étudia les écoles, les hôpitaux, les refuges de Londres,
d'Édimbourg et du continent, recueillant des connaissances partout où elle en pouvait moissonner. A l'époque
de la grande Exposition, lorsque toute l'Europe semblait
en vacances, elle se retira sur les bords du Rhin, dans
l'institution de Kaiserwerth, où des Sœurs de la Miséri-
corde protestantes sont élevées à soigner les malades, et
à remplir les autres offices de la charité. Elle resta dans
cet asile pendant trois mois, prenant part au service de
jour et de nuit, accumulant les expériences les plus précieuses, et elle retourna ensuite en Angleterre pour y
attendre patiemment une occasion de les mettre en
pratique.

La tendance si prononcée de son esprit à regarder au
delà de sa propre sphère d'activité ne la laissa pas longtemps sans un nouvel objet d'intérêt spécial. Son énergie
s'exerça en faveur d'une classe trop longtemps négligée
par les heureux de ce monde, de cette catégorie que les
Espagnols désignent sous le nom de *pauvres rougissant*, et
que nous nommons de même *pauvres honteux*. Ayant appris que la maison de santé de *Harley-Street* pour
les institutrices, languissait faute d'un gouvernement sys-

tématique et de ressources suffisantes, elle résolut de se
mettre à la tête. de cet établissement. Abandonnant le
bien-être et les jouissances de son intérieur, elle dévoua
tout son temps, ainsi qu'une grande partie de sa fortune,
à la réorganisation de cette utile institution. Dans cette
occasion, comme dans toutes les autres, elle montra sa
ferme détermination de remplir complétement la mission
qu'elle s'était imposée. A son entrée dans l'établissement
de Harley-Street, les gens du monde levèrent les yeux et
les mains au ciel, comme si elle avait fait une chose
scandaleuse ; ils durent découvrir depuis qu'elle pouvait
relever tous les emplois, et qu'aucune fonction ne pouvait l'abaisser. Ses premiers travaux furent principalement financiers ; elle rectifia les comptes, paya les dettes
et remit tout en ordre autour d'elle ; en même temps, elle
eut toujours du loisir pour assister et consoler les malades. Il vint un moment où il n'y avait pas dans la maison un cas de maladie qui ne parût désespéré, mais on
n'aperçut dans miss Nightingale aucun indice de découragement.

Après être restée dans Harley-Street aussi longtemps
que sa présence parut nécessaire à la bonne administration de cet établissement, aux progrès duquel elle avait
accordé un intérêt si profond et si actif, miss Nightingale
retourna à la campagne, afin d'y rétablir sa propre santé
et de reprendre de nouvelles forces pour les nouveaux dévouements qui pourraient s'offrir à elle. L'occasion ne
s'en fit pas beaucoup attendre, mais sous une forme imprévue et infiniment plus redoutable qu'aucune de celles
qui s'étaient jusqu'alors présentées.

Nous citerons, pour raconter cette période extraordinaire de la vie de miss Nightingale, les paroles mêmes

de l'auteur de l'une des biographies que nous avons jusqu'ici consultées [1] :

« Un lamentable cri de détresse, le cri de nos frères,
» blessés et mutilés en Orient, languissant sur leurs lits
» de douleur, faute de soins efficaces et des adoucisse-
» ments absolument nécessaires à leur situation, se fit
» entendre tout à coup. Ce cri déchirant trouva un écho
» dans le cœur du pays tout entier, mais il manquait
» pour y répondre plus que des cœurs dévoués et des
» hommes de bonne volonté. Le système de traitement
» alors en usage dans nos hôpitaux était incomplet et
» insuffisant; le zèle, sans discipline et sans expérience,
» n'était pas d'un grand secours dans une telle urgence,
» et malheureusement nous ne possédions aucune de ces
» servantes *consacrées* des pauvres, qui forment un élé-
» ment si admirable et si utile de l'Église catholique.
» Dans cette extrémité, la proposition de former immé-
» diatement et d'envoyer sur le théâtre de la guerre une
» congrégation d'infirmières reçut un accueil favorable
» du gouvernement et d'une partie du public.

» A la requête de M. Sidney Herbert, secrétaire d'État
» au département de la guerre, miss Nightingale con-
» sentit à accepter le gouvernement de l'expédition et à
» se placer à sa tête. Il n'y eut pas un moment de perdu
» en délais superflus. Miss Nightingale avait d'avance
» fait le compte des frais et ne recula point devant le
» payement, tandis que ses parents, non moins dévoués
» qu'elle, furent contents de donner leur fille pour un
» service aussi saint.

» Les arrangements préliminaires furent accomplis

1. *Illustrated Times.*

» dans un temps très-court, et le 5 novembre 1854, miss
» Nightingale et ses compagnes, au nombre de trente-
» sept, dont la plupart appartenaient comme elle aux rangs
» les plus élevés de la société, arrivèrent à Constanti-
» nople sur le *Vectis*.

» Ces femmes dévouées furent promptement établies
» dans leur nouveau quartier, aux baraques de l'hôpital
» de Scutari. Les travaux qui les y attendaient furent, en
» peu d'heures, accrus par l'arrivée de six-cents blessés,
» qui y étaient envoyés peu de temps après la bataille
» d'Inkermann. Dans un telle conjoncture, les services
» des gardes-malades furent reconnus par les médecins
» comme inappréciables. Un grand nombre de tributs
» de reconnaissance particulière ont prouvé depuis avec
» quelle fervente gratitude ce bienfait fut reçu par les
» blessés eux-mêmes.

» Les détails de cette œuvre d'amour du prochain,
» poursuivie sans relâche pendant tant de mois, ont été
» trop répandus pour qu'il soit nécessaire de les récapituler
» ici. On sait qu'à très-peu d'exceptions près, la bonne
» volonté et les forces des subordonnées n'ont jamais fait
» défaut, tandis que la puissance et l'énergie avec les-
» quelles miss Nightingale n'a cessé de lutter contre les
» difficultés de sa position ont surpassé, ainsi que
» le bien qu'elle a produit, les espérances de ceux même
» qui connaissaient les facultés extraordinaires dont sa
» nature est douée. Chaque jour, dit un témoin de ces
» scènes admirables et douloureuses, chaque jour appor-
» tait quelque nouvelle complication de misères, toujours
» surmontée par le génie d'administration de la supé-
» rieure; chaque jour apportait son épreuve particulière
» à celle qui avait pris sur elle le fardeau d'une si im-

» mense responsabilité, dans un champ inexploré et
» avec un état-major de son propre sexe, à qui tout
» était également nouveau. On l'a vue souvent, à l'arri-
» vée de détachements de malades, rester sur pied pen-
» dant vingt-quatre heures de suite, appropriant les
» logements, distribuant des vivres, dirigeant les travaux
» des sœurs, assistant aux plus pénibles opérations, lors-
» que sa présence pouvait fortifier et consoler le patient,
» et passant des heures entières auprès du lit des soldats
» dans l'agonie du choléra ou du typhus.

» L'image de Florence Nightingale, parcourant, pen-
» dant la nuit, sa lampe à la main, des dortoirs de plu-
» sieurs milles d'étendue, prenant note de l'état de
» chaque malade, leur procurant les soulagements les
» plus nécessaires, ne sera jamais effacée du cœur des
» hommes, objets ou témoins de sa charité, et la tradi-
» tion de son dévouement sera à jamais conservée dans
» l'histoire. Sans doute il semblait à ceux qui l'ont vue, sa
» figure élégante et délicate penchée sur le chevet des
» mourants, s'efforçant, par tous les moyens qui étaient
» en son pouvoir, d'adoucir leurs dernières angoisses, et
» les quittant rarement avant que la mort les eût délivrés
» de leurs maux ; il leur semblait, dis-je, qu'elle accom-
» plissait alors la partie la plus redoutable de sa tâche ;
» et cependant, les efforts de son dévouement personnel
» étaient, dans l'appréciation de miss Nightingale, le
» moins onéreux de ses devoirs. Les obstacles jetés
» sur son chemin, les restrictions systématiques, les pré-
» jugés des individus, les contestations journalières de
» l'autorité qui marchandait une maigre allocation né-
» cessaire au service des malades, exigeaient d'elle in-
» finiment plus de force et de courage, jusqu'au moment

» où la coopération de **M. Macdonald**, le distributeur des
» fonds du *Times*, la mit en état de faire des approvision-
» nements, et d'introduire partout, dans l'établissement
» qu'elle présidait, l'ordre et le confort.

» Les moyens d'exécution avaient été accrus, au com-
» mencement du mois de janvier, par l'arrivée de cin-
» quante nouvelles infirmières, dont beaucoup furent
» envoyées dans différentes parties du pays, où leur
» service était particulièrement nécessaire.

» On doit rapporter à l'influence de miss Nightingale
» sur tous ceux qui furent en contact avec elle, le perfec-
» tionnement qu'on put remarquer dès lors dans tous les
» hôpitaux, et l'état satisfaisant des affaires dans toute
» cette administration. »

Lorsqu'il devint évident qu'elle avait achevé à Scutari
la portion la plus importante de sa tâche, elle se rendit à
Balaklava, où elle arriva le 4 mai, dans le but d'en in-
specter l'hôpital. Mais à peine les fonctions des infirmières
et des sœurs étaient-elles fixées, les nouvelles baraques
construites, les cuisines établies, une impulsion énergique
imprimée, avec l'aide de l'autorité, à l'ensemble du service, que la constitution toujours délicate de miss Nightingale, épuisée par des efforts extraordinaires, continués
si longtemps, fut enfin abattue par une attaque de la fièvre de Crimée, et qu'elle dut être portée elle-même dans
l'une des baraques de l'hôpital établi sur les hauteurs.

Au bout d'une quinzaine de jours, la gravité du mal
lui avait entièrement enlevé ses forces, et le retour en
Angleterre lui fut impérativement ordonné. Aucune per-
suasion ne put toutefois la déterminer à retourner au delà
de Scutari, et, après y être restée en repos un temps
suffisant pour le rétablissement de sa santé, elle re-

prit ses fonctions actives et son train de vie ordinaire.

Elle resta à Scutari jusqu'à la fin de la guerre (août 1856), « après avoir montré, — dit encore un de » ses historiens, — avec l'aide des médecins, ses coadju- » teurs, ce que doivent être, ce que peuvent être des » hôpitaux, et combien le chiffre de la mortalité peut » être réduit dans une armée, même en temps de » guerre [1]. »

La reconnaissance nationale offrit à miss Nightingale, à son retour en Angleterre, une somme nécessaire pour fonder un établissement destiné à élever, sous sa direc- tion, des gardes-malades aptes à former une corporation qui pût lui succéder. Miss Nightingale refusa d'entre- prendre cette nouvelle tâche, trop disproportionnée au peu de forces que lui laissaient les suites de la fièvre de Crimée. Les capitaux, qu'elle n'acceptait pas, furent pla- cés par les dépositaires de ces fonds, et l'intérêt en est capitalisé jusqu'au moment où elle pourra en disposer. Si elle n'a pu entreprendre cette dernière tâche, elle en a accompli beaucoup d'autres. Son rapport à la commission sanitaire de l'armée est un travail considérable; les di- verses réformes obtenues de l'autorité militaire, et main- tenant adoptées par le ministère de la guerre, sont éga- lement importantes. On s'occupe des mêmes réformes dans l'armée des Indes; des souverains l'ont consultée sur celles qu'ils désiraient introduire dans l'administra- tion de leurs hôpitaux; enfin, nul n'essayerait de comp- ter le nombre des vies sauvées, des souffrances adoucies par l'expérience et par l'ardent amour de l'humanité de Florence Nightingale.

1. De 19 à 8 sur 1,000, en temps de paix.

Après avoir sommairement raconté la vie de miss Nightingale, nous ne la quitterons pas sans dire un mot de sa personne.

Peu d'extérieurs pourraient répondre, mieux que le sien, au caractère qu'elle a déployé et à la destinée que ce caractère lui a faite. Nous l'avons vue en France, lorsqu'elle s'ignorait encore elle-même, en grande partie du moins, et lorsque nous ne pouvions nullement pressentir la gloire qui s'attacherait bientôt à son nom. Et cependant nous n'avions point oublié cette jeune personne, si élégante à la fois et si imposante : sa physionomie calme et réservée qui exprime une détermination ferme et tranquille, une parfaite possession d'elle-même et une rare perspicacité ; la précision dans les mouvements, la concision dans le langage, la noblesse des traits et des manières, enfin tout ce qui révèle les qualités par lesquelles on se commande à soi-même et on peut commander aux autres. Mais nous n'avons vu qu'un côté de cette figure remarquable ; la tendresse de son cœur, son amour de l'humanité n'ont dû se révéler qu'aux regards de ceux dont elle a partagé les souffrances à l'hôpital de Scutari.

Cette profonde sympathie ne se trahit également que par degrés à la lecture de son *Essai sur les soins à donner aux malades*. L'aversion de miss Nightingale pour la *sentimentalité*; son éloignement pour se mettre en scène et pour poser devant le public; l'habitude de réprimer ses émotions et de ne laisser connaître ses sentiments que par ses actes ; le tour souvent piquant et parfois sarcastique que donne à son style un sentiment très-vif et très-fin du ridicule ; la sécheresse et même la crudité de certains détails techniques, devant lesquels sa scrupuleuse

conscience de garde-malade n'a point reculé, ne laissent
à une lecture superficielle de cet *Essai*, tout didactique,
qu'une impression très-différente de celle qu'on en reçoit
après y avoir réfléchi. Mais alors comme on se sent pénétré de respect et d'admiration ! Comme on se sent hu-
milié en interrogeant ses propres souvenirs ! Est-ce ainsi
qu'on a soigné les pauvres ? Est-ce ainsi qu'on a soigné
même ses amis et ses proches ? Comme on est attendri
de cette touchante et presque aveugle tendresse pour
les malades, qui fait qu'en trouvant tant de défauts et
tant de torts aux gardes-malades, miss Nightingale n'en
trouve pas un seul aux malades eux-mêmes ! Elle a vu de
mauvaises gardes, de mauvais médecins, de mauvais
amis, des *consolateurs fâcheux*, elle n'a pas vu un seul
mauvais malade. Quel contraste entre cette prévention,
pour ainsi dire maternelle, et notre indifférence, notre
sévérité, la multitude des prétextes que nous trouvons
si aisément pour nous délivrer de la pitié et nous dispenser du dévouement!

Nous ne dissimulerons pas toutefois, pour être entièrement sincère, que nous avons été surpris de trouver
dans cet ouvrage une immense lacune.

Le sentiment surnaturel, qui peut seul avoir inspiré et
soutenu le dévouement de miss Nightingale, ne s'y
trouve nulle part exprimé, ni même sous-entendu. Sa
tendresse, si ingénieuse à prévenir et à soulager les souffrances des *corps*, des nerfs, de l'imagination de ses
malades, semble avoir oublié leur âme !... Le cœur se
serre à la vue de ces immenses dortoirs, où souffrent et
meurent tant d'êtres humains, sans qu'aucun rayon
d'immortalité descende éclairer leur couche, qui sera
bientôt leur tombeau !

Quel que puisse être le motif de cette omission, qui nous a péniblement affecté, on nous assure que la conduite de miss Nightingale n'en a point offert l'exemple. Ceux qui l'ont suivie au chevet du lit des mourants, l'y ont vue spiritualiste et chrétienne; elle a trouvé, pour les préparer au dernier combat, des paroles de foi et d'espérance.

Nous croyons d'autant plus aisément ce témoignage que, dans son appréciation si bienveillante des institutions catholiques, miss Nightingale paraît avoir compris le sens vrai et profond du mot de *vocation*[1]; de ce mot qui implique que ce n'est point par soi-même qu'on est *appelé* au sacrifice.

Sans avoir pénétré aussi avant dans le principe de vie des œuvres catholiques, les biographes de miss Nightingale leur ont rendu le même témoignage, et nous terminerons cette Notice par un nouvel exemple de leur généreuse impartialité.

« On ne peut contester la beauté, l'excellence des
» institutions catholiques fondées sur le continent en
» faveur des malades catholiques et protestants. Toutes
» les villes qui les possèdent peuvent dire les bienfaits
» obtenus par ces corporations, prêtes à répondre à
» tout appel de la misère ou de la maladie. La recon-
» naissance de leurs malades, le respect de la société
» tout entière, attestent leur mérite et leurs bienfaits. La
» proposition souvent renouvelée d'essayer de natura-
» liser ces institutions en Angleterre prouve que nous

1. Once a wake ; representative women.

» sommes sensibles à la beauté de ces organisations
» charitables. »

Nous sommes reconnaissant de cet hommage ; nous
nous associons à ce vœu, qui seul peut, nous le croyons,
réaliser et surtout perpétuer le bien que miss Nightingale a conçu et dont elle a pris, dans son pays, l'héroïque
initiative.

PRÉFACE DE L'AUTEUR

Les notes suivantes ne sont pas destinées à tracer des règles de conduite aux personnes occupées du soin des malades ; elles ne sont pas un manuel, où une *garde* puisse apprendre à remplir ses fonctions ; elles ont seulement pour but de suggérer des idées aux femmes qui ont la responsabilité de la santé des autres.

Toutes les femmes, ou du moins presque toutes les femmes, en Angleterre, à une époque quelconque de leur vie, sont appelées à veiller sur la santé de quelqu'un, soit enfants, soit adultes, malades, ou valétudinaires ; en un mot, toute femme est naturellement destinée à devenir *garde-malade*.

Chaque jour, les notions de l'hygiène, l'art de soigner les malades, le secret de fortifier la constitution, de façon à prévenir les maladies, ou de les guérir, quand on n'a pu les prévenir, prennent une plus grande importance.

Bien entendu que cette science, qu'il est de notre devoir d'acquérir, est entièrement distincte de la science médicale, qui appartient exclusivement à la profession de médecin.

Si donc toute femme est appelée, à une époque quelconque de sa vie, à devenir une *garde-malade*, c'est-à-dire à être chargée de soigner la santé d'une autre personne, quel immense bien résulterait de cette somme d'expérience, si chaque femme voulait seulement réfléchir sur ce qu'elle doit faire.

Je ne prétends point, je le répète, leur enseigner ce métier. Je leur demande de s'instruire par elles-mêmes, et, dans ce but, je me suis hasardée à leur donner quelques avis.

DES SOINS

A DONNER

AUX MALADES

CE QU'IL FAUT FAIRE — CE QU'IL FAUT ÉVITER

INTRODUCTION

La maladie considérée comme une action réparatrice.

Commencerons-nous par poser en principe que toute maladie, à une période ou à une autre, est plus ou moins une action réparatrice, un effort de la nature (qui n'est pas nécessairement accompagné de souffrances), pour remédier à un affaiblissement ou à une altération des organes, survenus, des semaines, des mois, peut-être des années, avant que ces accidents aient été observés, l'issue de la maladie devant être, en ce cas, déterminée par la nature et la durée de ces antécédents?

Si nous acceptons cette opinion comme un principe, on nous opposera immédiatement des faits et des exemples destinés à prouver le contraire : précisément comme, si nous partions de ce principe, que tous les climats de la terre peuvent être rendus habitables pour l'homme, par suite de ses efforts, on nous demanderait aussitôt, sous forme d'objection, si le sommet du mont Blanc sera jamais habitable. A cela nous répondrions : Il s'écoulera plusieurs milliers d'années avant que nous ayons atteint la base du mont Blanc, après avoir assaini toute la surface du globe ; attendons d'être arrivés à la base avant de nous occuper de la cime.

En étudiant une maladie, soit dans les hôpitaux, soit dans les maisons particulières, l'observateur attentif doit remarquer que, bien souvent, des symptômes ou des souffrances que l'on regarde comme inhérents à la maladie peuvent provenir de toute autre cause, par exemple, du manque d'air pur, de lumière, de chaleur, de tranquillité, de propreté, d'exactitude et de soin dans l'administration du régime. Chacune de ces causes ou toutes ensemble ont souvent des résultats très-distincts de la maladie elle-même.

L'action réparatrice, voulue par la nature, et que nous appelons maladie, est entravée par l'ignorance ou par l'inattention ; et l'angoisse, la souffrance qui résultent du défaut de soins sont occasionnées par l'interruption de la marche régulière de cette maladie.

Si le malade se refroidit, s'il a des frissons, s'il éprouve de la défaillance, s'il est mal à son aise après avoir pris de la nourriture, s'il a des excoriations, c'est en général la faute, non de la maladie, mais de la garde-malade.

Ce que devrait être l'office de garde-malade.

J'emploie ce mot de garde-malade, faute d'une meilleure dénomination. L'office de garder un malade est en général borné au soin d'administrer les remèdes ordonnés par le médecin et de satisfaire les petites fantaisies permises; il devrait comprendre aussi l'emploi intelligent d'un air pur, de la lumière, de la chaleur, de la propreté, de la tranquillité, ainsi que le choix convenable, la sage distribution des aliments. Le tout, avec le moins de dépense possible de force chez le malade.

L'art de soigner les malades très-peu connu.

On a dit et écrit cent fois que toute femme était une bonne garde-malade; je crois, au contraire, que les principes les plus élémentaires de cette science sont tout à fait inconnus.

Je ne veux pas dire que la garde-malade ait toujours tort. L'absence des moyens de salubrité, une architecture défectueuse, des arrangements administratifs mal entendus, rendent souvent impossibles les soins efficaces, mais l'art de la garde doit y suppléer et rendre possible ce que j'entends par des soins efficaces.

Je reviens à la première objection : Telle ou telle maladie est-elle en effet une action réparatrice ? Telle maladie peut-elle être exempte de souffrances? Quels sont les soins qui peuvent épargner à un malade telle ou telle douleur ? J'avoue humblement que je n'en sais rien ; mais lorsque vous aurez écarté du lit des malades toutes les angoisses et toutes les souffrances qui ne sont pas inévitablement atta-chées à leur maladie, mais sont la conséquence fatale de l'absence des soins ou de leur fausse direction, vous distinguerez aisément les souffrances propres à la maladie de celles qui en sont indépen-dantes.

Mais, répétera-t-on sans vouloir nous compren-dre, est-ce que vous ne ferez rien dans le choléra, la fièvre, etc. ? tant c'est une conviction universelle et profondément enracinée que de donner des remèdes, c'est faire quelque chose, et même tout, et que de donner de l'air, de la chaleur, d'entretenir la pro-preté, ce n'est rien faire. Je répondrai que, dans ces maladies et dans beaucoup d'autres semblables, la puissance des remèdes, celle des divers modes de traitement n'est nullement démontrée, tandis que l'expérience universelle fait voir l'extrême impor-tance des soins bien entendus, relativement à l'is-sue de la maladie.

Hygiène des personnes bien portantes.

Les principes de l'hygiène, pour les personnes bien portantes, sont aussi peu connus que ceux qui concernent les malades. Néanmoins les mêmes lois président, en réalité, à la conservation comme au retour de la santé ; leur infraction produit seulement des conséquences moins funestes pour les premiers que pour les seconds, mais elles deviennent quelquefois funestes également pour les gens bien portants.

On entend constamment s'écrier : « Comment puis-je obtenir cette connaissance médicale ? Je ne suis pas médecin, je dois laisser faire les médecins. »

Connaissances imparfaites.

O mères de familles ! vous qui parlez ainsi, savez-vous que sur cette terre d'Angleterre si remarquablement civilisée, un enfant sur sept meurt avant d'avoir accompli sa première année ? A Londres, deux sur cinq périssent avant leur cinquième année, et dans les autres grandes villes d'Angleterre, la mortalité jusqu'à cet âge est de près de un sur deux.

Curieuse déduction du chiffre excessif des mortalités.

On a tiré de ce fait les plus prodigieuses déductions. Pendant un long temps, les journaux ont

contenu un avis conçu à peu près en ces termes :
« Plus de 25,000 enfants meurent chaque année à
Londres, avant l'âge de dix ans ; par conséquent,
nous avons besoin d'un hôpital d'enfants. » Cet
avis était accompagné d'un prospectus et de diverses propositions pour remédier au mal, entre autres
celle-ci : « Il y a une grande ignorance des notions
hygiéniques chez les femmes ; en conséquence, nous
avons besoin d'un hôpital de femmes. » Les deux
faits énoncés ci-dessus sont tristement vrais ; mais
quelle en est la conséquence logique ? — Les causes
de l'énorme mortalité des enfants sont parfaitement
connues : ce sont principalement le manque d'air,
de propreté, de vêtements convenables, de nourriture saine, de linge blanc ; en un mot, une hygiène
domestique défectueuse. Les remèdes sont aussi
bien connus que les causes du mal ; et on ne peut
pas donner comme un remède à cet état de choses
l'établissement d'un hôpital pour les enfants. Le
besoin peut s'en faire sentir aussi bien que celui
d'un hôpital d'adultes, mais la statistique ne peut
faire conclure que l'effrayante mortalité des enfants
à Liverpool, par exemple, tient à ce qu'il n'y a pas
pour eux assez de place à l'hôpital, et en déduire la
conséquence qu'il faille fonder pour eux un hôpital spécial.

De même, si les femmes, et les meilleures, sont
malheureusement très-ignorantes des conditions de
l'hygiène, quoique ce soit sur elles que nous devions

compter pour les soins intérieurs, qui s'imaginerait
que la création d'un hôpital de femmes soit le remède de ce qui leur manque sur ce point?

En outre, nous tenons d'une autorité compétente
qu'il y a lieu de craindre que les hôpitaux, tels
qu'ils ont été dirigés jusqu'ici, n'aient généralement
accru, plutôt que diminué, le chiffre de la mortalité,
spécialement celui de la mortalité des enfants.

La durée de la vie des enfants témoigne des conditions sanitaires

La durée de la vie de ces frêles créatures, comme
le disent certains physiologistes avec un sang-froid
qui rappelle celui de Saturne dévorant ses enfants,
est le témoignage le plus certain des conditions sanitaires. — Toutes ces souffrances, toutes ces morts
prématurées sont-elles nécessaires? La nature a-t-
elle voulu que les mères fussent toujours accompa-
gnées par un médecin? Leur vocation est-elle d'apprendre le piano plutôt que les lois d'où dépend
la conservation de leurs enfants?

Macaulay dit quelque part qu'il est extraordinaire que, tandis que les lois des mouvements des
corps célestes, quelque éloignés qu'ils soient de nous
sont parfaitement connues, les lois de l'esprit humain, qui tombent sous notre observation quotidienne et permanente, ne soient pas mieux com-
prises qu'il y a deux mille ans.

Mais n'est-il pas plus extraordinaire encore que,

tandis que ce que nous pourrions appeler le clinquant de l'éducation (par exemple, les éléments de l'astronomie sont enseignés à toutes les petites filles des écoles), ni les mères de famille, de quelque condition qu'elles soient, ni les maîtresses d'école, à quelque classe qu'elles appartiennent, ni les bonnes des enfants, ni les infirmières des hôpitaux, ne reçoivent aucune notion des lois que Dieu a assignées aux relations de nos corps avec le monde dans lequel il les a placés. En d'autres termes, les lois d'après lesquelles les corps, demeure de l'esprit qui les anime, offrent à ces esprits des organes sains ou malades, ne nous sont jamais enseignées. Ce n'est pas que ces lois ne soient connues dans une certaine mesure, mais personne, pas même les mères, ne veut consacrer son temps à les étudier, à étudier les moyens de donner à leurs enfants une existence délivrée de maux. On appelle cela des connaissances médicales ou physiologiques, qui ne regardent que les médecins.

Autre objection.

Nous entendons répéter constamment : « Mais les circonstances qui gouvernent la santé de nos enfants sont en dehors de notre contrôle. Que pouvons-nous faire contre le vent qui souffle ? Est-ce le vent d'est ? —Combien de personnes peuvent dire, même avant de se lever le matin, si le vent est à l'est ! »

A ceci nous répondrons avec plus d'assurance

qu'à la précédente objection : Quels sont ceux
qui savent si le vent est à l'est? Serait-ce le pâtre
montagnard, si exposé lui-même au vent d'est, ou
plutôt la jeune femme élégante, affaiblie par
l'absence d'exercice en plein air, par la privation
de soleil, etc., etc. ? — Mettez celle-ci dans des conditions aussi saines que le montagnard, et elle ne
saura bientôt plus si le vent est à l'est.

CHAPITRE PREMIER

VENTILATION ET CHALEUR

Premier devoir de la garde-malade : entretenir l'air intérieur aussi pur que l'air extérieur.

La première règle à suivre, dans les soins qu'on rend au malade, la première et la dernière chose sur laquelle l'attention de la garde-malade doit être fixée, la plus essentielle pour celui qui souffre, celle sans laquelle toutes les autres ne sont rien, et avec laquelle j'oserais presque dire que vous pouvez laisser de côté toutes les autres, la voici : *Entretenir l'air qu'il respire aussi pur que l'air extérieur, en évitant de le refroidir.* — Cependant y a-t-il une chose à laquelle on accorde en général moins d'attention ? et même lorsqu'on en tient compte, quelles fausses applications n'en fait-on pas ? — Même en admettant l'air dans la chambre du malade ou dans les salles d'hôpitaux, peu de gens se demandent d'où vient cet air. Il peut venir d'un corridor sur lequel d'autres dortoirs sont ouverts ; d'une salle qui n'est jamais aérée, toujours remplie de la fumée du gaz, de l'odeur des mets, de toutes sortes d'émanations humides; d'une cuisine souterraine, d'un évier, d'une buanderie, d'une garde-robe, ou encore, comme j'en ai fait moi-même la triste expérience, d'un égout comblé d'immondices. C'est ainsi que la chambre du malade ou les salles sont aérées, ou pour mieux dire, empoisonnées. Ce qu'il faut toujours, c'est de l'air, de l'air extérieur, qui entre par des fenêtres, au travers desquelles il puisse pénétrer et se renouveler. L'air qu'on reçoit d'une cour fermée, surtout si le vent ne souffle pas de ce côté, peut être aussi stagnant que celui d'une salle ou d'un corridor.

Il est encore une habitude que j'ai souvent observée dans les maisons particulières et dans les établissements publics. Une chambre reste inhabitée; la cheminée est soigneusement bouchée avec une plaque fermée ; les fenêtres ne sont jamais ouvertes ; les volets sont toujours soigneusement fermés; peut-être quelque espèce de provision est-elle conservée dans cette chambre; pas un souffle d'air pur, pas un rayon de soleil n'ont pu y pénétrer. L'air y est aussi stagnant, aussi renfermé, aussi corrompu qu'il est possible. Il est parfaitement préparé pour recevoir et propager les miasmes de la petite vérole, de la fièvre scarlatine, de la diphthérie, ou de toute autre maladie.

Cependant, la chambre des enfants, le dortoir, la

chambre du malade, seront *aérés*, dit-on, par leur porte ouverte sur cet appartement, ou bien, sans soins préalables, on y fera coucher des enfants.

Pourquoi tenir fermés les appartements inhabités ?

On croit généralement que les portes, les fenêtres, les volets, les cheminées, dans les chambres inhabitées, peuvent sans inconvénient être constamment fermés, scellés, s'il est possible, pour les préserver de la poussière, et qu'il n'en arrivera aucun mal, si on ouvre la chambre une heure avant l'arrivée des hôtes. On m'a souvent adressé cette question relativement aux appartements inhabités : — « Mais quand faut-il donc que les.fenêtres soient ouvertes ? — Je réponds : — Quand faut-il qu'elles soient fermées ? »

Folie générale.

Il n'y a pas longtemps, un homme entra dans l'arrière-cuisine d'une maison de Queen-square et coupa la gorge à une pauvre malade, atteinte de consomption, assise auprès du feu. Le meurtrier ne nia pas le fait, mais il répondit simplement : — « C'est bon. » — Il n'est pas nécessaire d'ajouter qu'il était fou.

Dans le cas présent, ce qui est extraordinaire, c'est que ce sont les victimes qui disent que « c'est bon, » et nous ne sommes pas fous. Nous sentons que les assassins sont dans l'air renfermé de la chambre, close et sans soleil; nous devinons la fièvre scarlatine, cachée derrière la porte, la fièvre d'hôpital, ou la gangrène, qui se promènent entre les lits pressés d'un hôpital, et nous disons : « C'est bon !... »

Aérer sans rafraîchir.

Avec des fenêtres bien disposées, avec un feu suffisant dans les cheminées bien construites, il est aisé de renouveler, sans danger pour votre malade ou pour vos malades, l'air de la pièce où ils sont couchés. Ne craignez jamais d'ouvrir les fenêtres dans ces conditions. On ne prend pas froid dans son lit. L'opinion contraire est un préjugé populaire. Avec des couvertures convenables, des bouteilles d'eau chaude, s'il est nécessaire, vous pouvez toujours maintenir à un malade dans son lit une chaleur suffisante et en même temps aérer sa chambre.

Mais une garde négligente, quels que soient d'ailleurs son rang et son éducation, bouchera tous les interstices par lesquels l'air pourrait s'introduire dans la chambre et y maintiendra la température d'une serre chaude, tandis que le malade est dans son lit, et s'il est en état de se lever, elle le laissera comparativement exposé au froid. Le moment où l'on se refroidit (et il y a beaucoup de sortes de refroidissement, indépendamment du rhume de cerveau) est celui du lever, où, après la fatigue de la toilette, la peau, devenue plus sensible par un séjour plus ou moins prolongé dans le lit, est en même temps moins capable de réaction. Alors la même température qui rafraîchit et repose le malade dans son lit peut tuer le malade qui vient d'en sortir. Le sens commun suffit pour démontrer que si la pureté de l'air est nécessaire, il n'est pas moins indispensable d'assurer au malade une température qui le mette à l'abri des refroidissements. Autrement, le moins qu'on puisse craindre est un accès de fièvre.

Pour entretenir l'air intérieur aussi pur que l'air extérieur, il n'est nullement nécessaire, comme on semble souvent le croire, de le laisser refroidir.

Il arrive souvent que, dans l'après-midi, si l'on n'y fait pas attention, le malade, dont les forces vitales ont été excitées, trouve l'atmosphère de sa chambre aussi renfermée, aussi étouffante, qu'il la trouvait froide le matin. Cependant la garde est terrifiée si une fenêtre est ouverte.

Il est très-désirable que les fenêtres de la chambre d'un malade soient disposées de façon que, s'il est en état d'agir par lui-même, il puisse aisément les ouvrir et les fermer à son gré [1]. Rarement est-

1. Il est inutile de dire que, dans les cas de délire et de fièvre chaude, où l'on peut craindre que le malade ne se jette par la fenêtre, cette règle souffre une exception ; mais comme il est absolument nécessaire que, dans ces cas particuliers, la chambre

il aussi bien servi par les autres sous ce rapport que
par lui-même, tant il y a peu de gens qui aient la
moindre notion de ce qui peut procurer aux malades
une atmosphère salutaire. — Un malade dit fréquemment : « Je respire mieux dans cette chambre,
où je passe vingt-deux heures sur les vingt-quatre,
que dans l'autre, où je reste seulement deux heures,
parce qu'ici je puis moi-même disposer des fenêtres. » Et cela est vrai.

Ouvrir les fenêtres.

Je connais une infirmière intelligente et compatissante qui s'est fait une règle de tenir les fenêtres
de sa salle constamment ouvertes. Les médecins et
les chirurgiens les ferment invariablement pendant
qu'ils font leurs visites, et l'infirmière les rouvre
tout aussi invariablement aussitôt que le docteur est
parti.

On lit dans un petit manuel des gardes-malades
récemment publié : « qu'il est très-rare, qu'avec les
précautions convenables, les fenêtres ne puissent
être ouvertes, pour renouveler l'air deux fois par
jour, pendant quelques minutes. » Nous n'y voyons
pas, en effet, de danger, ni deux fois par heure non
plus. Ceci montre combien ce sujet a été peu et mal
examiné.

soit maintenue fraîche et bien aérée, il est facile de prévenir tout
risque d'accident en faisant disposer les fenêtres de façon que
l'ouverture ne puisse excéder quelques pouces.

Quelle sorte de chaleur est salutaire.

De tous les procédés employés pour empêcher
que les malades ne se refroidissent, le pire est assurément de compter sur la chaleur naturelle de leur
corps et de leur haleine. J'ai connu un employé
dans le service médical des hôpitaux, très-attentif
à tenir toutes les fenêtres de ses salles hermétiquement fermées, exposant ainsi les malades à tous les
dangers d'une atmosphère infectée, dans la crainte
qu'en admettant l'air extérieur, la température de la
salle ne fût trop abaissée. C'est une erreur des plus
funestes.

L'usage de réchauffer les malades et les salles où
ils sont renfermés en ne leur donnant à respirer que
leur propre haleine, humide, fiévreuse, corrompue,
est un sûr moyen de retarder la convalescence, ou
même d'amener la mort.

L'air des dortoirs et des chambres à coucher toujours corrompu.

Si vous êtes jamais entré pendant la nuit, ou le
matin, avant que les fenêtres aient été ouvertes,
dans une chambre à coucher, ou dans un dortoir,
soit qu'ils contiennent un, deux, trois, ou vingt lits,
à quelque classe de personnes qu'ils appartiennent,
malades ou bien portants, y avez-vous jamais respiré autre chose qu'un air épais et malsain ? Le
corps humain, même en santé, est beaucoup plus

soumis, durant le sommeil, à l'influence du mauvais
air qu'il ne l'est durant la veille. Pouvez-vous ne
pas prendre soin de maintenir dans vos chambres à
coucher, pendant toute la nuit, l'air intérieur aussi
pur que l'air extérieur? A cet effet, vous devez y
ménager des issues suffisantes pour laisser échapper
l'air vicié que vous exhalez, suffisantes aussi pour
laisser entrer l'air pur du dehors. Vous devez avoir
des cheminées ouvertes ou des ventilateurs ; jamais
de rideaux fermés autour de vos lits, point de volets,
ni de rideaux à vos fenêtres ; aucun de ces arrangements par lesquels vous minez votre propre santé,
ou vous éloignez les chances de guérison de votre
malade.

Comment il faut ouvrir les fenêtres.

Ouvrez les fenêtres dans le haut et non vers le
bas, et si elles ne s'ouvrent pas en haut, faites-les,
le plus tôt possible, réformer dans ce sens. Un pouce
ou deux d'ouverture seront suffisants pour aérer, en
hiver, une chambre à deux lits de moyenne gran-
deur. Dans une chambre d'enfants ou dans un dortoir, une plus grande ouverture sera nécessaire, en
proportion du nombre de lits. Mais, ni dans la
chambre d'un malade, ni dans une salle d'hôpital,
il ne faut pratiquer l'entrée de l'air extérieur au
niveau du plancher ; il rafraîchirait trop la couche
d'air inférieure, et si le malade était en état de sortir

de son lit, il serait, par là, exposé à un refroidissement dangereux. Durant l'été, et lorsque le temps
est doux, la fenêtre peut être entièrement ouverte ;
en ceci, comme en beaucoup d'autres choses, c'est
le bon sens qui doit servir de guide. La ventilation
d'une chambre à coucher ou d'une chambre de
malade ne consiste pas à pousser la fenêtre jusqu'au
plafond, ou à l'abaisser jusqu'au plancher [1]. Encore moins s'agit-il de les tenir alternativement
entièrement ouvertes ou complétement fermées, et
d'exposer ainsi le malade à des variations de température fréquentes et soudaines. Il s'agit seulement
d'entretenir un air pur.

Le véritable *criterium* de la pureté de l'air est
dans l'impression que vous éprouvez, le matin, en
rentrant, après avoir été un instant en plein air.
Si vous trouvez la plus légère odeur de renfermé,
la ventilation n'a pas été suffisante, et cette chambre n'est saine ni pour un malade, pendant son
sommeil, ni pour une personne bien portante.

Des écoles.

Cette épreuve de la pureté de l'air doit être surtout et constamment faite dans les écoles publiques

---

1. En Angleterre, comme en Allemagne, les fenêtres sont, en
général, construites différemment qu'elles ne le sont en France ;
au lieu de s'ouvrir dans toute leur longueur, les châssis glissent
les uns sur les autres.

et dans les pensionnats, où un certain nombre
d'enfants ou de jeunes personnes couchent dans le
même dortoir. S'il est imprudent de laisser, pendant
la nuit, deux enfants dormir dans une chambre mal
aérée, ce danger est plus que doublé pour quatre et
beaucoup plus que triplé pour six. On y pense rarement : cependant, si les parents avaient autant de
sollicitude pour l'air que leurs enfants respirent
dans les dortoirs des écoles qu'ils en ont à l'égard
de la nourriture qu'on leur donne et de l'éducation
qu'ils y reçoivent, on accorderait une attention
suffisante à cette question vitale, et ils ne verraient
plus revenir chez eux leurs enfants malades, ou ren-
voyés à cause d'une épidémie déclarée de fièvre
scarlatine ou de toute autre maladie contagieuse.

Il existe des écoles où l'attention a été fixée sur
ces précautions, et où les épidémies qui frappent les
enfants sont inconnues.

Les ateliers.

Combien de maladies, de maux de toutes sortes et
de morts, produits par l'état actuel de la plupart des
manufactures, des magasins, des arrière - boutiques
et des ateliers ! Les lieux où travaillent les pauvres
couturières, les tailleurs, les compositeurs d'imprimerie et autres, sont généralement dans des conditions sanitaires pires qu'aucune autre portion de nos
villes les plus malsaines. Le plus grand nombre de

ces ateliers n'ont pas été construits pour cet objet. Ce sont des greniers mal adaptés à l'emploi qu'on en fait ; des salles, des chambres à coucher de maisons misérables. — Aucune attention n'est accordée aux bonnes conditions de l'air respirable. Les pauvres ouvriers y sont entassés en plus grand nombre que partout ailleurs. Dans beaucoup de lieux, cent pieds cubes d'air par homme seraient regardés par un entrepreneur comme une prétention exorbitante. Cet air vicié, saturé d'humidité, a une action sur les poumons qui rend ceux qui le respirent plus sensibles à l'impression du froid, et, par conséquent, plus exposés aux maladies de poitrine. Il en résulte qu'en fermant toutes les issues, pour se garantir du froid et en chauffant les pièces outre mesure, ils empêchent un air plus sain d'y pénétrer. Si on ajoute aux inconvénients du local insalubre une attitude fatigante, le défaut d'exercice, une nourriture insuffisante, prise à la hâte, un travail pénible et prolongé, comment s'étonner de voir qu'un grand nombre de ces ouvriers succombe de bonne heure aux maladies de poitrine, à la consomption ! L'intempérance est encore pour eux un danger mortel. Ces hommes ne peuvent venir à bout de leur tâche que sous l'influence de stimulants qui achèvent de ruiner leur santé, de détruire leur moral et de les pousser vers une tombe prématurée. Les entrepreneurs s'arrêtent rarement à ces considérations. La salubrité des ateliers ne fait point partie de l'engagement que les patrons contractent avec leurs ouvriers. Ils payent le salaire convenu dans le marché, et, pour ce prix, l'ouvrier ou l'ouvrière doit donner son travail, sa santé, sa vie.

Les hommes et les femmes qui emploient les modistes et les tailleurs à la mode ont-ils jamais pensé à cela?

Cependant le maître n'y gagne point; les étoffes sont ternies par l'air corrompu et par la fumée du gaz; sa santé et celle de sa famille en souffrent, son ouvrage n'est pas aussi bien fait qu'il le serait par des gens bien portants. On a reconnu qu'il y avait économie et avantage à n'employer dans les manufactures que de l'eau *potable* au lieu de l'eau *crue*. Le temps viendra sans doute où l'on trouvera le même avantage à entretenir dans les boutiques, les magasins, les ateliers, un air pur au lieu d'un air vicié.

L'usage de l'aéromètre serait d'une grande utilité.

L'aéromètre du docteur Angus Smith, si l'on pouvait en rendre l'application plus simple, serait d'un usage inestimable dans tous les dortoirs et dans toutes les chambres de malades. De même qu'on n'ose mettre un malade au bain sans un thermomètre, de même aucune garde, aucune surveillante, aucune mère de famille ne devrait, s'il était facile de s'en servir, être dépourvue d'un aéromètre, aussi bien pour les chambres d'enfants que pour les salles de malades. C'est la principale fonction d'une garde de maintenir l'air intérieur aussi pur que l'air extérieur, sans que la température soit trop abaissée : ne devrait-elle pas être toujours pourvue d'un thermomètre, qui indique le degré de la température, et d'un aéromètre, qui indique la qualité de l'air et la proportion de molécules organiques qu'il contient? Les sens des gardes-malades et des mères de famille sont si blasés sur le mauvais air qu'elles n'ont aucune idée de l'atmosphère qu'elles laissent respirer à leurs malades, à leurs enfants, aux personnes confiées à leurs soins. Si l'indicateur de l'aéromètre révélait, chaque matin, à la garde, au malade, au médecin qui fait la ronde, quelle a été l'atmosphère pendant la nuit, je demande si l'on n'aurait pas ainsi de meilleures garanties contre un mauvais état de choses?

Nous n'entendrions plus parler de « dispensations mystérieuses » des fléaux et des pestes qui sont dans la main de Dieu, tandis que, d'après tout ce que nous savons, il les a mis entre nos propres mains. Le petit indicateur trahirait la cause de « ces fléaux mystérieux, » et, en même temps, nous apprendrait à y porter remède.

Quand il est le plus important de veiller au maintien de la chaleur.

Une garde attentive veillera constamment sur son malade, surtout dans les cas d'épuisement, de ma-

rasme, de prostration de forces, afin de le préserver
du danger de la perte de sa chaleur vitale. Dans
certains états maladifs, le corps humain produit
beaucoup moins de chaleur que dans l'état sain, et
il y a une tendance continuelle au déclin et à l'ex-
tinction définitive des forces vitales, épuisées par
l'effort fait pour entretenir la chaleur naturellé;
dans les cas semblables, la surveillance doit s'exercer d'heure en heure, j'ai presque dit de minute en
minute. Les pieds et les jambes doivent être fréquemment examinés avec la main, et toutes les fois
qu'en les palpant on y trouve une disposition au
refroidissement, on doit avoir recours aux bouteilles d'eau chaude, aux briques chauffées, aux flanelles chaudes, à quelque boisson chaude, jusqu'à
ce que le malade ait recouvré sa chaleur; le feu de
sa chambre doit, s'il est nécessaire, être augmenté.
On perd souvent des malades, dans la dernière période de leur maladie, par le défaut de vigilance
pour des précautions si simples. La garde donne
peut-être une grande attention au régime du malade,
aux remèdes, aux stimulants, tandis qu'il s'éteint
graduellement faute d'un peu de chaleur extérieure.

De semblables accidents arrivent en toute saison, même durant les plus grandes chaleurs de
l'été. Cependant, ce rafraîchissement fatal est plus
à craindre vers l'aube du jour, dans la période des
vingt-quatre heures où la température est la plus
basse, et où l'effet des remèdes et de la nourriture

du jour précédent est épuisé. Vous devez donc prévoir que les malades affaiblis souffrent du froid beaucoup plus le matin que le soir ; si la nuit a été agitée, fiévreuse, si le malade a eu les mains et les pieds brûlants, il est presque certain qu'il sera transi et frissonnant vers le matin ; mais les gardes suivent leur routine de bouteilles d'eau chaude, de briques, etc., le soir, et les négligent le matin, pendant qu'elles ont autre chose à faire. C'est le contraire qu'il faudrait pratiquer.

Bouteilles d'eau chaude.

A quoi pensent les gardes-malades, qui mettent une bouteille d'eau bouillante aux pieds du patient, espérant qu'elle se tiendra chaude pendant les vingt-quatre heures ? Naturellement le contact de la bouteille brûlante le réveille, lui fait porter le sang à la tête et lui attendrit la peau. En revanche, la garde la laisse dans le lit jusqu'à ce qu'elle soit complétement refroidie. Une bouteille d'eau chaude ne doit jamais être assez chaude pour qu'on ne puisse la toucher avec la main nue, et il ne faut pas s'attendre à ce qu'elle se maintienne chaude plus de huit heures. Les bouteilles d'étain sont trop chaudes et trop froides ; les meilleures sont celles de grès ou de caoutchouc. Mais avec ces dernières, les gardes négligentes causent de fâcheux accidents, en y mettant l'eau trop chaude ou en fermant mal l'écrou, de façon que le malade est inondé dans son lit.

Toutes ces choses ne demandent que des soins et du bon sens, mais il n'est peut-être aucune vocation où le bon sens soit aussi rare que dans celle des gardes-malades, à quelque classe qu'elles appartiennent.

Refroidir n'est pas aérer; aérer n'est pas refroidir.

Rien ne le montre plus évidemment que la confusion extraordinaire qui existe dans l'esprit, même des personnes éclairées, entre la ventilation et le refroidissement. Pour refroidir un appartement, il n'est nullement nécessaire de l'aérer, et pour l'aérer, il n'est nullement nécessaire de le refroidir. Cependant, si la garde trouve l'air de la chambre trop renfermé, elle laissera tomber le feu, ce qui rendra l'air encore plus épais, ou bien, pour le purifier, elle ouvrira une porte sur une chambre froide, sans feu, sans communication avec l'air extérieur. L'atmosphère la plus saine pour une chambre de malade est un bon feu et une fenêtre ouverte, excepté dans les températures extrèmes du chaud ou du froid. Mais il est presque impossible de faire comprendre cela à aucune garde : aérer une petite chambre sans risquer d'y établir des courants d'air demande beaucoup plus de précautions que d'aérer une grande pièce.

Dans les hôpitaux, et je le pense aussi, dans les

maisons particulières, la garde ne croit avoir obtenu une atmosphère plus pure que lorsque, étant immobile, elle sent la fraîcheur de l'air sur son visage.

Courants d'air.

L'on a souvent observé que celles qui se récrient le plus contre les fenêtres ouvertes sont celles qui prennent le moins de précaution pour empêcher les courants d'air dangereux. Il est quelquefois nécessaire que la porte d'une chambre de malade ou d'une salle d'infirmerie soit ouverte pour le passage des gens de service ou le transport des meubles nécessaires ; mais une garde soigneuse tiendra la porte fermée jusqu'à ce qu'elle ait fermé la fenêtre ; puis alors, et non pas avant, elle laissera ouvrir la porte, afin que le malade ne soit pas exposé, peut-être pendant une transpiration abondante, au courant d'air entre la porte et la fenêtre ouvertes. Il est superflu d'ajouter qu'un malade ne doit jamais rester entre deux airs, tandis qu'il est sur son séant, dans son lit, ou pendant qu'on le lave ou qu'on le change de linge.

On ne peut se défendre de quelque irritation quand on voit des gardes stupides faire dégénérer en un mal ce qui, pour leur malade, doit être la source de la vie, c'est-à-dire l'air pur. Assurément, en ne prenant aucune précaution, dans le cas où le malade doit sortir de son lit, si elles le laissent courir sans pantoufles, sans flanelle, sans robe de chambre, exposé à un vent froid, il arrivera presque inévitablement qu'il sera atteint de maux de gorge ou de poitrine. Dans certaines infirmeries, certains lits sont notés comme prédestinés aux bronchites, à cause du courant d'air qui vient de la porte. Et pourquoi vient-il un courant d'air de cette porte? ou pourquoi doit-il tomber sur un malade? N'y a-t-il point de paravents ! Si l'endroit où l'on met le lit est exposé à un courant d'air, pourquoi le lit ne serait-il pas déplacé? Les choses se passent souvent de même dans la chambre d'un malade soigné chez lui. Une garde insouciante laisse la porte ouverte d'un côté sur son malade et la fenêtre de l'autre côté ; il ne lui viendra jamais dans l'esprit que la fenêtre doit être fermée toutes les fois qu'il est nécessaire d'ouvrir la porte. Elle entrera dans la chambre du malade et en laissera la porte ouverte, jusqu'à ce qu'elle en ressorte, sans aucun autre motif appréciable que son défaut d'intelligence ; elle laissera la fenêtre ouverte sur son malade tandis qu'il se lave ou qu'il est assis sur son séant, en toilette de nuit, et puis elle dira : « Il a pris froid par la fenêtre ouverte. » Non ! il a pris froid par votre négligence.

L'air de la nuit.

Un autre préjugé extraordinaire est la crainte de l'air de la nuit. Quel air pouvons-nous respirer pendant la nuit, si ce n'est l'air de la nuit? Nous n'avons de choix qu'entre l'air extérieur de la nuit qui est pur et l'air intérieur de la nuit qui est corrompu, beaucoup de gens préfèrent le dernier. Le choix est inexplicable. Que diriez-vous si l'on vous prouvait que la moitié, au moins, de nos maladies vient de la funeste habitude de dormir avec les fenêtres fermées? Une fenêtre ouverte, durant la plus grande partie des nuits de l'année, n'a jamais fait de mal à personne. Ce n'est pas dire que la lumière ne soit pas nécessaire à la guérison; mais dans les grandes villes, c'est souvent l'air de la nuit qui est le meilleur et le plus pur qu'on puisse respirer dans les vingt-quatre heures. Je comprendrais mieux que dans les villes, on fermât les fenêtres plutôt durant le jour que durant la nuit, pour le bien des malades. L'absence de fumée, le silence, tout concourt à rendre ces heures tranquilles les plus favorables pour aérer leurs chambres. L'une de nos autorités médicales les plus compétentes dans l'étude de la consomption et celle des climats me disait qu'à Londres l'air n'est jamais si sain qu'après dix heures du soir.

Le seul cas où il pourrait être malsain d'ouvrir

les fenêtres pendant la nuit, c'est lorsque l'air extérieur est plus corrompu que l'air intérieur; cela
peut arriver lorsque les fenêtres donnent sur une
arrière-cour fermée de tous côtés, ou bien à l'heure
où la température s'abaisse subitement. Mais même
dans les contrées exposées à la *malaria*, on a constaté que des rideaux de gaz légère que l'air traverse aisément sont une protection suffisante contre
le mauvais air.

La fumée.

S'il est nécessaire de maintenir l'air intérieur
aussi pur que celui du dehors, il est superflu de
dire que les cheminées ne doivent pas fumer.
Toutes les cheminées qui fument doivent être ar-
rangées par le bas, et non par le haut. Souvent il
suffit de pratiquer une ventouse pour laisser entrer
l'air, afin d'alimenter le feu et d'empêcher la fumée
de se rabattre sur le foyer. D'un autre côté, toutes
les cheminées peuvent fumer par la négligence de
la garde, qui laisse tomber le feu et ensuite le couvre
de charbon; non pas, nous le croyons sincèrement,
pour s'épargner de la peine (car la dureté envers les
malades est très-rare), mais faute de penser à ce
qu'elle fait.

Ne pas faire sécher les choses humides [dans la chambre
d'un malade.

Partant du principe que le premier soin de la
garde doit être de maintenir aussi pur que l'air
extérieur l'air que respire son malade, n'oublions
pas qu'il faut enlever tous les objets qui peuvent,
par l'évaporation, ajouter des émanations humides
et malsaines à celles qui procèdent nécessairement
du malade lui-même; dehors donc tous les linges
mouillés et dont l'humidité se mêle à l'air qu'absorbe le malade. Généralement on pense aussi peu
à prendre tous ces soins que s'ils étaient inutiles.
Où est la garde qui se fait une règle absolue de
ne rien sécher dans la chambre de son malade, de
ne rien cuire à son feu? Il est vrai que les circonstances rendent quelquefois cette règle difficile à
observer.

Mais si la garde est une personne soigneuse, elle
ne manquera pas, lorsque le malade, sans sortir de
la chambre, sort de son lit, de jeter bas les couvertures et d'ouvrir les draps, afin d'aérer le lit. En
même temps elle étendra le linge et les flanelles
humides sur un chevalet, afin de les sécher. Pour
l'ordinaire, ce linge de nuit et les serviettes ne sèchent pas ou sèchent dans la chambre du malade.
L'humidité ou ses propres émanations lui sont-elles
plus nuisibles auprès de lui, dans son lit, qu'évapo-

rées dans l'air qu'il respire? Je laisse cela à juger;
car, pour moi, je ne saurais le décider.

Émanations malsaines.

Même en état de santé, nous ne pouvons respirer
impunément l'air dont nous sommes continuellement environnés, parce qu'il est chargé de mille
exhalaisons qui viennent de nous-mêmes; à combien plus forte raison, en état de maladie, où toutes
les influences qui émanent, soit directement, soit
indirectement, d'un corps malsain, sont nuisibles et
dangereuses, il est d'une haute importance de renouveler, par la ventilation, *le milieu* où se trouve
placé le malade.

Il semblerait inutile de parler des dangers de la
malpropreté si l'on n'y était pas sans cesse exposé.

Dans les maisons où les malades sont soignés à
domicile, la seule précaution prise ordinairement,
est de cacher sous le lit les vases dont on fait habituellement usage : si vous réfléchissiez un instant
au mauvais air qui séjourne sous ce lit, aux évapo-
rations malsaines dont le dessous des matelas est
saturé, vous seriez étonnés et effrayés.

Vases sans couvercles.

L'usage de tous les ustensiles non pourvus d'un
couvercle, employés dans une chambre à coucher,
devrait être entièrement aboli, aussi bien pour les

gens en bonne santé que pour les malades. Vous pouvez facilement vous convaincre de la nécessité de cette règle invariable, en examinant le dessous d'un de ces couvercles. Vous le trouverez toujours couvert d'une sorte de moisissure infecte ; que devient cette humidité quand il n'y a pas de couvercle ?

Ne faites pas un égout de la chambre d'un malade.

Mais surtout, que cette précaution nécessaire ne vous confirme pas dans l'abominable coutume de laisser dans la chambre sans les nettoyer plus d'une fois dans les vingt-quatre heures , c'est-à-dire en faisant le lit, les vases dont on s'est servi. Quelque impossible que cela puisse paraître, j'ai connu la meilleure et la plus attentive des gardes-malades coupable de cette négligence. Bien plus, j'ai connu un malade atteint depuis dix jours d'une diarrhée très-grave, et sa garde (une très-bonne garde) ne s'en doutait point, parce que le meuble fermé avec un couvercle n'était nettoyé qu'une fois dans les vingt-quatre heures par la fille de service qui venait chaque soir faire son lit. Autant vaudrait-il avoir un égout dans la chambre ou laisser se remplir, sans l'ouvrir, la cuvette des lieux d'aisances.

Faites donc grande attention à ce que le couvercle, comme le vase, soit toujours parfaitement lavé.

Si une garde refuse de prendre ces soins, sous prétexte que « ce n'est pas son ouvrage, » j'oserai dire qu'elle n'a pas la vocation de garde-malade. J'ai vu des femmes, des « sœurs, » aides-chirurgiens dont les mains habiles pouvaient procurer un gain de deux ou trois guinées par semaine, agenouillées par terre pour récurer le plancher d'une chambre ou d'une baraque, afin de les rendre plus saines pour leurs malades. Je suis loin de vouloir que cette tâche soit imposée aux gardes-malades et je trouve que c'est excessif, mais je dis que ces femmes avaient une véritable vocation. Le bien du malade avant tout ; venait ensuite l'accomplissement de la tâche ordinaire. Quant à celles qui laissent souffrir le malade, attendant la servante pour faire ceci, ou la femme de garde-robe pour faire cela, elles n'ont pas en elles l'étoffe d'une garde-malade.

Les vases de faïence ou de bois parfaitement polis et vernis sont les seuls qui puissent être employés pour les malades. L'ancien couvercle en bois ou en métal des abominables gardes-robes dont on se servait jadis peut être à lui seul une cause d'infection. Il se couvre d'une crasse malpropre, qu'on ne peut enlever qu'à force de récurage. Je préfère un couvercle de faïence, comme beaucoup plus propre. Toutefois, il y a aujourd'hui un grand nombre d'inventions nouvelles très-préférables à celle-là.

Défendre l'entrée des seaux dans les chambres.

Que jamais les seaux qui servent à emporter les
eaux ne soient introduits dans la chambre à coucher
du malade. On devrait se faire une règle invariable,
plus importante encore dans les maisons particulières que partout ailleurs, d'emporter directement
tous les ustensiles dans le lieu où ils doivent être
vidés et rincés. On doit toujours avoir, dans ce
lieu, de l'eau et une cruche pour ce nettoyage, et
s'il n'y en a pas, il faut en mettre, pour rincer sur
place tous les vases. J'ai vu récemment, dans une
chambre de malade, soigné à domicile, tous les
vases vidés dans le bain de pieds, et replacés sous
le lit sans avoir été rincés. Je ne saurais dire lequel
est le plus préjudiciable, ou de ce procédé, ou de
celui de rincer les vases dans la chambre du malade.
Dans les meilleurs hôpitaux, maintenant, la règle
est de ne point laisser entrer de seaux dans les dortoirs. Je voudrais qu'il en fût de même dans les
maisons particulières.

Des fumigations.

Gardez-vous également des fumigations *désinfectantes* et autres inventions semblables, destinées à
purifier l'air. Ce n'est pas l'odeur qu'il faut éloigner,
mais ce qui la produit. Un célèbre professeur de

médecine commença un jour ainsi une de ses leçons : « Les fumigations, messieurs, sont d'une extrême importance ; elles produisent, en général, une si abominable odeur, qu'elles vous forcent à ouvrir les fenêtres. »

Je souhaiterais, pour ma part, que tous ces fluides inventés pour désinfecter eussent la propriété de laisser *une odeur abominable*, parce que vous seriez forcés de laisser entrer l'air du dehors. Ce serait vraiment alors une invention utile.

CHAPITRE II

SALUBRITÉ DES MAISONS

Salubrité des maisons. — Cinq conditions principales.

Il y a cinq conditions essentielles pour assurer la salubrité des maisons :

1º Un air pur ;

2º De l'eau saine ;

3º Des tuyaux de décharge ;

4º La propreté ;

5º La lumière.

Sans ces conditions, il n'est point de maison parfaitement saine, et elles seront malsaines en raison directe de l'absence de ces conditions.

Pureté de l'air.

1º Il faut que la maison soit construite de façon à laisser pénétrer l'air du dehors, sans aucun obstacle, dans toutes ses parties. Les architectes se préoccupent rarement de cette condition. Le but qu'on se propose avant tout, en construisant une maison,

est d'obtenir le plus gros intérêt possible de son ar-
gent, et non d'épargner aux locataires les visites du
médecin. Mais si les locataires étaient assez sages
pour refuser d'occuper des appartements mal construits, sous le rapport de la salubrité; si les compagnies d'assurance sur la vie entendaient assez
leurs intérêts pour payer un surveillant qui exami-
nerait la construction des maisons où vivent leurs
clients, les entrepreneurs seraient promptement
ramenés dans une meilleure voie, car ils bâtissent
seulement pour qui les paye, et il y a toujours des
gens assez insensés pour se loger dans les maisons
telles qu'elles sont. Si, par la suite, des familles
entières sont emportées par la maladie, comme il
arrive souvent, on ne songe à en accuser que la
Providence. Des médecins, qui ne remontent pas
aux causes véritables, entretiennent l'erreur en dé-
clarant qu'il y a une « épidémie. » La construction
vicieuse des maisons est aussi dangereuse pour les
gens bien portants que le sont pour les malades les
hôpitaux mal construits. Soyez certains, une bonne
fois, que là où l'air ne circule pas, la maladie élit
domicile.

L'eau pure.

2° L'eau saine se trouve maintenant plus généralement dans les maisons qu'elle ne l'était autrefois, grâce aux efforts de ceux qui se sont occupés
des réformes sanitaires. Il y a peu d'années encore

qu'une portion considérable de la ville de Londres était réduite à n'employer qu'une eau souillée par le courant des égouts et des lieux d'aisances. On a heureusement remédié *à ce funeste état de choses,* mais souvent, à la campagne, on se sert encore, pour les usages domestiques, d'eau de puits de qualité détestable, et, lorsque les maladies épidémiques se déclarent, les personnes qui font usage de cette eau sont presque sûres d'être atteintes par le fléau.

Tuyaux de décharge.

3° Il serait curieux de s'assurer, par une inspection bien faite, combien de maisons, à Londres, sont suffisamment pourvues des tuyaux qui enlèvent les immondices. Beaucoup de gens croient que toutes, ou presque toutes, sont dans un bon état à cet égard, mais ils ignorent les premières conditions de la salubrité. A leur sens, un égout dans la rue et un conduit qui décharge les eaux de la maison suffisent pour assainir la maison, tandis que, au contraire, l'égout peut n'être que le laboratoire d'où s'échappent, pour rentrer à l'intérieur, le mauvais air et les maladies épidémiques. Nulle maison ne sera saine s'il s'y trouve un conduit où l'air ne circule pas, aboutissant à un égout ouvert qui reçoit la décharge des eaux sales et fétides. Un évier béant peut répandre la fièvre ou la gangrène d'hôpital parmi tous les habitants d'un palais.

.Le large évier qui se trouve partout est une horreur. Cette grande surface de pierre, toujours humide, exhale perpétuellement un air infect. J'ai reconnu, dans beaucoup de maisons et d'hô- pitaux, cette odeur malsaine; j'ai trouvé, dans une des plus grandes maisons de Londres, un courant de cet air pestilentiel, qui montait de l'égout par l'évier dans l'escalier de service, aussi infect que je l'ai jamais senti à Scutari, et j'ai vu, dans cette même maison, les chambres mêmes avec des fe- nêtres fermées et les portes ouvertes, prenant l'air sur des passages disposés de manière à recevoir la plus grande somme possible des émanations de l'égout, introduites et conservées dans les cham- bres à coucher. Cela est prodigieux !

Un autre grand tort, dans la construction des maisons, c'est de faire passer les conduits sous le bâtiment, conduits toujours malpropres, qui, tous, devraient commencer et finir hors des murs. Beau- coup de gens admettront volontiers, en théorie, l'importance de ces choses, mais combien sont rares ceux qui sauront faire remonter l'origine des maladies qui affligent leur intérieur à toutes ces causes ! N'est-il pas vrai que lorsque la fièvre scarlatine, la rougeole, la petite vérole se décla- rent parmi les enfants, la première parole que l'on entend est celle-ci : *Mais où les enfants peuvent- ils avoir attrapé cette maladie ?* Et les parents cher- chent immédiatement dans leur mémoire à quelles

familles ils ont rendu visite. Il ne leur vient jamais
à l'esprit de chercher chez eux la source du mal.
Si un enfant du voisinage est atteint de la petite
vérole, la première question est celle-ci : « A-t-il
été vacciné ? » Nous ne voulons assurément pas
élever des doutes sur l'utilité de la vaccine; mais
ses avantages, pour la société, deviennent moins
évidents, lorsqu'on se dit qu'elle conduit les gens
à chercher au dehors la source du mal qui existe
dans leur intérieur.

Propreté.

4° Sans la propreté au dedans et au dehors, il
est comparativement superflu d'aérer les maisons.
Dans certains misérables quartiers de Londres, les
pauvres gens refusent d'ouvrir leurs fenêtres et
portes, à cause de la mauvaise odeur qui monte
dans leurs chambres. Les gens riches aiment à
voir leurs écuries et le dépôt de leur fumier auprès
de leurs maisons ; mais ont-ils jamais pensé qu'a-
vec de pareilles dispositions il serait, en effet, plus
sain de tenir leurs fenêtres fermées plutôt qu'ouvertes ; vous ne pouvez pas respirer un air sain
avec des monceaux de fumier sous les fenêtres, ce
qui est fort commun à Londres ; et cependant, l'on
s'étonne que des enfants, élevés dans de bonnes
chambres, grandes et bien aérées, soient atteints
par des épidémies particulières à leur âge. Si l'on

étudiait les lois de la nature, en ce qui concerne la santé des enfants, on ne serait pas si surpris.

Outre les tas de fumier, on peut encore, à volonté, entretenir la malpropreté dans les maisons. Les murs couverts depuis longues années de vieilles tentures, les vieux tapis, les meubles mal entretenus, sont des causes de l'impureté de l'air aussi bien que le fumier étalé au dehors. On est si peu accoutumé, par l'éducation et les habitudes, à chercher les moyens d'assainir une maison, que l'on n'y pense presque jamais, et que l'on accepte tout simplement les maladies comme une *dispensation de la Providence*. Si cependant on regarde comme un devoir de prendre des moyens pour conserver la bonne santé de la famille, on le fait avec toutes sortes d'erreurs et la plus grande négligence.

La lumière.

5° Une maison obscure est toujours malsaine, de même qu'une maison mal aérée et mal entretenue. Le défaut de lumière, de soleil, arrête la croissance des enfants, produit les maladies scrofuleuses, le rachitisme, etc.

La santé se détruit dans une maison privée de lumière, et ceux qui y tombent malades ne peuvent jamais s'y rétablir. Je reviendrai plus loin sur ce sujet.

Parmi les erreurs nombreuses et les fautes dues à la négligence, où l'on tombe généralement en ce qui touche la salubrité des maisons, je choisis trois exemples : 1° la femme qui est à la tête de la maison ne croit pas nécessaire d'en visiter chaque jour tous les coins et recoins. Comment veut-elle que ceux qui sont sous ses ordres se montrent plus soigneux qu'elle-même ? 2° on ne considère pas comme indispensable d'aérer, d'ouvrir au soleil les appartements inhabités et d'y entretenir la propreté, ce qui prouve à quel point l'on ignore les lois les plus élémentaires de la salubrité et ce qui laisse le champ libre à toutes les maladies; 3° la fenêtre, et encore une seule fenêtre, semble suffisante pour donner de l'air à une chambre. N'avez-vous pas remarqué bien souvent que l'on ferme hermétiquement une chambre sans cheminée ? Et s'il y a une cheminée, ne la fermez-vous pas, non-seulement avec son paravent, mais encore en bouchant le tuyau avec un tampon de gros papier ? C'est pour empêcher la suie de tomber, dites-vous. Si votre cheminée est sale, faites-la ramoner, mais ne vous imaginez pas qu'il suffira d'une seule ouverture pour aérer la chambre; ne croyez pas que, pour la maintenir propre, il soit nécessaire de la fermer. C'est au contraire le meilleur moyen pour qu'elle soit malpropre, avec tout ce qu'elle contient. Ne pensez pas que si vous, qui êtes chargée du soin de la maison, vous ne regardez pas à tous ces détails, ceux qui sont sous vos ordres y mettront plus de soin. On dirait, que le seul rôle d'une maîtresse de maison, c'est de se plaindre de ses domestiques et d'écouter leurs excuses, plutôt que de leur enseigner comment on évite les reproches et les excuses.

La maîtresse de maison doit surveiller l'hygiène de la famille, et non tout faire par elle-même.

Encore une fois, vous recommander de regarder à tout, ce n'est pas vous dire de tout faire vous-même. La maîtresse de maison dit : « J'ouvre moi-même toutes les fenêtres. » Si vous le faites, c'est mieux assurément que si personne ne le fait ; mais ne pouvez-vous pas vous assurer que ce sera fait quand vous ne le ferez pas ? Êtes-vous certaine que la chose se fera pendant votre absence ? Voilà la distinction que doit faire la maîtresse de maison ou la *femme de charge*. Il faut qu'elle ait la certitude que tout est également fait quand elle ne s'en occupe pas, et également quand elle n'est pas présente.

Dieu regarde comme sérieux ces détails qui nous semblent de peu d'importance.

Et maintenant vous croyez que nous vous recommandons des choses inutiles, ou que nous les exagérons. Il n'est pas question de ce que *vous croyez*, ou de ce que *je pense*. Cherchons d'abord ce que Dieu pense de ces *riens*, de ces *minuties*. Dieu seul est justifié dans toutes ses voies. Tandis que *nous pensons*, il nous donne de sévères leçons. J'ai vu la pourriture d'hôpital sévir aussi cruellement dans de riches maisons que dans les hôpitaux les plus mal tenus, et cela par la même cause, c'est-à-dire le mauvais air. Cependant personne n'a compris la leçon ; personne n'en a profité : on a fait des raisonnements, on a pensé que le malade s'était écorché le pouce, ou qu'il était bien étonnant que *tous les domestiques* eussent des panaris ; ou que l'année était bien *mauvaise*, car il y avait *constamment des maladies* dans la maison.

Telle est la manière de voir la plus commode ; elle dispense de rechercher les causes de ce *panaris* universel. Comment ? Parce que la maladie est *partout* dans la maison, vous croyez-vous justifié de l'y avoir *laissée pénétrer d'abord* ?

Comment se manifestent les lois de Dieu.

Maintenant, savez-vous comment cette gangrène d'hôpital était entrée dans cette maison opulente ? C'était par un égout placé de manière à introduire ses émanations corrompues dans toutes les chambres dont les portes étaient habituellement ouvertes, et les fenêtres toujours fermées. C'était par les exhalaisons des eaux sales, vidées dans les bains de pieds par des ustensiles à peine rincés. Dans cette maison, les poteries des chambres étaient lavées dans de l'eau malpropre, — la literie n'était jamais convenablement mise à l'air, secouée, nettoyée, ou renouvelée, — les tapis et les rideaux sentaient le renfermé, — les meubles étaient couverts de poussière, — les papiers de tenture étaient imprégnés de saleté, — les planchers n'étaient jamais balayés, — les chambres inhabitées sans soleil, sans air, jamais nettoyées, — les buffets semblaient le réceptacle des mauvaises odeurs ; les fenêtres restaient fermées toute la nuit, et même n'étaient pas régulièrement ouvertes pendant le jour, pas même les fenêtres principales. — Une personne qui aurait voulu respirer l'air aurait été obligée d'ouvrir elle-même sa fenêtre, car les domestiques n'étaient dressés ni à ouvrir les fenêtres, ni à fermer les portes ; et enfin, quand on ouvrait une fenêtre, c'était non sur une cour aérée, mais sur une espèce de puits, entouré de hautes murailles : pour donner de l'air aux chambres, on ouvrait des portes donnant sur des vestibules et des corridors étouffés. Tout ceci n'est pas inventé, mais réel. Dans cette opulente maison, pendant un seul été, il y a eu trois cas de pourriture d'hôpital, un de phlébite, deux de phthisie, tous ces maux, produits *directs* du mauvais air.

Comment Dieu nous instruit.

Lorsque, dans nos climats tempérés, une maison est plus malsaine en été qu'en hiver, c'est un signe

certain qu'elle est mal construite, ou mal entretenue. Cependant nul ne comprend cette leçon. Oui,
« Dieu est toujours justifié dans toutes ses voies ; »
il nous instruit, mais nous ne tirons aucun profit de
ses enseignements. Voici une pauvre créature qui
perd son doigt, cette autre perd sa vie, et tout cela
par les causes les plus aisées à prévenir.

Dieu a établi certaines lois physiques ; notre responsabilité dépend de leur constance, car comment
pourrions-nous avoir la responsabilité des actions
dont nous ne pourrions pas prévoir le résultat ? Cependant il semble que nous attendions continuellement un miracle ; c'est-à-dire que Dieu violera ses
propres lois, uniquement pour nous relever de notre
responsabilité.

« Avec la grâce de Dieu, il se rétablira ! » C'est
une forme ordinaire du langage ; mais avec la grâce
de Dieu aussi, il ne se rétablira peut-être pas ; et
c'est avec la grâce de Dieu qu'il tombera malade,
et qu'il doit mourir, s'il meurt. En d'autres termes
toutes ces choses arrivent par les lois que Dieu établit, et elles sont des bénédictions, elles sont des
grâces de lui, puisqu'elles sont toutes destinées à
nous enseigner le chemin de la vie éternelle. Le
choléra est aussi bien *une grâce de Dieu* que l'exemp-
tion de l'épidémie ; il nous enseigne à obéir aux lois
de celui qui a mis à notre portée tous les avertissements et les moyens d'avancer vers la perfection.
« *Avec la grâce de Dieu, il se guérira!* » est le lieu

commun des discours de ceux qui au fond négligent tous les moyens que Dieu a mis à leur portée pour conserver ou recouvrer la santé.

Chambres des domestiques.

Je dois dire maintenant un mot des chambres des domestiques, sur la manière dont elles sont construites, et plus encore sur la manière dont elles sont tenues, et sur ce qu'aucun contrôle n'y étant exercé, elles sont, le plus souvent, des foyers d'infection, et la santé des domestiques en souffre *au delà de ce qu'on peut dire*, même à la campagne, car je ne parle pas seulement des maisons de Londres, où trop souvent les domestiques sont relégués sous terre ou sous les toits. Mais dans une maison de campagne, qui était un *vrai manoir seigneurial*, j'ai vu trois servantes couchées dans la même chambre, malades toutes les trois de la fièvre scarlatine. *Comment ont-elles pu l'attraper?* était la seule réflexion qu'on faisait. Un coup d'œil jeté sur la chambre, une minute passée dans l'air de la chambre, suffisaient parfaitement pour se rendre compte de cette *inconcevable* épidémie. La chambre n'était pas petite, elle n'était pas au rez-de-chaussée, et elle avait deux grandes fenêtres ; mais cela dit, tous les autres inconvénients que nous avons énumérés ci-dessus s'y trouvaient réunis.

De l'abâtardissement physique des familles et de ses causes.

Les habitations des grand'mères et des aïeules de
cette génération, à la campagne du moins, avec
leurs grandes portes d'entrée et leurs portes de derrière, toujours ouvertes hiver et été; un puissant
courant d'air soufflant toujours à travers, et les servantes sans cesse occupées à balayer, laver, récurer
polir, frotter, selon la coutume de l'époque; les
grand'mères et surtout les aïeules, toujours au grand
air, sans chapeau, si ce n'est pour aller à l'église;
toutes ces habitudes, mises en opposition avec notre
civilisation actuelle, expliquent fort bien pourquoi
les races dégénèrent, pourquoi l'aïeule vigoureuse
et forte comme un roc a été remplacée par une
grand'mère peut-être un peu moins vigoureuse,
mais encore forte et saine, qui a donné naissance
à une mère languissante, confinée dans sa maison,
ou ne se promenant qu'en voiture, à laquelle a suc-
cédé, à son tour, une fille malade et confinée dans
son lit; car même en accordant que la moyenne de
la vie est plus longue, nous voyons une race dégénérer et une famille s'épuiser. Considérez les reje-
tons d'un noble tronc, pauvres, chétifs, faibles,
souffrant moralement et physiquement, traînant
une vie inutile et abâtardie; et cependant, sur le
point de se marier, d'introduire dans le monde de
nouvelles créatures, ne penser à rien moins qu'à

assurer à leurs descendants une meilleure condition
d'existence.

La consomption produite par le mauvais air.

C'est maintenant un fait reconnu que la consomption est un des résultats du mauvais air, principalement de l'air des maisons où un trop grand
nombre d'habitants sont entassés. Ce fait a souvent
été contesté, même par des médecins qui ont observé que les *jeunes personnes,* qui ne vivent pas
pourtant dans *une atmosphère viciée,* meurent néanmoins de la consomption ; mais ceux qui font cette
objection connaissent-ils leurs habitudes antérieures ?
Je les connais, et surtout je les ai connues, et je
puis dire que de toutes les classes de la société,
deux surtout, *les jeunes femmes de la classe aisée* et
les soldats, sont les plus exposées aux influences qui
produisent la consomption. Les uns et les autres
dorment et vivent en partie dans un air corrompu.
Combien de fois une jeune personne, à qui l'on a
conseillé d'ouvrir la nuit ses fenêtres et ses rideaux,
a-t-elle répondu que *cela gâterait son teint !* Les
soldats et les jeunes personnes sortent de cet air renfermé, la nuit, par tous les temps, les unes pour
leurs *parties de plaisir,* les autres pour le service militaire. Les uns et les autres entrent dans un air plus
corrompu que celui qu'ils viennent de quitter, soit
dans les salles de bal où la foule se presse, soit dans
un étroit corps de garde. Les uns et les autres re-

viennent à la maison ou à la caserne, par l'humidité de la nuit, après que les fonctions de la peau et celle des poumons ont été comprimées par le manque d'air et les émanations de la foule ; les uns et les autres souffrent des maladies d'estomac ou de poitrine, et spécialement de la consomption.

Une nourriture malsaine et insuffisante est pour quelques-unes l'auxiliaire de la consomption, car la *mode* de ne pas manger est encore répandue parmi *les jeunes filles*, et elles compensent cette diète ostensible en prenant dans leurs chambres du thé et des gâteaux. Le délabrement de l'estomac est encore augmenté chez beaucoup de jeunes femmes par l'habitude de prendre et de continuer de puissants purgatifs, toujours dans le but de conserver *la beauté de leur teint*, ou si les progrès de l'épuisement sont déjà très-avancés, de prendre de l'eau de Cologne, des sels volatils ou de l'éther. On ne sait pas assez combien cette habitude est répandue.

Pouvons-nous signaler un régime plus propre à ruiner la santé en général et à semer les germes de la consomption ?

La consomption est-elle héréditaire et inévitable ?

On allègue souvent, en preuve de *l'hérédité* de cette maladie, la fréquence des cas de consomption dans une même famille ; donc elle est inévitable. Il est probable, en effet, qu'une ou deux morts, par suite de consomption, dans une même famille, seront suivies d'une troisième et de plusieurs autres. Cela prouve seulement que le régime de toute la famille a été également mal gouverné, et il est naturel que ses membres soient successivement atteints par la maladie, comme ils le sont simultanément dans les épidémies des enfants. Mais parce que dix-sept personnes, dont plusieurs de la même famille, sont mortes pour avoir mangé à Bradford des bonbons empoisonnés, faut-il en conclure que leur empoisonnement était *héréditaire*, *contagieux*, ou résultant d'une *prédisposition* dans la famille?

On dit encore : « Nous admettons que le nombre des sujets morts de la consomption, dans l'armée, est de deux et demi pour cent aussi bien que dans la vie civile. Mais c'est une erreur d'attribuer ces morts au mauvais air dans lequel vivent les militaires, car la maladie est héréditaire dans les familles. »

En conséquence, les médecins des armées choisissent pour le service militaire des hommes prédisposés à la consomption et introduisent dans l'armée deux et demi pour cent de recrues, qui ne seraient pas acceptées par les compagnies d'assurances sur la vie !

En résumé, il n'est que trop vrai que le délabrement de l'estomac, la faiblesse de la constitution devenant *héréditaires* parmi les femmes des classes supérieures, elles sont *prédisposées* à la consomption en même temps que la famille et la race s'abâtardissent. Le délabrement de l'estomac vient d'un mauvais régime: première cause, la privation d'un air pur; seconde cause plus indirecte, l'oisiveté d'une vie molle ; et enfin, l'usage des excitants, une nourriture malsaine, l'abus des stimulants, des purgatifs et d'autres habitudes énervantes.

Des naissances et des morts dans les districts malsains.

Il est généralement reconnu maintenant que la négligence des précautions sanitaires est une cause de maladie pour les individus et les communautés. Mais on ne sait pas, autant qu'on devrait le savoir, que cette négligence, continuée dans les familles, tend à affaiblir l'espèce et finalement à la détruire. On a souvent constaté que les mariages entre proches parents sont une des causes du dépérissement des familles. Mais a-t-on cherché de même à constater si les mauvaises habitudes transmises aux enfants par leurs parents, telles que l'intempérance, l'habitation des localités malsaines, etc., ne tendent pas également à affaiblir la race? C'est là, en effet, une loi dont la statistique nous fournit des preuves importantes par la comparaison entre les naissances et les morts sur les registres des districts placés dans de mauvaises conditions sanitaires.

Nous voyons sur les registres des districts les plus salubres que le chiffre de la mortalité est peu considérable, et celui des naissances encore moins ; tandis que, dans les districts malsains, le chiffre des décès s'élève, et celui des naissances s'accroît dans la même proportion. Ce qui montre combien, dans ces localités, le cours ordinaire de la vie est abrégé.

Le tableau des morts et des naissances, durant les dix années de 1841 à 1850, relevé dans six des des districts les plus malsains et six des plus sains de l'Angleterre, que nous donnons ci-dessous, mettra cette loi en évidence.

TABLEAU DES DÉCÈS ET DES NAISSANCES

dans les districts sains et malsains.

DISTRICTS	POUR 100 PERSONNES VIVANTES	
	morts	naissances
Rothbury (Northumberland)........	15	24
Glendale (d°).....................	15	31
Eatsbourne (Sussex)........... ...	15	30
Holsworthy (Devon)..............	16	30
Battle (Sussex)..	16	33
Reigate (Surrey)........	16	31
MOYENNE...	15 ½	30
Liverpool (Lancashire)...........	36	40
Manchester (d°)..................	33	37
St-Saviour's, Southwark..........	33	37
Hull (York).......	31	30
St-George's, Southwark..........	30	35
Leeds (York).....................	30	36
MOYENNE........... .	32	36

Il ressort de ce tableau qu'une mortalité double est accompagnée d'une augmentation de naissances dans la proportion de 20 0/0. Le registre général, dans son cinquième rapport annuel (1843), montre qu'une loi semblable prévaut dans les districts sains et malsains de la métropole. Dans les circonscriptions les plus malsaines, les décès sont de 29 et un 9me sur 1000, et les naissances de 35 et un 2me sur 1000; tandis que, dans les circonscriptions les plus saines, les décès ont été de 18 sur 1000 et les naissances de 24. Cet accroissement des naissances parmi les populations maladives a été observé depuis longtemps par ceux qui s'occupent de la santé publique, et ils y ont vu la manifestation d'une autre loi : celle d'un effort constant pour conserver les races ou les familles dont l'existence est mise en péril par la négligence et le mépris des lois d'où dépend cette même existence.

Mais qu'advient-il de ces pauvres enfants appelés à la vie au milieu d'une si excessive mortalité ?

Il n'est personne qui n'ait eu l'occasion de comparer le développement d'un enfant, né dans les contrées salubres, avec la constitution étiolée, la croissance arrêtée, la faiblesse maladive de l'enfant né dans les villes malsaines; ne doit-on pas en conclure nécessairement que l'enfant de ces villes malsaines appartient à un type inférieur à celui de l'enfant des campagnes ? Le progrès de la dégradation physique s'est continué, nonobstant l'accroissement des naissances ; et, sur ces deux classes d'enfants, un tiers environ, parmi ceux de la campagne, meurt avant d'avoir atteint l'âge de cinq ans, tandis que, parmi ceux des villes, la moitié succombe avant cette même période; et, parmi ceux qui survivent à leur cinquième année, une plus grande proportion encore vit d'une existence languissante, maladive, et leur mort prématurée vient grossir le chiffre des tables de mortalité.

Ce sont là des faits propres à instruire, si l'on voulait seulement les examiner et agir d'après les enseignements qu'ils contiennent.

Ne laissez pas s'exhaler de la chambre d'un malade un air malsain qui se répand dans les autres parties de la maison.

Il arrive souvent que la chambre du malade est le foyer d'où se répand un air malsain dans toute la maison; car, tandis que la maison reste close, sans air, et malpropre, comme de coutume, la porte et la fenêtre de l'infirmerie s'ouvrent de temps en temps. Cependant il y a certains changements extraordinaires dans l'intérêt du malade, que ce malade fait subir à la maison même; comme d'attacher le marteau de la porte, de faire répandre de la paille dans la rue devant ses fenêtres. La *maison* ne pourrait-elle y répondre en se tenant propre et bien aérée, par respect pour le malade !

De la Contagion.

Nous ne devons pas oublier ce que, dans le langage ordinaire, on appelle *contagion* : c'est un mot

dont on est généralement si effrayé, que l'on fait
souvent le contraire de ce qu'il faudrait faire pour
l'éviter. Aucune maladie n'est considérée comme
aussi contagieuse que la petite vérole, et il n'y a pas
bien longtemps que l'usage était de charger les malades de pesantes couvertures, d'entretenir dans leur
chambre un grand feu, et de tenir leurs fenêtres
soigneusement fermées. Naturellement, sous ce régime, l'*intensité* de la petite vérole se développait
promptement.

Le traitement de cette maladie est devenu plus
raisonnable ; on s'aventure à couvrir le malade
plus légèrement, à tenir les fenêtres ouvertes, et
nous entendons beaucoup moins parler d'épidémie
de petite vérole. Mais agit-on, de nos jours, avec
plus de discernement à l'égard de la contagion dans
les fièvres, la fièvre scarlatine, la rougeole, etc.,
que ne le faisaient nos ancêtres relativement à la
petite vérole ? Ne résulte-t-il pas de l'idée populaire
sur les maladies contagieuses que les gens bien portants prennent beaucoup plus de soin d'eux-mêmes
qu'ils n'en prennent du malade ? Par exemple, ils
trouvent qu'il est prudent de ne pas trop rester
auprès de lui, de ne pas trop le soigner. Cette manière de comprendre le devoir à l'égard des maladies
contagieuses ne s'est jamais mieux montrée dans
toute son absurdité que par la coutume employée
autrefois et peut-être encore en usage dans quelques-uns des lazarets de l'Europe, où le pestiféré,

condamné à toutes les horreurs de l'isolement, environné d'immondices, privé d'air, recevait la visite d'un médecin, qui l'examinait de loin avec une lorgnette d'opéra, et lui jetait une lancette pour qu'il ouvrît lui-même ses boutons.

Une véritable garde-malade doit n'avoir aucun souci de *la contagion*, si ce n'est pour la prévenir : la propreté, l'air constamment renouvelé par les fenêtres ouvertes, une attention infatigable à tous les besoins du malade, sont les seuls moyens de défense que doit connaître une garde digne de ce nom.

Les soins enseignés par la prudence et l'humanité sont la meilleure sauvegarde contre la contagion.

Les maladies ne sont pas des individus distincts et rangés par classes, comme les chats et les chiens, mais des conséquences naissant l'une et l'autre.

N'est-ce pas entretenir une erreur continuelle que de considérer, ainsi que nous le faisons, les maladies comme des entités distinctes, qui *doivent* exister aussi bien que les chats et les chiens ? Ne devons-nous pas plutôt les considérer comme des conséquences, bonnes ou mauvaises, placées sous notre contrôle, ou plutôt comme la réaction d'une nature bienfaisante contre les conditions où nous nous sommes placés nous-mêmes ?

J'ai été élevée, aussi bien par les savants que par les femmes ignorantes, dans la pensée que la petite vérole, par exemple, était une chose dont il y avait eu dans le monde un premier échantillon, qui s'était propagé jusqu'à nous par une chaîne non interrompue ; précisément, comme il y avait eu un premier chien ou un premier couple de chiens, et que la petite vérole ne pouvait pas plus commencer, qu'une nouvelle espèce de chiens ne le pourrait d'elle-même, c'est-à-dire sans ancêtres.

Depuis lors, j'ai vu de mes yeux et respiré avec mes poumons la petite vérole à sa naissance spontanée, soit dans des chambres closes, soit dans des dortoirs encombrés où elle avait pris naissance, sans qu'il y eût aucune possibilité qu'elle se fût communiquée par contagion.

Bien plus, j'ai vu des maladies commencer, se développer et changer de nature ; cependant les chiens ne se transforment pas en chats.

J'ai vu, par exemple, dans un lieu un peu encombré, naître la fièvre continue ; le nombre des lits augmentant, la fièvre typhoïde, et, avec un plus grand nombre d'habitants encore, le typhus. Et tout cela dans la même salle ou la même baraque.

Ne serait-il pas beaucoup meilleur, beaucoup plus vrai et plus utile de considérer la maladie sous ce point de vue ? car les maladies, l'expérience nous le montre, sont des adjectifs et non des substantifs.

Il y a un grand nombre d'opinions populaires, à l'égard desquelles il n'est pas superflu d'adresser parfois une ou deux questions. Par exemple, il est généralement reçu que les enfants *doivent* avoir ce qu'on appelle communément les *maladies de l'enfance*, les *épidémies courantes*, etc.; en d'autres termes, qu'ils sont nés pour avoir la rougeole, la coqueluche, peut-être même la fièvre scarlatine, précisément comme ils sont nés pour percer toutes leurs dents, s'ils vivent assez pour cela.

Mais pourquoi un enfant doit-il avoir la rougeole ?

Oh ! parce que nous ne pouvons les préserver de la contagion ; les autres enfants ont la rougeole, et il la prendra, et il vaudrait mieux qu'il la prît maintenant.

Mais pourquoi les autres enfants ont-ils pris la rougeole, et, s'ils l'ont prise, pourquoi faut-il que les vôtres la prennent aussi ?

Si vous avez foi aux lois qui président à la salubrité des demeures, et si vous les observez, c'est-à-dire la propreté, la circulation de l'air, le linge soigneusement blanchi et tous les autres moyens qui sont aussi *des lois* auxquelles vous devez croire aussi implicitement que vous croyez aux préjugés populaires, ne croyez-vous pas que votre enfant aura plus de chance d'échapper à ces épidémies ?

CHAPITRE III

DU SOIN DES PETITS DÉTAILS

Importance des petits détails.

Quand bien même les conseils que nous venons de donner seraient exactement suivis, ils pourraient encore n'avoir aucun résultat utile, s'il ne s'y joignait pas un soin particulier des petits détails, ou, d'un autre côté, si vous ne preniez pas des précautions suffisantes pour vous assurer que les choses que vous faites vous-même sont aussi ponctuellement faites quand vous les confiez à d'autres. On ne peut exiger qu'une garde ou une amie dévouée soient toujours présentes. On ne sait même pas si on doit le désirer ; car on voit souvent des personnes qui vous sacrifient leur santé ou leurs autres devoirs, et qui vous sont moins utiles que d'autres beaucoup moins dévouées, il est vrai, mais qui ont le talent de songer à tout, ce qui fait que le malade est moins bien soigné par les premières que par les autres.

Il est impossible d'enseigner, dans un livre, cet art de penser aux détails les plus minutieux, tandis qu'on peut enseigner les règles générales qui forment une garde-malade. Les circonstances changent selon les cas particuliers. Mais ce qu'on peut faire, c'est d'insister auprès de la garde pour qu'elle apprenne à penser par elle-même. « Qu'arrivera-t-il pendant mon absence? » doit-elle se dire. « Il faut que je sorte mardi; mais l'air pur, les soins réguliers seront aussi nécessaires à mon malade, mardi, qu'ils le sont aujourd'hui. » Ou encore : « A dix heures précises je ne puis être auprès de lui, mais le repos est aussi important pour lui à dix heures précises qu'à dix heures moins cinq minutes. »

Quelque singulier que cela puisse paraître, il est certain que cette prévoyance si simple ne vient pas à l'esprit de tout le monde; ou, si la garde, l'amie dévouée y songent, c'est seulement pour faire en sorte d'être absentes le moins longtemps possible, et non pour s'arranger de manière que le malade ne manque de rien durant leur absence.

EXEMPLE D'IMPRÉVOYANCE

Étrangers entrant dans une chambre de malade.

A une heure avancée de la soirée, une blanchisseuse du dehors entre brusquement dans la chambre d'un malade qui dormait de son premier sommeil.

Elle le réveille en sursaut et lui cause un mal irré-médiable, quoiqu'il prenne la chose en riant et ne songe pas à s'en plaindre. La garde qui était à souper, ce qui est bien permis, n'avait pas prévu que la blanchisseuse pourrait se tromper de chemin et entrer dans une chambre qui lui était interdite.

L'air de la chambre d'un malade se répand dans la maison entière.

Il se peut que les fenêtres soient ouvertes dans la chambre du malade, mais celles du corridor sur lequel donne sa porte ne le sont peut-être jamais, parce qu'on ne pense pas que les soins particuliers donnés à cette chambre doivent s'étendre encore au delà. Alors on voit souvent la garde, avec un grand zèle, renouveler l'air de cette chambre de malade en y introduisant les mauvaises émanations de toute la maison.

Une chambre inhabitée infecte toute une maison.

Une pièce inhabitée ou peinte nouvellement, un garde-manger ou un cabinet malpropres peuvent devenir le réceptacle du mauvais air qui infecte la maison, parce que la personne qui devrait en sur-veiller la propreté ne s'arrange pas de manière que tous ces endroits soient aérés et bien tenus. Elle se contente seulement d'en ouvrir les fenêtres, *quand elle passe par là.*

8.

La durée de l'odeur de la peinture indique un manque de soin.

Un excellent journal, le *Builder* (*l'Entrepreneur de bâtiments*), cite la persistance de l'odeur de la peinture pendant un mois, dans une maison, comme une des preuves du défaut de ventilation. Cela est incontestable; et là où il y a de larges fenêtres, si l'odeur persiste, il est évident qu'on n'a pas fait usage des moyens d'aérer la maison. Naturellement, l'odeur persistera pendant des mois; pourquoi s'en irait-elle?

Lettre, message, visite, reçus ou refusés mal à propos.

Une lettre ou un message qui peuvent agiter le malade lui seront transmis; ou bien on ne lui remettra pas une lettre ou un message important. Un visiteur qu'il avait intérêt à recevoir sera refusé, tandis qu'un autre, qu'il aurait mieux valu qu'il ne vît pas sera admis, parce que la personne à laquelle le malade est confié ne se sera jamais fait cette question : *Comment se passent les choses quand je ne suis pas là?*

Pourquoi laissez-vous votre malade exposé à toutes les surprises, excepté à celles des voleurs? Je n'en sais rien. En Angleterre, personne ne descend par la cheminée ou n'entre par la fenêtre, à moins que ce ne soit un voleur. Les gens entrent par la porte, et il y a quelqu'un pour la leur ouvrir; ce *quelqu'un* chargé d'ouvrir cette porte, c'est une, deux, trois ou quatre personnes au plus. Quelle difficulté y a-t-il que quatre personnes soient bien averties de ce qu'elles ont à faire, lorsqu'elles entendent sonner à la porte d'entrée ?

La sentinelle qui garde un poste est changée beaucoup plus souvent que ne peuvent l'être les domestiques d'une maison particulière ou d'une institution ; et cependant, que penserions-nous de cette excuse ? L'ennemi a surpris le poste, parce que A et non pas B était de garde. C'est pourtant une excuse semblable qu'on entend constamment dans les maisons et que l'on admet ; c'est-à-dire que telle personne a été *reçue* ou *refusée*, et que ce papier a été remis à tort ou oublié, parce que A et non pas B avait ouvert la porte. Il est incontestable qu'une garde ne peut à la fois être avec son malade, ouvrir la porte, prendre son repas et recevoir un message. Cependant elle ne semble jamais regarder cela comme impossible. Ajoutez encore que cet excès de bonne volonté qui est en elle fatigue le pauvre malade et augmente son angoisse nerveuse.

Les mesures prises pour se trouver présente *à un moment donné* augmentent l'inquiétude d'un malade au lieu de la calmer, parce que ces mesures vous rendent *nécessaire*.

Il ne faut pas que le malade ait à se préoccuper des choses que vous pourriez oublier. Non-seulement vous êtes cause qu'il s'inquiète si la lettre ou

la visite qu'il attend vont arriver, mais encore si
vous serez là au jour ou à l'heure où elles arriveront. De sorte que vos propres efforts pour être là
à un moment donné sont un tourment pour sa pensée. Si, au contraire, vous pouviez tout arranger
pour que les choses fussent faites, que vous y fussiez
ou non, le malade ne s'en troublerait pas.

Pour les raisons ci-dessus, laissez faire à un malade tout ce qu'il peut faire lui-même. Vous lui
épargnerez ainsi l'inquiétude; à moins cependant
que vous ne possédiez à un haut degré l'intelligence de tous ces soins bien entendus.

Il y a évidemment moins de tourments pour un
malade à répondre lui-même à une lettre par le
retour du courrier, que s'il lui faut avoir à ce sujet
quatre conversations, attendre cinq jours, se préoccuper six fois, jusqu'à ce que la personne qui
devait répondre à sa place soit en mesure de le
faire.

L'appréhension, l'incertitude, l'attente, l'espérance, la crainte des surprises, font plus de mal à
un malade que les efforts qu'il peut faire. Songez
que, durant l'attente, il est face à face avec son
ennemi, qu'il lutte intérieurement avec lui, qu'il
s'entretient longuement avec lui, tandis que votre
pensée est ailleurs. Délivrez-le promptement de son
adversaire; c'est l'une des premières règles à suivre
avec un malade.

Il y a beaucoup d'opérations chirurgicales où,

toutes choses égales d'ailleurs, le danger est en raison directe du temps que dure l'opération, et où le succès de l'opérateur sera en raison directe de sa promptitude. Eh bien, il y a un grand nombre d'opérations intellectuelles où la même règle doit être observée avec les malades; leur aptitude à les supporter dépend directement de la rapidité *sans précipitation* avec laquelle vous les leur ferez traverser.

Pour la même raison, dites-leur toujours, à l'avance, lorsque vous devez sortir et à quel moment vous serez de retour, fût-ce dans un jour, une heure ou dix minutes. Vous vous imaginez peut-être qu'il serait meilleur pour lui qu'il ne s'aperçût pas de votre absence, que vous n'eussiez pas l'air de vous croire *trop nécessaire*, ou encore que vous ne pouvez supporter de lui donner l'agitation ou le chagrin d'une séparation momentanée.

Ce sont là des idées fausses. Vous *devez*, je le suppose, vous éloigner de lui; votre santé, d'autres devoirs l'exigent. Alors, prévenez-en tout simplement votre malade; si vous vous éloignez sans qu'il le sache et qu'il l'apprenne plus tard, il ne retrouvera jamais sa sécurité et ne sera jamais bien persuadé que les choses qui dépendent de vous ne souffriront pas de votre absence; et neuf fois sur dix, il aura raison. Si vous vous éloignez sans lui annoncer le moment de votre retour, il ne prendra aucune mesure de précaution pour les soins qui vous sont communs et ceux qui vous concernent seule.

Quelle est la cause de la moitié des accidents ?

Si vous jetez les yeux sur les rapports des procès ou des accidents, et spécialement des suicides, ou sur l'histoire médicale des maladies dont l'issue a été funeste, vous aurez peine à croire combien ces catastrophes sont causées souvent par la seule raison que *lui*, ou plus souvent encore *elle*, n'était pas là. Mais ce qui est encore plus incroyable, c'est la facilité avec laquelle cette raison est acceptée souvent, presque toujours, comme une justification, une cause plausible de l'événement ; tandis que le fait seul de l'accident est une preuve que la cause qui l'a produit ne peut pas être sa justification. Le gardien ou la garde sont, en apparence, dans leur droit en n'étant *pas là*, parce qu'ils étaient appelés au dehors par des raisons parfaitement valables, ou bien ils s'étaient éloignés pour les besoins de leur service journalier ; mais aucune précaution n'avait été prise pour suppléer à leur absence ; leur tort n'a pas été *d'être absents*, mais d'avoir oublié les mesures de prudence qu'il fallait prendre durant cette absence. Lorsque le soleil doit disparaître sous une éclipse totale ou simplement durant la nuit, nous allumons des flambeaux. Mais il ne nous viendrait pas à la pensée que nous devons aussi remplacer la personne à qui est confié le soin des malades ou des enfants, soit pendant une éclipse passagère, soit durant une absence régulière ?

Dans les institutions publiques où un grand nombre d'existences pourraient être exposées, où les effets de l'imprévoyance pourraient avoir des conséquences terribles et notoires, la négligence est beaucoup moins commune que dans les maisons particulières.

Les précautions sont mieux prises dans les institutions publiques que dans les maisons particulières.

Cela est si vrai que je pourrais citer deux femmes d'une condition très-élevée dans le monde, qui sont mortes l'une et l'autre de la même manière, des conséquences d'une opération chirurgicale; et les meilleures autorités m'ont assuré que, pour toutes les deux, ce dénoûment funeste ne serait pas arrivé dans un hôpital de Londres.

Mais à l'égard des soins minutieux que l'on prend dans les hôpitaux, je dois avouer qu'ils sont complétement négligés dans les hôpitaux militaires; je déclare solennellement que j'ai vu des accidents funestes, tels que le suicide pendant des accès de *delirium tremens*[1], des hémorrhagies mortelles, des

1. La simple précaution d'éloigner les cordes avec lesquelles un malade peut se pendre, les rasoirs avec lesquels il peut se couper la gorge, est rarement prise dans les maisons particulières, ainsi que le prouvent les enquêtes faites en cas de suicide ; et les

mourants tirés hors de leur lit par des officiers de santé ivres, et beaucoup d'autres faits moins frappants qui ne seraient pas arrivés à Londres dans un hôpital civil soigné par les femmes. Les chirurgiens militaires doivent être, dans ces occasions, absous de tout blâme; comment pourraient-ils monter la garde, jour et nuit, auprès d'un malade atteint du *delirium tremens?* Le tort vient de l'absence d'une organisation régulière de surveillance. Si l'on confiait l'inspection de chaque salle ou même d'une série de salles à un infirmier en chef digne de confiance, non comme gardien temporaire, mais comme surveillant en chef (et dans l'état actuel du service, le meilleur infirmier militaire ne peut en remplir les fonctions, faute d'un mandat spécial), il est *probable* que de tels malheurs n'arriveraient pas; mais s'il y avait une femme sûre et digne de confiance pour exercer ces fonctions, il est alors *certain* que ces événements tragiques n'auraient pas lieu, parce qu'ils n'arrivent pas partout où une femme a la direction des soins. Ces réflexions ne s'appliquent pas seulement au temps exceptionnel où la guerre met un grand désordre dans les hôpitaux; mais aussi, et tout

personnes qui donnaient leurs soins sont toujours absoutes par le verdict; de même, dans un hôpital militaire, un officier supérieur s'est coupé la gorge dans le *delirium tremens,* avec un rasoir que personne n'avait songé à mettre hors de sa portée. Qui d'entre nous n'a le souvenir de quelque aventure tragique du même genre?

autant, à la marche ordinaire des hôpitaux militaires au centre des villes ; ou bien encore, en temps de guerre, quand l'état sanitaire de notre armée étant plus favorable qu'en temps de paix, l'encombrement de nos hôpitaux est, par conséquent, beaucoup moindre.

Soins à donner dans les hôpitaux militaires.

On a dit souvent que dans les hôpitaux militaires les malades devraient *se soigner entre eux*, parce que sur trente malades, il n'y en a peut-être qu'un seul atteint sérieusement, et les vingt-neuf autres étant à peu près libres et sur pied, ils peuvent remplir les fonctions d'infirmiers. On ajoute que les soldats sont si accoutumés à obéir, qu'ils seraient les plus obéissants et les meilleurs des gardes-malades ; enfin, qu'ils sont toujours très-bons pour leurs camarades.

Ceux qui parlent ainsi n'ont pas réfléchi que, pour obéir, il faut savoir *ce qu'on doit faire*, et que les soldats ne savent certainement pas ce qu'on entend par l'obéissance d'une garde-malade. J'ai vu ces *bons* camarades, et personne assurément ne sait mieux que moi combien ils sont véritablement bons ; je les ai vus aider un camarade à se mouvoir, de façon que l'homme est mort pendant qu'il était ainsi secouru. J'ai vu la bonté des camarades procurer en secret au malade une abondance de liqueurs spiritueuses. Cependant, personne ne doit conclure de ces observations que les femmes puis-

sent ou doivent être introduites, comme gardes-
malades, dans les hôpitaux militaires. Ce ne serait
pas à désirer, quand bien même ce ne serait pas
impossible; je dis seulement que la surintendance
de ces hôpitaux est successivement nécessaire et
excessivement négligée. Il est vrai qu'il arrive quelquefois à une *sœur* de l'hôpital de Londres de se
servir de malades moins gravement atteints pour
veiller dans un cas critique, mais toujours sous sa
propre direction, et on a recours à elle toutes les
fois qu'il y a quelque chose à faire, parce qu'elle
sait seule comment on doit s'y prendre. Les malades appelés à en soigner d'autres ne sont jamais
laissés à leur propre inspiration, quelque bons et
bien intentionnés qu'ils soient.

Question que doit s'adresser la personne qui dirige les soins.

Il faut donc que, soit dans les établissements publics, soit dans les maisons particulières, la personne qui en a la direction se dise, non pas : « Comment pourrais-je tout faire moi-même ? » (ce qui
n'est ni possible ni désirable), mais « Comment
puis-je pourvoir à ce que tout soit bien fait? »

De même, quand il est arrivé quelque chose de
fâcheux durant son absence, elle doit se dire, non
pas : « Comment pourrai-je faire pour ne pas
m'éloigner un moment? » mais « Comment ferai-je
pour que mon absence ne cause aucun trouble dans
le service ? »

Beaucoup de personnes semblent croire que le monde doit s'arrêter tandis qu'elles sont ou sorties, ou à dîner, ou malades. Si le malade éprouvait un accident dans ces moments-là, ne serait-ce pas de sa faute ! J'ai entendu dire une fois à un infirmier : « Mes malades, monsieur, n'attendent pas pour mourir que nous soyons de retour de l'église. »

C'est un signe certain qu'une garde ou un infirmier n'entendent rien à leur métier lorsqu'ils donnent pour raison qu'un malade a été négligé ou qu'une chose n'a pas été faite parce qu'ils étaient absents. Que m'importe ce que vous pouvez dire? Je ne vois qu'une chose, c'est le mal qui a eu lieu pendant que vous n'y étiez pas.

Ce que c'est que *diriger*.

Combien il y a peu d'hommes et de femmes qui comprennent, dans les grandes ou les petites choses, ce que c'est que de *diriger*, je veux dire de *bien diriger* ! Depuis les plus grandes calamités jusqu'aux plus petits accidents, on peut toujours reconnaître, en remontant à la cause, que la personne qui avait le devoir de surveiller ou de conduire une affaire a négligé ce devoir. Dernièrement, la rupture d'un tuyau, à bord du plus magnifique et du plus vaste navire qui ait jamais été construit, le jour où on en a fait l'essai a coûté la vie à plusieurs personnes et a mis plusieurs centaines d'individus en grand péril, non pas qu'il y eût là un vice de construction, mais parce qu'une soupape qui devait être ouverte se trouvait fermée, quoiqu'il n'y ait pas un enfant qui ne sache qu'un pareil oubli ferait éclater la bouilloire de sa mère. Cela arriva uniquement parce que personne n'avait cru de son devoir de veiller à la sûreté publique. Apparemment que le jury d'enquête jugea qu'il ne devait pas non plus s'en inquiéter, et que la soupape seule était coupable de l'accident, car il rendit un verdict de « mort accidentelle. »

La signification du mot *diriger* est visible en cet exemple. En voici un autre, moins grave, arrivé il y a quelque temps. Une personne aliénée s'est brûlée vive, lentement, et avec préméditation, tandis qu'il y avait un médecin pour la soigner, et presque en présence de sa garde. On n'a trouvé personne à punir. Seul fait d'accident. Certes, ces gens n'avaient pas l'idée de leur responsabilité ou ne savaient pas leur devoir.

Nous ne saurions donc trop le répéter : *Avoir des fonctions à remplir*, ce n'est pas seulement prendre soi-même tous les soins nécessaires, mais s'assurer que personne au-dessous de soi ne manque à son devoir, soit volontairement, soit par ignorance. C'est là le véritable sens de ce mot : *Garder des malades*, qu'il y ait un ou plusieurs malades ; et je crois, en vérité, que ce devoir est bien moins rempli quand on a un seul malade que quand on en a

plusieurs. Un seul malade est quelquefois soigné
avec moins d'exactitude et, en réalité, moins sou-
lagé par quatre personnes que dix malades soignés
par une seule, ou, du moins, que quarante servis
par quatre personnes, et cela parce qu'il n'y a pas
quelqu'un exclusivement chargé de la surveillance
des soins.

On répète souvent qu'il y a maintenant peu de
bons domestiques ; je dirai aussi qu'il y a maintenant peu de bonnes maîtresses de maison ; de même
que le jury chargé de l'enquête sur l'accident du
Great-Eastern semble avoir pensé que la soupape
du tuyau était chargée elle-même de la sûreté du navire ; de même, les maîtresses de maison semblent
croire que leur maison est chargée de se surveiller
elle-même. Elles ne savent ni donner des ordres, ni
apprendre à leurs domestiques à *obéir*, c'est-à-dire
comment on obéit avec intelligence, ce qui est l'es-
sence même de tout devoir. En outre, les personnes
qui sont chargées de tenir une maison semblent
mettre un certain orgueil à sentir qu'elles sont *la
cheville ouvrière;* qu'elles seules peuvent comprendre leurs arrangements, leur manière de voir, leurs
livres de compte, etc. ; il me semble que l'orgueil
devrait plutôt consister à rendre leurs systèmes, leurs
arrangements, leurs livres, leurs mémoires si clairs
et si bien en ordre, que chacun fût en état de les
comprendre et de faire aussi *bien* qu'elles, de façon
qu'en cas d'absence ou de maladie il fût possible de

se remplacer mutuellement, afin que tout marchât
comme de coutume.

Pourquoi les gardes-malades de profession se rendent importunes.

On se plaint sans cesse que les gardes-malades
de profession se rendent insupportables par leur importance et leur exigence vis-à-vis des autres domestiques, sous le prétexte que le malade ne doit pas
être négligé. Les deux choses arrivent : le malade
est souvent négligé, et les domestiques sont souvent
excédés ; mais la faute en est généralement au défaut d'ordre de la personne qui est à la tête de la
maison ; c'est à elle à disposer les choses de façon
que la garde soit suppléée lorsque cela est nécessaire, que le malade ne soit jamais délaissé, choses
parfaitement compatibles, avec un peu de prévoyance.
Ce n'est certainement pas aux gardes-malades à *donner des ordres* aux domestiques.

Lorsqu'on demande une garde-malade, qu'exige-
t-on d'elle ?

On veut qu'elle évite aux amis du malade de
rester debout, aux domestiques de monter et de
descendre trop souvent, bien plus qu'on ne veut
donner aux malades l'assurance d'être mieux soignés. Les médecins qui ont la plus nombreuse
clientèle m'ont assuré que cela se passait ainsi.

Les gardes-malades de profession ne sont pas appelées pour soigner.
— Raisons pour lesquelles il y en a peu de bonnes.

Assurément, c'est ainsi que les choses se passent. Les familles, en prenant une garde-malade, ne la prennent pas pour qu'elle remplisse son office. Elles n'en connaissent même pas les charges; elles demandent une aide; *monter et descendre les escaliers*, *rester sur pied* jour et nuit, voilà ce qu'on exige impitoyablement de la pauvre créature qu'on appelle garde-malade, et que j'appellerai plutôt une esclave.

Qu'on ne s'étonne donc pas s'il y a peu de bonnes gardes-malades dans les maisons particulières.

Une garde-malade ne doit rien faire que soigner le malade. Si vous avez besoin d'une femme de journée, prenez-la. Les médecins d'armée étaient autrefois appelés à vérifier les provisions, les comptes, les notes du blanchissage; heureusement pour les malades, les médecins d'armées sont maintenant assujettis seulement aux devoirs de leur profession. Les devoirs de garde-malade, quoique inférieurs, sont-ils moins importants?

Savoir être malade est certainement une étude qui complète celle de *savoir soigner les malades*; et le sujet n'est pas traité dans toute son étendue s'il n'est pas considéré des deux côtés; mais le premier de ces deux devoirs est généralement mieux rempli que le second.

Il est une condition, cependant, à laquelle, si l'on en croit l'expérience de ceux qui s'occupent de ce qui regarde cette profession, les malades, ou peut-être plus souvent encore les amis des malades, manquent d'une manière déplorable : ils attendent d'une garde qu'elle *veillera* toutes les nuits, sans qu'il y ait aucun arrangement pris pour lui assurer régulièrement un temps suffisant de sommeil durant la journée. En recommandant où en arrêtant une garde-malade, ne négligez jamais de vous assurer que cette condition sera remplie.

CHAPITRE IV

LE BRUIT

Bruits inutiles.

Les bruits inutiles, ou qui font naître une attente dans l'esprit du malade, sont ceux qui l'in-
commodent le plus. C'est rarement le son le plus
bruyant, l'action directe du bruit sur l'organe de
l'ouïe qui paraît l'affecter davantage. Souvent il
supportera, par exemple, l'établissement d'un écha-
faudage contre la muraille de sa maison, tandis qu'il ne peut supporter le bruit d'une conversation, encore moins du chuchotement derrière
sa porte, surtout si ce sont des voix qui lui sont
familières.

Il y a certainement des malades, spécialement
dans les cas de légère congestion au cerveau, qui
souffrent du plus léger bruit ; mais les bruits inter-
mittents, ou soudains, ou aigus les affectent beau-

coup plus péniblement que les bruits continus.
Dans ce cas-là, ou dans les autres, un bruit qui
vient de l'intérieur gêne beaucoup plus qu'un bruit
à l'extérieur. Une chose certaine, c'est que tout ce
qui éveille le malade en sursaut le met aussitôt
dans un état nerveux plus sérieux.

Que le malade ne soit jamais éveillé dans son premier sommeil.

Ne jamais permettre qu'un malade soit réveillé,
accidentellement ou avec intention, est la condition *sine quâ non* de tous soins bien entendus. Si
le malade est éveillé brusquement dans son premier
sommeil, il est presque certain qu'il n'aura plus
de repos; c'est un fait curieux, mais très-explica-
ble, que s'il se réveille après quelques heures, au
lieu de l'être après quelques minutes, il est beaucoup plus apte à se rendormir, parce que la souffrance et l'irritabilité du cerveau se perpétuent et
augmentent d'intensité. Un répit de souffrance et
d'agitation obtenu par le sommeil est plus qu'un
simple répit; il affaiblit le retour de l'angoisse,
tandis que la privation de sommeil l'augmente
cruellement. C'est pour cette raison que le sommeil est d'une importance si grande ; c'est pour
cette raison que le malade, éveillé dans son premier sommeil, perd le pouvoir de se rendormir.
Si une personne bien portante dort pendant la
journée, c'est aux dépens de son sommeil de la
nuit ; mais le contraire arrive plus souvent pour

les malades ; plus ils dorment, plus ils sont capables de dormir.

Une garde intelligente peut entretenir aux pieds de son malade des bouteilles d'eau chaude, lui donner les remèdes et la nourriture ordonnés d'heure en heure, sans l'agiter et, au contraire, en le calmant. J'en ai connu une, animée des meilleures intentions, qui ne réchauffait pas les jambes de son malade, dont les extrémités étaient toujours froides vers le matin, dans la crainte de le déranger. Une semblable excuse suffit pour dénoter son incapacité.

J'ai souvent été surprise de l'irréflexion de l'ami ou du médecin (je devrais dire de leur cruauté, bien qu'ils agissent sans mauvaise intention), qui font une longue conversation à la porte de la chambre ou du corridor attenant à la chambre du malade, tandis que celui-ci s'attend à chaque minute à les voir entrer, ou bien vient de recevoir leur visite et sait que c'est de lui qu'on parle. Si le malade est patient, il s'efforce d'occuper ailleurs son attention et de ne pas écouter; mais cela aggrave son état, en lui faisant faire des efforts pénibles, et il s'en ressent encore plusieurs heures après.

Chuchotements dans la chambre.

Si la conversation se tient à voix basse dans la même chambre, ce chuchotement est vraiment cruel, car il est impossible que le malade ne soit pas involontairement entraîné à écouter. Pour la même raison, évitez de marcher sur la pointe du pied, d'arranger la chambre très-lentement ; ce qu'il faut avoir, c'est un pas ferme, rapide et léger, une main prompte et sûre, et non une démarche lente et incertaine, une main timide et maladroite. La lenteur n'est pas la même chose que la douceur, quoiqu'on les confonde souvent ; la promptitude, la légèreté et la douceur dans les mouvements sont tout à fait compatibles. Si les amis ou si le médecin pouvaient observer, comme les gardes peuvent et doivent le faire, les traits tendus, le regard inquiet du malade qui écoute avec une attention fébrile le pas des personnes qui entrent dans le corridor en parlant à voix basse, ils ne voudraient jamais courir le risque de faire naître une telle impatience, une telle irritation. Il est arrivé souvent que ces bruits importuns ont, dans beaucoup de cas, produit ou aggravé le délire ; j'en ai été témoin moi-même et, dans une occasion, la mort en a été la suite. On eut beau dire que cette mort était due à la frayeur, elle fut le résultat d'une longue conversation à voix basse, en présence du malade, relativement à une opération dont il était menacé. Mais pour qui a remarqué la fermeté plus que stoïque, le sang-froid enjoué avec lesquels la certitude d'une opération est acceptée par le malade, capable de la supporter, lorsqu'elle lui est convenablement annoncée, il est impossible de croire que la crainte seule ait produit, dans cette occasion, un résultat si funeste ; il fut bien plutôt causé par la pénible attente de la décision qui devait être prise sur son sort.

Les femmes auteurs impriment tous les jours que nous autres femmes, nous sommes particulièrement appelées à quelque *mission*. Il semble que ce soit une chose bien contraire à cette vocation que ces parures qui, de jour en jour, nous rendent plus incapables d'une *mission* ou d'un devoir, et qui ne sont pas, en réalité, plus favorables à la poésie qu'à la vie pratique. Un homme est maintenant plus adroit et plus à sa place dans une chambre de malade qu'une femme.

Lord Melbourne disait : « Je préférerais, lorsque je suis malade, avoir des hommes auprès de moi ; il me semble qu'il faut une très-forte santé pour supporter les femmes. » Je suis entièrement de son avis.

Une garde-malade (qu'elle le soit par profession ou par affection), dont les robes s'agitent avec bruit, est en horreur au malade, quoique, peut-être, il ne sache pourquoi.

Le bruit et le mouvement de la soie et de la crinoline, le craquement des jupons empesés, le craquement de la chaussure, le cliquetis des trousseaux de clefs, font plus de mal à un pauvre malade que toutes les médecines du monde ne lui feront de bien.

Les bruits inutiles ne sont pas moins désagréables aux gens bien portants qu'aux malades; mais naturellement les malades souffrent dans une bien plus grande proportion de cette cruelle insouciance.

Un bruit inutile, quoique léger, excite beaucoup plus un malade qu'un bruit beaucoup plus fort, si celui-ci est nécessaire.

Le pas silencieux d'une femme, les souples draperies d'une femme, sont maintenant de pures figures de langage. L'ampleur de ses vêtements fait que si, par bonheur, elle ne jette pas les meubles par terre, elle se heurte, du moins, à chaque mouvement contre tous les objets qu'elle rencontre dans la chambre.

Incendie des crinolines.

Bien heureuse encore si ses vêtements ne prennent pas feu, et si la garde, brûlée dans ses jupons, ne s'offre pas en sacrifice avec son malade par-dessus le marché. Je souhaiterais que les relevés de la statistique nous rapportassent le nombre exact des personnes mortes brûlées à cause de cette mode hideuse et absurde. Mais que les femmes du moins soient protégées contre leur propre folie par la précaution que nous enseigne la chimie de mettre de l'alun dans l'empois; ce qui préserve les objets empesés du danger de la combustion.

Indécence de la crinoline.

Je souhaiterais. aussi que les femmes qui portent
des crinolines pussent juger de l'indécence de leurs
habillements, aussi bien que les spectateurs. Une
femme âgée et respectable, lorsqu'elle se penche en
avant, découvre autant de sa personne aux malades
couchés que le fait une danseuse sur le théâtre de
l'Opéra ; mais personne ne lui dira jamais cette
vérité désagréable.

Malades obligés de se défendre contre leurs gardes.

D'autres fois, la garde ne peut ouvrir la porte
sans tout ébranler dans la chambre, ou bien elle
l'ouvre souvent sans nécessité, faute de se rappeler
les objets qu'elle devrait apporter en une seule
fois.

J'ai vu l'expression d'une terreur véritable passer
sur le visage d'un malade, toutes les fois que sa
garde, qui ne manquait jamais de jeter par terre les
pelles, pincettes, etc., entrait dans la chambre.

J'ai vu des malades, à peine en état de se soutenir, se traîner hors de leur lit, avant l'arrivée
d'une semblable garde, afin de mettre hors de son
chemin toutes les choses qu'elle aurait pu jeter par
terre ; — fermer la fenêtre, certains qu'elle laisserait la porte ouverte ; — cacher toutes les choses
dont ils prévoyaient avoir besoin, parce que la

garde n'aurait, pas manqué de les mettre, par inadvertance, hors de leur portée.

Une bonne garde doit toujours s'assurer que ni portes ni fenêtres ne crieront sur leurs gonds dans la chambre du malade; que ni les rideaux, ni les stores, s'il y a tout à coup un courant d'air, ne battront contre la fenêtre ou contre le lit. Elle doit surtout s'assurer que le malade ne sera exposé à rien de semblable, avant de le quitter pour la nuit. Si vous attendez que vos malades vous le disent ou vous le rappellent, à quoi leur sert-il d'avoir une garde? Il y a généralement plus de malades timides que de malades exigeants; et beaucoup d'entre eux passent successivement de mauvaises nuits, plutôt que de rappeler chaque soir à leurs gardes toutes les choses qu'elles ont oubliées.

S'il y a des jalousies aux fenêtres, ayez toujours soin qu'elles soient complétement relevées, lorsqu'elles ne sont pas baissées. Une seule latte qui glisse et qui bat à chaque souffle de l'air suffit pour ennuyer un pauvre malade.

Précipitation pénible aux malades.

Les mouvements précipités, l'agitation, sont particulièrement pénibles au malade; et lorsqu'au lieu de le distraire, on l'excite, on lui fait beaucoup de mal. L'ami qui reste debout et s'agitant autour de lui, lorsqu'il lui parle d'affaires; ou l'ami qui s'assied et prend la parole, l'un dans l'intention de ne

pas laisser parler le malade, l'autre dans l'espérance de l'amuser, sont également déraisonnables.
Lorsqu'un malade vous parle d'affaires, asseyez-
vous; ne donnez aucun signe d'impatience; accor-
dez-lui votre attention tout entière; si votre avis
est nécessaire, qu'il soit réfléchi, et lorsque l'entretien est fini, éloignez-vous.

Comment il faut visiter les malades pour ne pas les fatiguer.

Asseyez-vous toujours en face du malade, afin
qu'il n'ait pas la peine de tourner la tête pour vous
voir. On regarde toujours involontairement la personne qui parle; si vous faites de ce mouvement
une fatigue pour le malade, vous lui êtes nuisible;
de même si, en continuant à rester debout, vous
l'obligez à lever continuellement les yeux pour vous
voir. Soyez auprès de lui aussi immobile que possible, et ne gesticulez jamais en lui parlant.

Ne lui faites jamais répéter un message ou une
demande, surtout si quelque temps s'est déjà écoulé
depuis sa première recommandation. Les malades
actifs sont souvent accusés de faire beaucoup trop
de choses par eux-mêmes; ils ont instinctivement
raison. Il arrive trop souvent que vous entendez la
personne chargée de faire un message ou d'écrire
une lettre dire une demi-heure après : « *N'est-ce
pas l'heure de midi que vous avez fixée?* » ou bien :
« *Quelle adresse m'avez-vous dite ?* » ou peut-être lui
faire des questions qui l'agitent et l'obligent ainsi à

un second effort de mémoire, ou, ce qui est pire, à prendre de nouveau une décision. Il lui est, en réalité, moins pénible d'écrire lui-même ses lettres. C'est ce qu'ont éprouvé tous les malades occupés d'affaires. Ceci nous amène à recommander d'autres précautions. Ne parlez jamais à un malade en vous tenant près de la porte, ou derrière lui, ou à distance, ni lorsqu'il est occupé d'autres choses.

La politesse officielle des domestiques dans toutes ces occasions est si agréable aux malades, que beaucoup d'entre eux préfèrent, sans savoir pourquoi, n'avoir autour d'eux que des serviteurs à gages.

Ce ne sont pas là des effets de l'imagination. Si nous considérons que, chez les malades aussi bien que chez les personnes bien portantes, chaque pensée décompose une portion de la matière nerveuse; que la décomposition aussi bien que la recomposition de cette matière est incessante, et plus rapide chez les malades que chez les gens bien portants; qu'en introduisant brusquement dans le cerveau une pensée nouvelle, tandis qu'une pensée antérieure agissait sur les nerfs dans un sens contraire, nous troublons ce travail et en infligeons un nouveau; si nous considérons tous ces effets, qui ne sont pas des caprices de l'imagination, nous reconnaîtrons que nous sommes la cause d'un mal positif, en contrariant une *personne nerveuse*, comme on dit. Hélas ! son mal n'est pas dans l'imagination !

Si le malade est forcé par des devoirs d'état à se

livrer à des occupations qui exigent une contention d'esprit, le danger est doublement sérieux. En donnant quelque nourriture à un malade en proie au délire ou accablé par la stupeur, vous pouvez produire une suffocation, si vous le faites trop brusquement ; mais si vous frottez doucement ses lèvres avec une cuiller, de façon que son attention soit éveillée, il avalera, sans le savoir, le cordial, en toute sécurité. Il en est ainsi pour le cerveau. Si vous lui présentez brusquement une pensée, une de celles surtout qui exigent une décision, vous y produisez un effet pareil à celui de la suffocation. Mais en même temps que vous devez éviter de parler soudainement à un malade, gardez-vous également de laisser son attente en suspens.

Cette règle s'applique aussi bien aux gens sains qu'aux personnes souffrantes. Je n'ai jamais connu des personnes exposées, pendant des années, à des chocs répétés, dont l'intelligence ne se soit à la fin affaiblie. Cette déchéance s'accomplit en eux sans souffrance ; chez les malades, la souffrance avertit du danger.

Ne tenez pas un malade debout. — Ne lui parlez pas quand il est en mouvement.

Gardez-vous de surprendre un malade dans l'action de se lever, soit pour lui parler, soit pour lui remettre une lettre ; vous feriez aussi bien de lui donner un coup de poing. J'ai vu un malade, qui

marchait dans sa chambre, tomber tout à plat sur le
plancher, à l'entrée de sa garde; c'était un accident
qui aurait pu arriver à la garde la plus soigneuse;
mais les interruptions dont je parle plus haut peuvent être évitées. Un malade, qui essaye ses forces,
n'est point en train de partir pour les Indes; si vous
aviez attendu dix secondes, ou fait trente pas au
dehors, sa promenade aurait été terminée. Vous ne
pouvez vous faire aucune idée de l'effort qu'il faut
à un malade pour rester debout à vous écouter, ne
fût-ce que le quart d'une minute. Si je n'avais pas
vu les meilleures gardes, les amis les plus tendres
capables d'inattention sur ce point, j'aurais cru cet
avertissement superflu.

Il est donc nécessaire que la garde se fasse une
règle positive de ne jamais parler à un malade qui
est debout ou qui est en mouvement, aussi longtemps
du moins que ses observations ne lui auront pas appris ce qu'il en peut supporter. La plupart des accidents qui arrivent aux malades épuisés, tels que de
tomber dans les escaliers, de s'évanouir en sortant
de leur lit, etc., etc., sont souvent causés par une
garde qui, précisément à ce moment-là, entr'ouvre
une porte pour leur parler, ou par la crainte qu'ils
éprouvent en pensant qu'elle va entrer chez eux.
Si le malade était laissé à lui-même jusqu'à ce qu'il
ait pu s'asseoir, ces accidents seraient beaucoup
plus rares. Si la garde accompagne son malade,
qu'elle ne l'engage point à lui parler. Il est incroya-

ble combien les gardes se représentent peu la violence
que souffrent le cœur, les poumons et le cerveau
d'un malade très-affaibli, lorsqu'il se met en mouvement.

Les malades redoutent la surprise.

Les malades sont souvent accusés d'agir davantage *lorsqu'il n'y a personne auprès d'eux*, et cela
est très-vrai. A moins que les gardes ne soient accoutumées à prendre toutes les précautions que nous
avons indiquées, un pauvre malade aura beaucoup
moins d'efforts à faire pour se servir lui-même que
pour tout demander ; et, très-innocemment, comme
par instinct, il calculera le temps où sa garde doit
être absente, de peur de la voir entrer ou de l'entendre parler précisément au moment où il se traî-
nait de son lit à sa chaise, ou d'une chambre à l'autre, ou au bas des escaliers, ou en dehors de la
maison pendant quelques minutes. Dans de semblables circonstances, toute interpellation le fatigue.
Vous êtes bien sûr qu'un malade, dans l'état que
nous avons décrit, ne se livrera pas à cet exercice
plus d'une fois ou deux par jour, et que probablement ce sera toujours à la même heure chaque jour.
Ce serait bien sévère de la part de sa garde et de
ses amis de ne pas faire le petit calcul nécessaire
pour qu'il ne soit pas troublé mal à propos. Souvenez-vous que beaucoup de malades, qui peuvent
faire quelques pas, ne peuvent rester debout ni

même se tenir sur leur séant. De toutes les positions, la plus fatigante pour une personne affaiblie, c'est de rester sur ses pieds.

Tous les mouvements que vous faites dans la chambre d'un malade, après qu'il a été *arrangé* pour la nuit, décuplent pour lui la chance de passer une mauvaise nuit; mais, si vous le réveillez au commencement de son premier sommeil, vous ne lui faites pas courir la chance, mais vous lui donnez la certitude d'une mauvaise nuit.

Un mot en passant adressé à tous ceux qui soignent ou qui visitent un malade, à tous ceux qui doivent se former une opinion sur la maladie et sur ses progrès. Revenez et examinez votre malade *après* qu'il a eu avec vous une heure de conversation animée; c'est la meilleure épreuve par laquelle on puisse juger de son état véritable; ne formez jamais votre opinion d'après ce qu'il fait, ou l'apparence qu'il a durant une conversation de ce genre. Informez-vous aussi soigneusement, aussi exactement que vous le pourrez, comment il a passé la nuit qui a suivi votre conversation.

Effet produit sur un malade par des efforts excessifs.

Il est bien rare, peut-être même est-il sans exemple que la défaillance survienne pendant le mouvement.

C'est immédiatement après qu'ont lieu les résultats d'un effort excessif. Il est insensé de juger d'un malade, comme on l'a fait si souvent, lorsqu'on ne le voit que durant une période d'excitation ; les gens sont morts souvent d'un effort qui ne leur avait, dit-on, *fait aucun mal.*

Observations superficielles; résultats des visites superficielles.

Ma vieille expérience m'a appris à ne faire aucun cas de certaines paroles irréfléchies. J'ai vu des malades délirer toute une nuit, après avoir reçu la visite d'un ami, qui les trouvait *beaucoup mieux,* et qui pensait qu'il ne leur fallait plus qu'*un peu de distraction,* et qui revenait en disant : *J'espère que vous n'avez pas été fatigué de ma visite,* sans attendre la réponse et sans plus d'examen. Aucun malade ne dira jamais : *J'ai été bien plus mal après votre visite.*

En pareil cas, le plus grand danger toutefois n'est pas le délire; les conséquences inaperçues sont réellement plus graves.

Vous agissez impunément, mais le pauvre malade est responsable ; c'est-à-dire qu'il souffrira sans que ni lui ni l'auteur de sa souffrance sache l'attribuer à la véritable cause ; les effets n'en seront sensibles que pour un observateur très-éclairé et très-attentif; et souvent le malade ne fera pas même mention de ce qui lui a été si nuisible.

Ne jamais s'appuyer sur le lit du malade.

Ayez bien soin de ne jamais vous appuyer sur le lit du malade, ni de vous y asseoir, ni de lui donner une secousse, ni même de le toucher sans nécessité. Cela lui est toujours insupportable : si vous ébranlez son fauteuil, il a du moins un point d'appui sur le plancher; mais étendu sur un lit ou sur un sofa, il est entièrement à votre merci, et tout son corps est affecté par la secousse que vous lui donnez.

Différence entre les malades véritables et les malades imaginaires.

Bien entendu que, jusqu'ici, nous n'avons parlé que des vrais malades, et non des hypocondriaques.

C'est une partie importante de l'éducation d'une garde que d'apprendre à distinguer les maladies véritables des maux imaginaires; c'est aussi une partie importante de ses devoirs de savoir soigner les gens dont l'imagination seule est malade. Mais les soins qu'exigent les vrais malades et les malades imaginaires sont aussi de nature différente, ou plutôt opposée. Nous n'en parlerons point ici, et les symptômes que nous venons de caractériser sont de ceux qui distinguent les maladies réelles des maladies imaginaires.

Il est vrai, néanmoins, que les hypocondriaques font souvent, en l'absence de leur garde, des choses

qu'ils ne feraient point en leur présence. J'en ai
soigné beaucoup, qui mangeaient à peine à leurs
repas ; mais si vous enfermiez à leur portée quelque
nourriture dans un buffet, ils la prenaient en secret
ou la nuit. Ils agissent comme les malades véritables par des motifs tout différents : les hypocondriaques veulent dissimuler, tandis que les malades
véritables exagèrent en se vantant à leur garde ou à
leur docteur de leur appétit, de l'exercice qu'ils ont
pris, etc.

Revenons aux véritables maladies.

Concision nécessaire avec les malades.

La concision et la décision sont, par-dessus toutes
choses, nécessaires avec les malades. Que votre
pensée leur soit toujours exprimée aussi nettement
et aussi brièvement que possible ; quelque doute,
quelque hésitation qu'il puisse y avoir dans votre
esprit, prenez garde qu'ils ne s'en aperçoivent pas,
même dans les petites choses ; j'allais dire surtout
dans les petites choses. Que vos incertitudes soient
pour vous et votre décision pour eux. Les gens qui
pensent tout haut, qui laissent pénétrer la succession
et le rapport de leurs idées et tout ce qui les conduit
à une conclusion ne doivent jamais s'approcher des
malades.

Du calme.

J'ai entendu dire des femmes, qu'au milieu d'un pénible accouchement, leurs forces dépendaient du calme du docteur et de la garde. Si l'un ou l'autre avait laissé soupçonner que c'était un cas extraordinaire ou douteux, elles auraient senti que tout *était fini* pour elles.

J'ai observé la même chose dans des maladies aiguës lorsque les plateaux de la balance penchaient entre la vie et la mort. Si le médecin trahissait quelque indécision, si la garde perdait de son sang-froid, le plateau de la balance était aussitôt précipité du côté de la mort.

Irrésolution très-pénible aux malades.

L'irrésolution est tout ce que les malades redoutent le plus ; s'ils la rencontrent chez les autres, ils agitent dans leur esprit toutes les probabilités, et se font une opinion. L'indécision à l'égard d'un parti à prendre ou d'une lettre à écrire leur est plus insupportable que la décision la plus difficile ou la plus redoutable. En outre, l'imagination est souvent beaucoup plus active et plus rapide dans la maladie que dans la santé. Si vous proposez au malade de changer d'air, en passant une heure dans un lieu et une heure dans un autre, il se transporte immédiatement en esprit là où il s'est représenté qu'il serait conduit, et vous l'avez autant fatigué en faisant voyager son imagination que si vous l'aviez transporté réellement dans ces deux endroits.

Par-dessus toutes choses, entrez et sortez dans la chambre du malade, non pas brusquement, non pas d'une façon bruyante, mais rapidement. Ne lui causez pas la fatigue de se demander si vous allez y entrer ou en sortir définitivement. La précision et la décision dans vos mouvements comme dans vos paroles sont aussi nécessaires que l'absence de bruit et de précipitation. L'entière possession de vous-même vous préservera de ces défauts ; elle vous apprendra à ne jamais flâner ou à ne jamais bousculer les choses autour du malade.

Soucis qui doivent être épargnés aux malades.

Si un malade est forcé de se préoccuper non-seulement de lui-même, mais de la ponctualité de sa garde ou de sa sollicitude, ou de sa promptitude, ou de son sang-froid, il est beaucoup mieux sans elle qu'avec elle, quelque adroite et habile qu'elle soit dans son service, et quelque incapable qu'il soit de s'aider lui-même.

Lecture à haute voix.

Relativement aux lectures à haute voix, mon expérience m'a appris que lorsque les malades sont hors d'état de lire eux-mêmes, ils peuvent rarement supporter d'entendre lire. Les enfants atteints de maux d'yeux et les personnes illettrées font exception, de même que celles que quelque difficulté matérielle empêche de tenir un livre. Les personnes qui aiment qu'on leur fasse la lecture sont assez fortes pour l'écouter ; tandis que, dans les fièvres, dans l'irritation du cerveau, l'effort qu'il faut faire pour écouter a souvent causé le délire. Je le dis avec défiance de moi-même, parce que l'opinion presque universelle, c'est que ces lectures reposent le malade ; mais deux avis du moins me semblent utiles :

Lisez lentement, distinctement et avec suite.

1° S'il est nécessaire de lire quelque chose aux malades, lisez lentement. Beaucoup de gens s'imaginent que le meilleur moyen de diminuer sa fatigue, c'est de faire la lecture le plus rapidement possible ; en conséquence, ils précipitent leurs paroles et lisent au galop. Il n'y eut jamais une plus grande erreur. Robert Houdin dit que la manière de faire paraître une histoire courte, c'est de la raconter lentement ; il en est de même de la lecture faite aux malades. Je leur ai souvent entendu dire à un lecteur novice : *Ne me lisez pas, racontez*[1]. Instinctivement, le malade comprend

---

1. Les malades préfèrent qu'on leur raconte plutôt que d'entendre lire. Les enfants malades, s'ils ne sont pas trop timides pour parler, exprimeront toujours le même désir. Ils préfèrent invariablement qu'on leur raconte une histoire plutôt que de l'entendre lire.

qu'il n'aura pas l'ennui d'entendre le bredouille-
ment, les syllabes inégales, la fausse ponctuation,
les finales trop accentuées ou muettes. Si le lecteur
laisse errer son attention et s'arrête ensuite pour se
relire à lui-même, s'il laisse apercevoir qu'il a sauté
une page, il enlève au pauvre malade tout espoir
de distraction. Très-peu de gens savent comment il
faut lire aux malades, parce que très-peu savent
lire tout haut aussi agréablement qu'ils parlent. Ils
chantent, ils hésitent, ils bégayent, ils se pressent,
ils bredouillent, tandis qu'en parlant ils n'ont aucun de ces défauts.

La lecture doit toujours être, comme nous l'avons
dit, lente et excessivement distincte, mais non pas
emphatique; exempte de monotonie, mais non pas
chantante; d'un ton de voix élevé, mais non pas
bruyant; et, par-dessus toutes choses, pas trop
longue. Ayez soin de vous assurer de ce que votre
malade peut en supporter.

Ne lisez jamais par morceaux et à intervalle.

2° L'étrange habitude de lire pour soi-même dans
la chambre d'un malade, et de lui lire tout haut
les passages qui l'amuseront, ou plutôt qui vous
amusent vous-même, est tout ce qu'il y a de plus
déraisonnable. A quoi peut penser le malade durant les lacunes de votre lecture? Croyez-vous qu'il
s'amuse encore quand vous cessez de lui lire et que
vous lisez pour vous-même ensuite, et que son

10.

attention soit prête à point nommé quand vous recommencez à lire tout haut ? Que l'auditeur soit malade ou bien portant, oisif ou occupé, l'inattention ou la distraction du lecteur ne peuvent être admises. Cependant l'auditeur est souvent trop bien élevé pour dire combien il en est importuné.

Autre observation.

Bruit dans la chambre au-dessus de celle du malade.

Les maisons modernes sont construites de mamère que chaque pas sur l'escalier ou sur le plancher retentit dans tout l'édifice, et plus l'étage est élevé,. plus la vibration est considérable. On ne peut s'imaginer combien les malades souffrent du bruit qu'ils entendent au-dessus de leur tête. Dans les anciennes maisons solidement bâties, comme le sont heureusement la plupart des hôpitaux, le bruit et l'ébranlement sont comparativement peu de chose; mais c'est une cause sérieuse de souffrances dans les maisons modernes, et avec l'irritabilité particulière à quelques maladies. Il serait mieux de transporter celui qui en est atteint à l'étage le plus élevé, malgré le surcroît de fatigue de monter les escaliers, si vous ne pouvez obtenir que la chambre située au-dessus de sa tête reste inoccupée. Sans cette précaution, il peut arriver à un état d'anxiété qu'aucune dose d'opium n'apaisera. Lorsqu'il vous dit *que chacun des pas qu'il entend au-dessus de sa tête lui fend le cœur*, ne négligez pas cet avertissement. Souvenez-vous aussi que tous les bruits, dont il ne peut pas voir la cause, prennent pour lui le caractère de l'imprévu. Je suis persuadé que les malades susceptibles de cette extrême irritabilité nerveuse sont moins agacés d'avoir plusieurs personnes dans leur chambre, que de les entendre au-dessus de leur tête, ou à travers une mince cloison. Dans ce cas-là , il ne faut épargner aucun sacrifice pour assurer le silence, car ni l'air le plus pur, ni les soins les plus attentifs ne leur feront le moindre bien sans le repos.

La musique.

L'effet de la musique sur les malades a été bien rarement observé. Il est vrai que c'est maintenant un luxe si cher, si-dispendieux, que son application générale est tout à fait hors de question. Je ferai seulement observer ici que les instruments à vent, plus semblables que les autres à la voix humaine, et les instruments à cordes, capables de son continu, produisent généralement un effet salutaire ; tandis que le piano et les autres instruments, dont les notes sont détachées, ont précisément un effet contraire. Le jeu du plus excellent pianiste peut nuire au malade, tandis qu'un air populaire comme *Home, sweet home,* ou *Assisa al piè d'un salice,* joué sur l'orgue le plus médiocre, calmera sensiblement les nerfs, et cela, indépendamment de toute association d'idées.

Pour les géns bien portants, qui doivent avoir une vie active, la musique est un plaisir qui repose ; pour les malades, dont la vie ne peut être active, la jouissance qu'elle leur cause leur enlève l'irritation nerveuse, résultat de leur inaction.

CHAPITRE V

DE LA VARIÉTÉ

De la variété, comme moyen de guérison.

Une longue expérience personnelle de la maladie
ou du soin des malades peut seule faire concevoir
combien les nerfs souffrent de la vue des mêmes
murs, des mêmes tapisseries, des mêmes objets
autour de soi durant une longue réclusion dans une
chambre ou dans deux tout au plus.

On a souvent remarqué la sérénité, l'enjouement
des personnes exposées à de terribles paroxysmes
de douleur, comparés à l'abattement des personnes
qui ne souffrent que d'une débilité nerveuse, et l'on
a attribué la liberté d'esprit des premières à leurs
intervalles de répit. Je serais plutôt disposée à l'attribuer à l'existence plus libre et plus variée qui
leur est accordée ; tandis que le découragement des
autres vient d'avoir toujours les mêmes objets sous
les yeux.

Le système nerveux souffre réellement autant de
cette éternelle uniformité que les organes digestifs
d'une même nourriture ; comme, par exemple, le
soldat, de ses vingt et un ans de *bœuf bouilli*.

Des couleurs et des formes, comme moyen de guérison.

L'influence sur les malades de la beauté, de la
variété des objets, de l'éclat des couleurs n'a peut-
être jamais été suffisamment appréciée. Les ardents
désirs qu'excitent ces choses sont ordinairement
appelés des *fantaisies* de malades. Il n'y a nul doute,
en effet, qu'ils ne soient sujets aux *fantaisies*,
comme, par exemple, quand ils désirent deux
choses contradictoires ; mais, le plus souvent, ce
qu'on appelle leurs *fantaisies*, ce sont des indications
significatives de ce qui est nécessaire à leur rétablissement, et il serait à désirer que leurs gardes
fissent une étude attentive de ces *fantaisies*.

J'ai vu souvent et (je l'ai senti moi-même, lorsque
j'avais la fièvre), la souffrance la plus aiguë s'em-
parer du malade enfermé dans une baraque d'où il
ne pouvait rien apercevoir au dehors, n'ayant pour
toute perspective que les nœuds du bois avec lequel
sa baraque était construite. Je n'oublierai jamais le
ravissement d'un malade atteint de la fièvre à la
vue d'un faisceau de fleurs éclatantes. Je me souviens pour moi-même d'avoir reçu avec joie un
bouquet de fleurs sauvages, et qu'à dater de ce moment, ma convalescence avança rapidement.

On dit que ces jouissances n'agissent que sur l'imagination ; il n'en est pas ainsi. L'effet se produit sur le corps aussi ; quelque peu que nous sachions du mode au moyen duquel nous sommes affectés par les formes, par les couleurs, par la lumière, nous savons du moins qu'elles ont un effet physique réel.

La variété des formes et l'éclat des couleurs dans les objets présentés aux malades sont donc des moyens réels de guérison.

Mais la variété doit être graduée *lentement*, c'est-à-dire que si vous montrez au malade dix ou douze gravures successivement, il sera pris neuf fois sur dix de froid, de défaillance, de fièvre, et son mal augmentera ; mais suspendez devant lui chaque jour, chaque semaine ou chaque mois une gravure nouvelle, il trouvera du bien-être dans cette variété.

Des fleurs.

La folie et l'ignorance qui, trop souvent, règnent en souveraines dans la chambre du malade, ne peuvent être mieux démontrées que par le petit détail suivant. Tandis qu'une garde laisse son malade étouffer dans une atmosphère corrompue, dont le principal élément est l'acide carbonique, elle lui refuse, sous prétexte d'insalubrité, un verre d'eau contenant quelques fleurs coupées ou une plante croissant dans un vase. Personne n'a

jamais vu une chambre ou une salle d'hôpital
remplie de fleurs. L'acide carbonique qu'elles exhalent la nuit n'empoisonnerait pas une mouche. Au
contraire, dans les salles encombrées de malades, elles absorbent de l'acide carbonique et dé-
gagent de l'oxygène; les fleurs coupées aussi dé-
composent l'eau et produisent du gaz oxygène.
Certaines fleurs, il est vrai, telles que les lis, agissent, dit-on, d'une manière fâcheuse sur le système nerveux; ces plantes sont faciles à connaître
à leur parfum et elles peuvent être évitées.

Action du corps sur l'esprit.

On a prodigué beaucoup de paroles, on a écrit
des volumes au sujet de l'action de l'esprit sur le
corps; il y a beaucoup de vérité dans ces observations, mais je souhaiterais qu'on pensât un peu
plus à l'action du corps sur l'esprit. Vous qui vous
croyez accablé d'ennuis, mais à qui il est permis
de parcourir les rues, d'aller à la campagne, de
prendre vos repas en famille ou en société, etc., etc.,
vous ne vous doutez pas combien vos ennuis sont
allégés par ces distractions; vous êtes loin de
comprendre combien ces mêmes inquiétudes deviennent intenses pour ceux dont la vie s'écoule
sans aucune variété; comment les murs mêmes de
leur chambre de malade leur semblent tapissés de
leurs soucis; comment les fantômes de leurs inquiétudes hantent leur chevet, combien il leur

est impossible d'échapper aux pensées qui les ob-
sèdent.

Souffrances excessives des malades, aussi bien de l'esprit
que du corps.

C'est le sujet d'un triste étonnement pour les
malades eux-mêmes, que de voir combien les idées
pénibles prédominent, dans leurs impressions, sur
les idées agréables. Ils cherchent à se raisonner,
ils s'accusent d'ingratitude ; mais tout cela vai-
nement. Le fait est que ces impressions pénibles
sont bien mieux écartées par un bon rire, si vous
pouvez le faire naître, par la lecture ou par la
conversation, que par aucun raisonnement direct;
ou si le malade est trop faible pour cet éclair de
gaieté, des plaisirs simples et naturels lui seront
doux. J'ai parlé de la cruauté qu'il y a à laisser
ses regards perpétuellement fixés sur de tristes
murailles : dans plusieurs maladies, spécialement
dans la convalescence des fièvres aiguës, ces murailles semblent lui faire toutes sortes de figures
grimaçantes. Il n'en sera jamais ainsi des fleurs :
la beauté des formes et des couleurs délivreront
votre malade de ces idées pénibles, beaucoup mieux
que les meilleurs arguments.

Il n'est pas plus difficile à un malade de marcher
avec une jambe cassée, que de changer le cours
de ses idées sans y être aidé par la diversité des

objets. La fixité des idées est une des principales
souffrances de la maladie, aussi bien que l'im-
mobilité est une des principales souffrances du
membre cassé.

Aider le malade à changer de pensées.

On est étonné de voir des gens intelligents qui
se croient appelés à soigner les malades, et qui
éprouvent pour eux-mêmes le besoin de changer
d'occupation plusieurs fois par jour, tandis qu'ils
laissent le pauvre malade comme enchaîné à son
lit, en face d'une triste muraille, sans lui offrir la
moindre distraction. Il ne leur vient pas une idée
pour le désennuyer, pas même de rapprocher son
lit de la fenêtre, afin qu'il puisse voir un peu au
dehors. Non; le lit restera confiné dans le coin de
la chambre le plus reculé et le plus obscur !

Désir passionné du malade de regarder par la fenêtre.

Cette observation me rappelle un triste souvenir : un homme grièvement blessé à l'épine dorsale, par suite d'un accident, mourut après une
longue séquestration. C'était un ouvrier qui n'a-
vait pas en lui la moindre étincelle de ce qu'on
nomme *enthousiasme pour la nature;* mais il était
désespéré de ne *pouvoir jeter un regard par sa
fenêtre.* La femme qui le soignait, touchée de

compassion, par un effort héroïque parvint à l'é-
lever sur son dos jusqu'à la hauteur de la fenêtre
et à l'y maintenir un instant, de façon qu'il pût
voir au dehors. En conséquence de cet effort, la
pauvre femme eut une grave maladie, presque
mortelle. Le malade n'en sut jamais rien, mais
plusieurs personnes en eurent connaissance ; aucune cependant, autant que je puis le savoir, n'en
tira la conclusion que le besoin de la diversité,
pour des yeux affamés de voir, est aussi violent que
celui de la nourriture pour des estomacs affamés.
L'un et l'autre de ces besoins poussent la créature
désespérée à se satisfaire à tout prix. Nous ne pouvons exprimer que par le mot de *désespoir* cette
poignante tentation. Ceux qui sont chargés de diriger les soins à donner aux malades ou de les
soigner eux-mêmes mettent le sceau à leur ignorance et à leur stupidité, s'ils ne savent pas ménager à ce lit de douleurs une perspective extérieure ou quelque autre distraction, tout autant
que s'ils oubliaient de joindre une cuisine à un
hôpital. Rien n'approche du succès obtenu, à bien
peu de frais, en pareille circonstance.

Les poëtes rêvent des charmes de la nature : je
doute que l'intensité de leurs jouissances puisse
égaler celle d'un malade qui voit s'élever une fo-
rêt de six pouces de haut, provenant d'un gland ou
d'un marron d'Inde, dans une arrière-cour de
Londres. Un long voyage à travers l'Europe

entière n'a peut-être jamais causé de plaisirs aussi vifs.

C'est une erreur très-commune, parmi les gens bien portants, de croire qu'avec *un peu plus d'empire sur lui-même* le malade pourrait, s'il le voulait, *écarter les pensées pénibles qui aggravent sa maladie*, etc. Croyez-moi, il n'y a pas un malade, lorsqu'il se conduit convenablement, qui n'exerce un si grand empire sur lui-même à tous les moments de sa journée, que vous ne pouvez vous en faire une idée jusqu'à ce que vous soyez malade vous-même. Chaque pas que l'on fait dans sa chambre lui est une douleur ; chaque pensée qui traverse son cerveau lui est pénible, et s'il parle sans colère, s'il regarde sans mécontentement, c'est qu'il a de l'*empire sur lui-même*.

Supposez que vous avez veillé toute la nuit, et qu'au lieu de recevoir le matin votre tasse de thé, on vous avertisse que vous devez avoir de l'*empire sur vous-même* ; qu'en penseriez-vous ? Eh bien, les nerfs d'un malade sont toujours dans l'état où vous êtes, après avoir veillé toute une nuit.

Tâchez de suppléer à la privation du travail manuel.

Si le régime du malade doit être sévèrement surveillé, ses nerfs agacés seront ranimés, comme nous l'avons dit, par une vue agréable, une ingénieuse

diversité de jolis objets et de fleurs bien choisies [1].
La lumière seule suffira souvent pour le ranimer.
L'impatience que montrent si constamment les ma·
lades *pour le retour du jour* n'est en général rien autre chose que le désir de la lumière, en souvenir du
soulagement qu'une variété d'objets devant les yeux
apporte à leur esprit accablé.

Hommes ou femmes, nous avons tous une occupation manuelle, excepté pourtant un petit nombre de
belles dames, qui ne prennent pas la peine de s'ha-
biller elles-mêmes, et dont les nerfs sont exactement dans le même état que ceux des malades. On
ne peut donc avoir aucune idée du secours que
l'on trouve dans le travail manuel, ou du degré
d'irritabilité que la privation de ce travail peut cau-
ser au malade.

Un peu de travail à l'aiguille, un peu d'écriture,
quelques soins de toilette, sont du plus grand secours pour le malade, s'il peut les exécuter. Ce
sont là vos plus grandes ressources, quoique vous
ne le sachiez peut-être pas. La lecture, qui est sou·
vent la seule occupation à laquelle le malade puisse
se livrer, n'est pas d'un si grand secours que les
précédentes. Souvenez-vous donc toujours que
vous avez vous-mêmes toutes ces occupations va-
riées que le malade ne peut avoir, et songez, par

---

1. Ceux qui ont veillé des malades ne peuvent nier ce fait, que
souvent la vue des fleurs rouges ranime leurs sens engourdis; celle
des fleurs bleues les repose, etc.

conséquent, à lui procurer toutes les distractions dont il peut jouir.

Il est superflu d'ajouter que l'excès du travail à l'aiguille ou à la plume, ou toute autre occupation trop continue, produirait la même irritabilité nerveuse que celle qui est produite par la privation absolue d'occupations manuelles.

CHAPITRE VI

DE LA NOURRITURE

Absence de réflexion quant aux heures fixées pour |la nourriture.

Ceux qui ont une grande habitude des malades reconnaissent qu'il y en a des milliers qui meurent de faim au milieu de l'abondance, par le peu de réflexion que l'on apporte à leur faciliter les moyens de se nourrir. Cette absence de réflexion se remarque également dans ceux qui pressent les malades de manger quand ils ne le peuvent pas, et dans les malades eux-mêmes, qui ne veulent pas essayer de le faire quand ils le pourraient parfaitement.

Par exemple : il est impossible à la plus grande majorité des malades très-affaiblis de prendre aucune nourriture solide avant onze heures du matin ni même à cette heure-là; si leurs forces ont été épuisées par le jeûne du matin. Cela vient de ce que ces malades ont ordinairement des nuits fiévreuses et la bouche sèche le matin, et qu'il leur serait nuisible de manger avec la bouche sèche. Une cuillerée de bouillon ou d'arrow-root et de vin, ou de lait de poule toutes les heures, leur sera une nourriture suffisante, et les empêchera d'arriver à un degré d'épuisement qui leur rende impossible de prendre plus tard la nourriture solide nécessaire à leur convalescence. Un malade en état d'avaler quelque chose peut toujours, s'il le veut, avaler ces liquides ; mais nous entendons souvent ordonner de faire manger à un malade, pour son déjeuner, un œuf, une côtelette de mouton, un morceau de jambon, à une heure où, si nous y pensions bien, nous verrions qu'il lui est absolument impossible de manger des choses aussi substantielles.

On prescrit à la garde de donner toutes les trois heures au malade une tasse à thé pleine de tel ou tel aliment : l'estomac du malade rejette cette quantité ; essayez alors d'une cuillerée à soupe toutes les heures ; si cela ne réussit pas encore, essayez d'une petite cuillerée à café, tous les quarts d'heure.

A mon avis, dans les maisons particulières, plus encore que dans les hôpitaux, on perd un grand nombre de malades par le manque de soin et d'intelligence dans ces importantes minuties, et je crois aussi qu'il y a plus *d'entente cordiale* pour s'assister l'un l'autre, entre le médecin et la surveillante en chef dans les salles d'hôpitaux, qu'entre le médecin et les amis du malade, dans les maisons particulières.

La vie dépend souvent de quelques minutes dans l'exactitude
des heures où la nourriture doit être donnee

Si nous connaissions les conséquences qui peuvent résulter pour les malades dont la faiblesse est extrême d'un retard de dix minutes, ou d'un excès de fatigue (et ce qui cause l'*excès*, c'est la précipitation avec laquelle la garde, par suite de son inexactitude, place les différentes fonctions à des intervalles trop rapprochés) ; si, dis-je, nous en savions l'importance, nous mettrions le plus grand soin à éviter cette irrégularité qui semble à peine sensible. Les malades très-épuisés éprouvent souvent à avaler une difficulté nerveuse tellement accrue par les autres efforts qu'ils sont obligés de faire, que s'ils ne reçoivent pas leur nourriture au moment fixé, et que ce moment concorde avec un traitement qui a aussi sa minute indiquée, ils ne pourront rien prendre avant un nouvel intervalle, de sorte qu'un retard de dix minutes peut très-bien devenir une attente de plusieurs heures. Est-il donc si difficile d'être exact, quand la vie dépend littéralement de ces minutes ?

Dans les cas aigus, quand la vie ou la mort peuvent être décidées en quelques heures, on sait l'importance qu'il faut mettre à cette exactitude rigoureuse, et on l'observe surtout dans les hôpitaux. Grand est le nombre des cas où le malade est pour ainsi dire sauvé par l'extrême vigilance du médecin

11.

et de la garde ; l'un en ordonnant, l'autre en don—
nant la nourriture avec la ponctualité la plus parfaite.

On laisse souvent les malades périr d'épuisement dans les affections chroniques.

Mais dans les maladies chroniques, qui se prolongent pendant des mois et des années, où l'issue
fatale est souvent déterminée par l'épuisement, je
ne pourrais pas compter les cas où un peu d'invention et une grande persévérance n'eussent probablement empêché un tel résultat. Choisir les moments
où le malade peut prendre sa nourriture, connaître
les heures favorables, les varier, les anticiper, lorsqu'il est trop faible, afin de prévenir les défaillances ;
tout ceci exige de l'esprit d'observation, de l'invention, de la persévérance (qualités qui constituent la
bonne garde-malade), et a pu conserver bien des
existences.

Ne laisser jamais d'aliments sous les yeux du malade.

Laisser à côté du malade la nourriture dont il
n'a pas voulu goûter, dans l'espoir qu'il en mangera plus tard, c'est tout simplement l'empêcher
de prendre aucune nourriture ! Que la nourriture

soit apportée au moment fixé et remportée, qu'elle ait été ou non touchée, avec la même exactitude; mais gardez-vous de la maladroite attention de *laisser toujours quelque chose à sa portée*, si vous n'avez pas résolu de le dégoûter de tout.

D'un autre côté, la vie d'un malade qui se mourait d'inanition a été sauvée par cette simple question du médecin : « Mais n'y a-t-il aucune heure où vous sentiez que vous pourriez manger ? » — « Oh! oui, répondit-il, je pourrais toujours prendre quelque chose à... telle ou telle heure. » L'essai en fut fait, et il réussit. Les malades peuvent très-rarement donner une réponse aussi nette; c'est à vous à observer et à deviner.

Il ne faut pas montrer au malade une autre nourriture que la sienne.

Il faut éviter, autant que possible, qu'un malade voie ou sente la nourriture des autres, ou même que la sienne lui soit présentée sous un plus grand volume que celui qu'il peut consommer en une fois. Il ne faut pas qu'il entende parler du manger ou qu'il voie ses aliments avant qu'ils soient pré-parés. Je ne connais point d'exception à cette règle; on ne peut l'enfreindre sans produire plus ou moins, chez le malade, l'incapacité de se nourrir.

Dans les salles des hôpitaux, il est matériellement impossible d'observer cette règle; de même, dans une chambre particulière où le malade ne doit jamais rester seul, il est souvent impossible de remplacer la garde de façon qu'elle puisse prendre elle-même ses repas hors de la chambre; mais il n'en est pas moins vrai que, dans ces cas-là, même lorsque le malade n'a pas la conscience de ce qui se passe autour de lui, la possibilité de se nourrir est fort diminuée pour lui lorsqu'il voit la personne qui le soigne manger en sa présence. Dans des cas semblables, quelquefois le malade s'en aperçoit et se plaint. Je me souviens d'une circonstance où le malade qu'on supposait insensible en fit la remarque dès qu'il fut en état de parler.

Remarquez que l'extrême ponctualité du service, dans les hôpitaux bien ordonnés, la règle établie de ne rien faire dans les salles pendant que les malades prennent leur nourriture, contre-balance l'inconvénient qui résulte de l'agglomération des malades en un même lieu. On voit souvent, au contraire, les gardes dans les maisons particulières, rangeant ou époussetant la chambre tandis que le malade prend son repas ou essaie de le prendre. Il vaut mieux encore que le malade soit seul dans ces moments-là, et la garde ne doit pas lui permettre de parler en mangeant, ni lui parler surtout de nourriture pendant qu'il mange.

Lorsqu'un malade est forcé, par l'urgence de ses affaires, de continuer à s'en occuper, il ne faut permettre à personne, et CECI EST UNE RÈGLE SANS

AUCUNE EXCEPTION, de venir lui parler d'affaires tandis qu'il prend sa nourriture; on ne doit pas traiter avec lui des sujets intéressants au moment même où on lui apporte son repas, ni lui demander de s'en occuper immédiatement après, afin qu'il n'ait alors aucune préoccupation d'esprit.

De l'observation de ces règles, spécialement de la première, dépend souvent, pour le malade, la possibilité de prendre sa nourriture, ou bien, s'il ne mange que par complaisance, il n'en résulte pour lui aucune nutrition.

On ne saurait être trop soigneux quant à la qualité des aliments.

Une garde ne doit jamais mettre devant le malade du lait aigri, du bouillon tourné, un œuf qui n'est pas frais ou des légumes mal cuits. Cependant ces objets sont souvent apportés au malade, dans un état dont les yeux et le nez de chacun sont frappés, excepté ceux de la garde. C'est dans ce cas qu'une bonne garde fait ses preuves; elle n'apporte pas au malade l'article altéré, mais, pour ne pas tromper son attente, en peu de minutes elle improvise quelque autre chose. Souvenez-vous que la préparation des aliments est pour la moitié dans le travail de la digestion, pour un estomac débile. Si vous le nourrissez d'aliments avariés, je ne sais ce qu'ils deviendront ni ce que deviendra le malade.

Si la garde est une créature intelligente et ne se borne pas à apporter et à remporter la nourriture de son malade, elle doit ici montrer son discernement. Combien de fois ai-je vu un malade ne rien manger de toute la journée parce qu'on avait laissé près de lui les mets auxquels il n'avait pas touché à cause qu'il lui était impossible de manger au moment où on les avait apportés! Pour un autre, le lait était aigre. Le troisième était dégoûté par quelque autre raison ; et il ne venait jamais à la pensée de la garde d'inventer quelque expédient ; il ne lui venait pas à l'esprit que, puisque son malade n'avait point pris de nourriture solide ce jour-là, il pourrait manger, le soir, un petit morceau de pain grillé avec son thé, ou prendre un léger repas une heure plus tard. Un malade qui n'aura pu toucher à son dîner à deux heures après midi acceptera volontiers qu'il lui soit apporté à sept heures du soir; mais combien de gardes-malades *n'y ont jamais pensé!* Il semble qu'elles ne soient pas exercées à faire usage de leur jugement; elles laissent ce soin au malade. Cependant je suis persuadée qu'il vaut mieux qu'il souffre de ces négligences que d'avoir la peine d'enseigner lui-même à sa garde à le soigner, si elle ne sait comment s'y prendre. Cet effort l'excède, surtout parce qu'il s'agit de lui. Les remarques qui précèdent sont beaucoup plus à l'usage des familles que des hôpitaux,

Ayez des principes, relativement au régime du malade.

Je recommande instamment aux gardes-malades d'y réfléchir d'avance et de se faire une règle relativement au régime du malade, de savoir ce qu'il a eu, ce qu'il doit avoir dans la journée. Généralement, la garde ne connaît pas d'autre règle que de donner ce qu'elle a ; il est vrai qu'elle ne peut donner ce qu'elle n'a pas, mais l'estomac du malade ne se soumet pas à cette condition ou même à cette nécessité. S'il est accoutumé à prendre quelque chose qui le réconforte, son cordial à telle heure aujourd'hui, et que demain il ne puisse l'avoir, parce que la garde aura oublié de se le procurer, il en souffrira certainement. Elle doit constamment exercer son intelligence, pour suppléer à ce qui manque et remédier aux accidents qui peuvent survenir dans la meilleure administration, mais dont le malade ne souffre pas moins, malgré cette bonne raison *qu'on ne pouvait faire autrement.*

Régler les heures aussi bien que le régime.

Pourquoi, si la garde n'a pas pu avoir tel aliment aujourd'hui, pourquoi le malade attendrait-il pendant quatre heures, tandis qu'il n'a pu hier attendre deux heures ? C'est cependant la seule réponse qu'on fasse ordinairement. En revanche, et ceci n'est pas moins nuisible, la garde donne au malade une certaine nourriture, *parce qu'elle l'a.* S'il lui arrive d'avoir de la gelée nouvellement faite ou des fruits, elle en donne à son malade une demi-heure après son dîner, ou à son dîner, quand il ne peut plus manger à la fois et son bouillon et ces autres choses, ou bien, ce qui est encore pis, elle les laisse à côté de son lit, jusqu'à ce que cette vue le dégoûte, au point qu'il n'en puisse plus manger.

Que le dessous de la tasse soit toujours bien essuyé.

Je ne veux pas omettre une précaution très-minutieuse : ayez bien soin que la soucoupe ne soit pas mouillée, de manière que le dehors de la tasse soit parfaitement propre et sec. Si chaque fois que le malade porte la tasse à ses lèvres, il est obligé de porter aussi la soucoupe, pour éviter que le liquide ne dégoutte sur lui et ne mouille ses draps, sa camisole de nuit, son oreiller, ou sa robe de chambre, s'il est hors de son lit, vous n'avez aucune idée de la différence que ce manque de soin de votre part, dans un détail qui semble si minutieux, peut produire sur son bien-être et même sur l'envie qu'il aurait de manger,

CHAPITRE VII.

QUELLE SORTE DE NOURRITURE?

Des erreurs communes relativement au régime.

Je signalerai seulement une ou deux des erreurs
les plus communes où tombent les femmes chargées du soin des malades, à l'égard de leur régime.

Œufs.

C'est un préjugé populaire qu'un œuf peut
équivaloir à une livre de bœuf; il n'en est rien.
D'ailleurs, quoiqu'on le remarque rarement, les
œufs ne conviennent pas à tous les tempéraments,
principalement aux tempéraments bilieux et nerveux. En conséquence, les puddings, dans la composition desquels il entre des œufs, leur répugnent.
Un œuf battu avec du vin est souvent la seule
préparation à l'aide de laquelle ils puissent le supporter. Si le malade est arrivé à pouvoir manger de
la viande, on suppose que cette nourriture est la

seule qui puisse avancer sa convalescence; cependant, on a signalé des affections scorbutiques, en Angleterre, parmi des personnes malades, vivant au milieu de l'abondance.

Viande sans végétaux.

L'origine de ces affections scorbutiques n'a pu être attribuée qu'à l'abus de la nourriture animale, pendant un temps considérable, sans mélange de végétaux, ou, ceux-ci étant si mal apprêtés, que les malades n'y pouvaient point toucher.

Arrow-root.

L'arrow-root est encore une des ressources principales des gardes-malades, comme un véhicule pour le vin et un fortifiant facile à préparer promptement. Tout cela est fort bien; mais l'arrow-root n'est au fond qu'une sorte de colle. La fleur de farine est beaucoup plus nutritive et moins sujette à la fermentation; son usage est donc bien préférable.

Lait, beurre, crème, etc.

Le lait et toutes les préparations du lait forment un des articles les plus importants de la nourriture des malades. Le beurre est l'espèce la plus légère de toutes les graisses animales; et, quoique privé de sucre et de quelques-uns des autres éléments qui existent dans le lait, il est cependant précieux et en lui-même, et parce qu'il rend le malade capable de manger plus de pain. La farine de froment, d'avoine, le gruau, l'orge et autres fécules, sont, comme nous l'avons déjà dit, préférables, dans toutes leurs préparations, à l'arrow-root, au tapioca, au sagou et autres semblables. La crème est, dans beaucoup de longues maladies chroniques, tout à fait impossible à remplacer par quelque autre aliment que ce soit. Elle paraît agir de la même manière que le bouillon ; pour beaucoup d'estomacs, elle est d'une digestion plus facile que le lait, et il est rare qu'elle nuise ou qu'elle déplaise. Le fromage ne peut pas être toujours digéré par les malades, mais c'est une nourriture très-propre à réparer l'épuisement. J'ai vu des malades, et en grand nombre, dont le désir passionné pour obtenir du fromage montrait jusqu'à quel point il leur était nécessaire [1].

1. Dans les maladies produites par la mauvaise nourriture, telles que les diarrhées et les dyssenteries scorbutiques, l'estomac du malade demande impérieusement des aliments qui n'auraient certainement pas été conseillés, et spécialement pour ces maladies. Tels sont les fruits, les conserves, les marmelades, le pain d'épices, le lard, le jambon, la graisse, le fromage, le beurre, le lait. J'ai vu, non pas une fois, non pas dix, mais cent fois, ces aliments désirés avec passion par l'estomac du malade et lui réussir ; il avait raison, les livres seuls avaient tort. Toutes ces substances doivent, pour les cas précédemment indiqués, être placées sous le titre d'acides végétaux et d'acides stéariques.

Il y a souvent une différence marquée entre les hommes et les femmes sous le rapport du régime qui convient à leur estomac ; la digestion des femmes est, en général, plus lente.

Si le lait pur est une nourriture si précieuse pour
les malades, la moindre altération peut le rendre
extrêmement nuisible. La diarrhée est un des résultats ordinaires du lait qu'on a laissé aigrir; la
garde doit, par conséquent, exercer sur ce point la
plus grande surveillance. Dans les hôpitaux, même
les plus pauvres, on y fait une grande attention;
pendant tout l'été, la glace est employée pour le
conserver, tandis que le malade, soigné à domicile,
n'obtient peut-être pas, durant toute la saison
chaude, une goutte de lait qui ne soit aigri, tant
ceux qui le soignent comprennent peu qu'il faut surveiller ce détail. Cependant, si vous considériez que
la seule portion de nourriture véritable que prend
votre malade est la goutte de lait qu'il ajoute à sa
tasse de thé, et combien de malades en Angleterre
vivent de leur thé, vous comprendriez l'extrême
importance de ne pas les priver de cette goutte de
bon lait. Le petit-lait est une chose entièrement
différente, mais très-souvent utile, principalement
dans les fièvres.

Sucreries, confitures.

En établissant les règles du régime d'après l'a-
nalyse des « principes nutritifs » contenus dans
chaque espèce de nourriture, on perd constamment
de vue ce qu'exige l'état particulier du malade, ce
qu'il peut et ce qu'il ne peut pas supporter. Vous

ne pouvez gouverner un malade d'après un livre ; vous ne pouvez régler le corps humain comme vous écrivez une ordonnance, dire, par exemple : tant de parties de carbone, tant de parties de nitrogène composeront un très-bon régime pour le malade. Non, mais les observations de la garde éclaireront le médecin ; les *fantaisies* du malade éclaireront la garde ; par exemple, le sucre, étant du pur carbone, est une des substances les plus nutritives, et les plus recommandées dans quelques livres ; mais la grande majorité de tous les malades, en Angleterre du moins, jeunes et vieux, hommes et femmes, riches et pauvres, à l'hôpital ou chez eux, détestent les choses sucrées : tandis que je n'ai jamais connu une personne aimant les sucreries pendant la maladie, en être dégoûtée en recouvrant la santé, j'en ai beaucoup connu qui bien portantes en étaient très-friandes et qui, malades, détestaient toutes les douceurs, même le sucre dans le thé. Les puddings, les boissons sucrées, tous les plats doux sont leur aversion ; la langue chargée du malade préfère toujours ce qui est acide ou piquant ; les malades atteints du scorbut font seuls une exception, et ils réclament souvent avec ardeur les confitures et les marmelades.

Gelée.

La gelée de viande est un autre aliment en grande faveur auprès des gardes et des amis du malade.

Quand bien même cette nourriture pourrait être
prise sous la forme solide, elle ne nourrirait pas.
Il est donc tout à fait dérisoire de prendre ' oz. de
gélatine et d'en augmenter le volume en le faisant
dissoudre dans l'eau, qu'on donne ensuite au malade, comme si le volume représentait la nourriture.
Il est maintenant reconnu que la gelée ne nourrit
pas, qu'elle produit souvent la diarrhée et que d'en
faire usage pour réparer l'épuisement d'une constitution détruite, c'est tout simplement affamer le
malade, en s'imaginant le nourrir. Si vous donniez
dans une journée une centaine de cuillerées de cette
gelée dissoute dans l'eau, vous auriez à peine donné
une cuillerée de gélatine, qui n'a elle-même aucun
principe nutritif.

Néanmoins, la gélatine en elle-même contient
une grande quantité de nitrogène, qui est l'un des
plus puissants éléments nutritifs; le bouillon, enfin,
est une preuve de ce que l'on peut trouver de nourriture substantielle sous la forme la plus réduite de
matière nitrogène.

Bouillon.

Une autre erreur est de croire que le bouillon est la plus nutritive de toutes les substances.
Essayez de faire bouillir une livre de bœuf, laissez
évaporer le bouillon qu'elle a donné, et voyez ce
qui vous reste de la substance de la viande; vous y

trouverez tout au plus une cuillerée à café de nourriture solide pour une demi-pinte d'eau convertie en bouillon. Nous reconnaissons néanmoins une certaine qualité restaurante dans cette boisson, comme dans le thé, sans que nous sachions bien laquelle. Elle peut être donnée sans danger dans presque toutes les maladies inflammatoires; mais il ne faut point compter sur elle pour soutenir les forces des gens bien portants ou des convalescents, à qui une nourriture solide est nécessaire.

Le docteur Christison dit qu'on serait surpris de la facilité avec laquelle *certains malades peuvent prendre du bouillon ou du jus de viande fréquemment, lorsqu'ils refusent toute autre espèce de nourriture.* Cela est surtout remarquable dans les fièvres gastrites, pendant lesquelles les malades ont pris presque exclusivement du jus de viandes ou de bouillon pendant des semaines on même pendant des mois; et cependant une pinte de bouillon contient à peine $\frac{1}{4}$ oz. dissous dans l'eau.

Ce résultat est si frappant que le docteur Christison se demande quel est le mode d'action de cet aliment ? — « Ce n'est pas simplement comme nourrissant; une si petite quantité du principe le plus nutritif ne peut réparer en aucune circonstance la déperdition journalière des organes et des tissus. *Sans doute*, dit-il, *que le bouillon et le jus appartiennent à une nouvelle catégorie de remèdes !*

On a observé qu'une petite quantité de bouillon,

ajoutée aux autres aliments, augmente leur action
nutritive au delà de la somme de parties nourris-
santes qu'il contient.

La raison pour laquelle la gelée de viandes ne
nourrit pas et pour laquelle le bouillon nourrit
les malades est une énigme dont nous n'avons pas
encore le secret; mais cet exemple nous montre
clairement que l'étude attentive des besoins du
malade est la seule lumière qui nous indique le
meilleur régime à suivre.

L'observation et non la chimie doit guider dans le choix de la nourriture des malades.

La chimie a jusqu'à présent fourni peu de lu-
mières relativement au régime des malades; tout
ce qu'elle peut nous dire, c'est la somme des éléments carbonifères ou nitrogènes qu'elle découvre
dans diverses substances alimentaires. Elle nous en
a donné la liste classée d'après leurs principes plus
ou moins riches; mais c'est tout. Dans le plus grand
nombre de cas, l'estomac du malade choisit lui-
même d'après d'autres principes que la somme de
carbone ou de nitrogène contenue dans les aliments.
Alors, comme dans beaucoup d'autres circonstances,
la nature est, sans aucun doute, guidée par des lois
très-positives; mais nous ne les pouvons reconnaître
que par les observations faites avec le plus grand
soin au chevet du malade. C'est là qu'elle nous

enseigne cette chimie vivante, cette chimie réparatrice, souvent bien différente de la chimie du laboratoire. La chimie organique est utile comme toutes
les connaissances, quand nous sommes face à face
avec la nature ; mais il n'en résulte pas qu'elle nous
enseigne dans le laboratoire aucun des procédés
réparateurs qui ont lieu durant la maladie.

Le pouvoir nutritif du lait et de ses diverses préparations a été trop méconnu ; une demi-pinte de
lait contient à peu près autant de substance nutritive qu'un quart de livre de viande ; mais ce n'est
pas là le point principal, à beaucoup près.

Ce qu'il importe surtout de savoir, c'est ce que
l'estomac du malade peut tirer de profit de ces deux
substances et comment il se les assimile, et l'estomac
du malade est seul juge de la question. La chimie
ne peut nous l'apprendre ; l'estomac est son vrai
laboratoire ; le régime qui entretiendra la santé de
l'homme sain tuera le malade. Un morceau de ce
bœuf, viande si succulente qui fortifie l'homme
bien portant, devient la plus mauvaise de toutes les
nourritures pour le malade dont l'estomac débilité
ne peut s'en *assimiler* aucune portion, c'est-à-dire
n'en peut tirer aucune nourriture. D'un autre côté,
l'emploi exclusif du bouillon enlèverait toutes leurs
forces à des hommes pleins de santé.

Pain de ménage.

J'ai vu des malades vivre, pendant plusieurs mois, sans pouvoir toucher au pain, parce qu'ils ne pouvaient supporter le pain de boulanger. C'étaient, pour la plupart, des habitants de la campagne. Le pain de ménage ou le pain bis est un des aliments les plus importants du régime de beaucoup de malades ; le pain de seigle également. On peut arriver, par son usage, à supprimer entièrement les purgatifs quotidiens.

Une attention sérieuse est à peine accordée au régime du malade.

Le devoir de ceux qui sont appelés à régler le régime du malade est donc d'épier les indications que donne son estomac, plutôt que de lire *les analyses chimiques des aliments*, la manière dont on le nourrit, étant pour lui d'aussi grande conséquence que l'air qu'il respire.

Le médecin qui voit le malade une fois par jour seulement, ou même une ou deux fois par semaine, peut à peine juger cette question s'il n'est pas aidé par le malade ou par les personnes qui le soignent constamment. A peine le médecin peut-il juger si son patient est plus ou moins faible, plus ou moins fort à cette visite qu'à la précédente. En conséquence, je crois pouvoir assurer que le devoir le plus important de la garde, après qu'elle a veillé à

ce que le malade soit dans un air pur, c'est d'ob-
server-les effets du régime alimentaire et d'en rendre compte au médecin.

Thé et café.

Les gens raisonnables ont dit beaucoup trop de
mal de l'usage du thé, et les gens qui manquent de
bon sens en laissent beaucoup trop prendre aux
malades. Quand on voit, en Angleterre, presque
tous les malades demander à grands cris qu'on leur
donne du thé, on ne peut s'empêcher de croire que
la nature ne sait pas ce qu'elle fait. Cependant, un
peu de thé ou de café restaure le malade, tout autant que s'il en prenait davantage, et la trop grande
quantité augmente le travail de la digestion ; une
garde qui voit qu'une ou deux tasses de thé ou de
café ont restauré son malade s'imagine que trois ou
quatre tasses lui feront deux fois plus de bien, et il
en résulte un effet contraire, quoiqu'il soit néanmoins certain qu'on n'a encore rien découvert qui
pût remplacer, pour un malade, en Angleterre du
moins, sa tasse de thé, quand il ne peut pas prendre
autre chose, et bien souvent, il ne peut rien prendre,
s'il ne l'a pas prise ; je serais charmée si quelques-uns
des détracteurs du thé voulaient bien m'indiquer
ce que l'on peut donner à un malade anglais, après
une nuit d'insomnie, à la place de sa tasse de thé ;
si vous la lui donnez à cinq ou six heures du matin,

il pourra s'endormir après, et regagner peut-être deux ou trois heures de sommeil sur les vingt-quatre.

En revanche, vous ne devez jamais donner aux malades du thé ou du café (ceci est une règle rigoureuse), après cinq heures de l'après-midi. L'insomnie, au commencement de la nuit, provient généralement d'excitation, et le thé et le café l'augmentent. Au contraire, l'insomnie qui continue jusque vers le matin provient souvent d'épuisement, et le thé remonte les forces. Les seuls malades anglais que j'aie jamais vus refuser le thé étaient atteints de fièvre typhoïde, et le premier signe de leur retour à la santé était un ardent désir d'avoir du thé.

En général, ceux qui ont la langue sèche ou chargée préfèrent le thé au café, et refusent absolument le lait, si ce n'est avec le thé. Le café restaure mieux que le thé, mais il est d'une digestion plus difficile; c'est au goût du malade à décider. Vous direz que lorsque la soif est extrême, le malade désire ardemment boire une *grande quantité* de thé, et que vous ne pouvez l'en empêcher; mais, dans ces cas, soyez sûrs que si le malade désire seulement étancher sa soif, il désire une grande quantité non pas seulement de thé, mais d'une boisson quelconque. C'est au médecin à décider celle qu'il faut donner : l'eau d'orge, la limonade ou l'eau de Seltz coupée avec du lait, selon l'état du malade.

On conseille aux personnes qui éprouvent de grandes défaillances, provenant ou de la nature de leur travail, ou de l'état de leur santé qui les rend incapables de fatigue, de manger un morceau de pain avant de sortir. Je voudrais que ceux qui font cette recommandation essayassent de substituer à leur tasse de thé, de café ou de bouillon, un morceau de pain; ils le trouveraient très-peu restaurant. Lorsque des soldats sont appelés à remplir à jeun un devoir fatigant, lorsque des gardes doivent venir à jeun soigner leurs malades, c'est une boisson chaude qu'il leur faut, avant de sortir, et non un froid morceau de pain. La négligence de cette règle a eu de terribles conséquences; qu'ils prennent donc un morceau de pain avec leur tasse de thé bien chaud, mais non *pour remplacer* leur tasse de thé.

Le fait que le pain contient plus de nourriture que la plupart des autres substances est probablement ce qui a induit en erreur; et nul doute que l'erreur n'ait été souvent fatale.

Il semble, quoique nous sachions fort peu de chose sur ce sujet, que les substances que le corps humain « s'assimile » avec le moins d'efforts de digestion sont celles qui lui conviennent le mieux, dans les circonstances dont nous venons de parler. Or, le pain exige deux ou trois procédés d'assimilation, avant de faire partie du corps humain.

Le témoignage presque universel, en Angleterre, des hommes et des femmes qui ont supporté de grandes fatigues, comme de faire un long voyage à cheval sans interruption, d'avoir veillé plusieurs nuits de suite, c'est que rien n'a soutenu leurs forces aussi bien qu'une tasse de thé, pas davantage.

Que l'expérience et non la théorie décide en ceci, aussi bien que dans toute autre chose.

Lehmann, cité par le docteur Christison, dit que pour les gens bien portants et actifs, une légère infusion de café noir prisé journellement diminue la déperdition que le corps éprouve dans les vingt-quatre heures ; et le docteur Christison ajoute que le thé a la même propriété. Cette assertion est fondée sur l'expérience. Lehmann pèse l'homme et constate le fait d'après son poids ; ce n'est pas une déduction tirée d'aucune *analyse des aliments*. Toutes les expériences faites sur les malades prouvent la même chose.

Il est absolument nécessaire, quand vous préparez le café pour les malades, de l'acheter en grain et de le moudre à la maison ; autrement vous pouvez compter qu'il contiendra une certaine portion de chicorée, si ce n'est de quelque autre substance. Il n'est pas question ici d'examiner le goût ou les propriétés de la chicorée, il s'agit seulement de dire que la chicorée n'a pas les propriétés pour lesquelles vous donnez le café ; en conséquence, vous

pouvez vous dispenser de donner du café de chicorée.

Toutes les maîtresses blanchisseuses, les fer-
mières, les femmes à la tête d'une exploitation (je
parle seulement de la bonne vieille espèce de femmes
qui unit à un labeur manuel très-rude la capacité
nécessaire pour régler le travail de chaque jour, de
façon que chacun y trouve exactement sa place),
ces excellentes femmes mettent une grande importance à avoir le thé le meilleur, je l'ai remarqué, et
le plus cher; on les trouve en cela extravagantes; mais ces femmes ne sont pas extravagantes
pour d'autres dépenses, et, pour celle-ci, elles ont
raison. Une feuille de véritable thé contient la
vertu réparatrice dont elles ont besoin, et qui ne
trouve pas dans le thé de feuilles de prunier sau-
vage.

Les maîtresses de maison, qui ne peuvent, même
une fois par jour, faire la visite de leur maison,
sont incapables de porter un jugement sur ces
femmes laborieuses; car elles sont, selon toute
apparence, incapables elles-mêmes de l'esprit d'administration nécessaire pour le gouvernement d'une
vaste buanderie ou d'une grande ferme.

Cacao.

Le cacao est souvent recommandé aux malades à
la place du thé et du café; mais, indépendamment

du peu de goût que les Anglais ont, en général,
pour le cacao, ses effets sont tout à fait différents
de ceux du thé ou du café. C'est une amande oléa-
gineuse, qui n'a point de propriété fortifiante, mais
seulement celle d'engraisser. C'est donc une pure
moquerie de le donner aux malades, comme rem-
plaçant le thé ; pour ce qu'il contient de stimulant
et de réparateur, vous pourriez aussi bien leur
offrir des châtaignes au lieu de thé.

Volume de la nourriture.

Une erreur presque universellement répandue
parmi les gardes-malades est relative au volume de
la nourriture, et spécialement de la boisson qu'elles
font prendre aux malades. Supposé qu'on ait ordonné à un malade quatre oz. d'eau-de-vie pendant la journée, comment pourra-t-il les prendre,
si vous les étendez dans quatre pintes d'eau ? Il en
est de même du thé, du bouillon, de l'arrow-root,
du lait, etc. Vous n'avez pas accru la nourriture,
vous n'avez pas accru la puissance réparatrice de
ces substances, en augmentant leur volume ; vous
les avez très-probablement diminuées, produisant
pour le malade une digestion plus laborieuse ; et,
plus vraisemblablement encore, il laissera la moitié
de ce qu'il lui a été ordonné de prendre, parce
qu'il ne peut pas avaler la quantité sous laquelle
il vous a plu de l'étendre. Il faut, pour déterminer

ce qui ne sera pas trop fort ou trop épais, et en même temps, pour ne pas trop augmenter le volume que le malade sera capable d'avaler, une observation très-délicate et un soin tout particulier qui se rencontrent rarement.

CHAPITRE VIII

LIT ET LITERIE

État fébrile provenant du coucher.

Quelques mots seulement sur les lits et la literie, principalement en ce qui regarde les malades qui sont entièrement ou presque entièrement retenus au lit.

Ou suppose généralement qu'un sentiment fébrile est un symptôme de fièvre; mais, dans neuf cas sur dix, ce malaise n'est que le symptôme d'un lit mal entretenu.

Le malade a absorbé de nouveau, dans tout son corps, les émanations qui, durant des jours et des semaines, ont saturé son coucher non aéré. Examinez le lit dans lequel un malade est ordinairement couché.

Insalubrité du coucher ordinaire.

Si je cherchais un exemple de ce qu'il ne faut pas faire, je choisirais, comme spécimen d'un lit ordinaire dans les maisons particulières : une couchette en bois, deux ou même trois matelas empilés à la hauteur d'une table, une draperie attachée au ciel de lit. Il n'y a qu'un miracle qui puisse jamais sécher ou aérer un tel coucher. Le malade est inévitablement placé dans l'alternative d'une humidité froide, après que son lit est fait, ou d'une humidité chaude auparavant, également saturée de matières organiques, jusqu'au moment où les matelas seront cardés de nouveau, si ce moment arrive jamais.

Pour la même raison, si, après avoir lavé le malade, vous lui remettez les vêtements de la nuit, faites-les toujours auparavant passer devant le feu ; ils ont contracté sur lui une certaine humidité, et se sont refroidis durant les quelques minutes qu'il les a quittés ; le feu est donc nécessaire pour les sécher et les assainir. Cette précaution est beaucoup plus nécessaire ici que pour le linge blanc.

Aérez vos draps sales aussi bien que vos draps propres.

Pour un adulte en pleine santé, il se fait, dans les vingt-quatre heures, par les poumons et par la peau, une évaporation de trois pintes au moins d'exhalaisons mêlées de matières organiques, prêtes à entrer en putréfaction. Dans la maladie, cette quantité est souvent fort augmentée ; la qualité en est toujours beaucoup plus mauvaise. Demandez-vous, maintenant, où vont toutes ces émanations ? Elles vont, sans doute, en partie dans le lit, puisqu'elles ne peuvent guère aller ailleurs. Elles y séjournent, puisque, sauf peut-être le changement des draps une fois par semaine, le coucher n'est aéré d'aucune autre manière. La garde sera soigneuse, jusqu'à l'excès, pour sécher le linge blanc; mais il ne lui viendra jamais à l'esprit de sécher des draps imprégnés d'une humidité malsaine. Des exhalaisons encore plus dangereuses s'échappent des vases, qu'on place provisoirement du moins, sous le lit; cet espace n'est jamais assez aéré, et ne peut l'être avec nos arrangements. Le lit, ainsi saturé, ne sert-il pas de conducteur pour introduire de nouveau, dans les organes du malheureux malade, les principes de corruption que la nature avait chargé la maladie elle-même d'expulser ?

Le cœur me manque lorsque j'entends les bonnes ménagères de toutes les classes dire : « Je vous assure qu'on a bien dormi dans ce lit; » on voudrait espérer que cela n'est pas vrai. Quoi! ce lit est déjà saturé des émanations d'un autre corps, avant que mon malade y vienne exhaler les siennes! N'y a-t-il pas une seule chance qu'il ait été aéré et renouvelé? Non, pas une seule : *on y a bien dormi toutes les nuits!*

**Les lits de fer, les matelas à ressort sont plus sains que les autres.
— Confort et propreté résultant de deux lits.**

La seule manière de bien soigner un véritable malade est d'avoir un lit *de fer* avec un sommier à ressort, qui laisse pénétrer l'air jusqu'au matelas; point de rideaux à draperies; le matelas doit être de crin et assez mince : le lit ne doit pas avoir plus de trois pieds et demi de largeur. Si le malade est entièrement retenu au lit, il faut avoir *deux* lits semblables; chacun d'eux, pourvu de matelas, draps, couvertures, etc. Le malade passera douze heures dans chacun de ces lits, sans que vous déplaciez ses draps en même temps que lui; le coucher tout entier doit être exposé à l'air, pendant chaque intervalle de douze heures. Sans doute, il y a beaucoup de cas où cette règle ne peut être suivie, ou ne peut l'être que de loin. J'indique l'idéal des soins relatifs aux malades; quant au coucher, nul doute qu'il ne faille préférer les deux lits à un seul.

Que les lits ne soient pas trop larges.

Il y a un préjugé en faveur des lits très-larges ; mais je crois que ce n'est qu'un préjugé. Le soulagement que peut éprouver un malade en passant d'un côté de son lit à l'autre lui est bien plus efficacement assuré en le mettant dans un autre lit, et un malade qui est réellement très-mal ne change pas beaucoup de place dans son lit. Mais, dit-on, il n'y a pas d'espace sur un lit étroit pour y mettre un plateau. —Peu importe : une bonne garde ne placera jamais un plateau sur un lit, quel qu'il soit. Si le malade est en état de se retourner dans son lit, il mangera beaucoup plus commodément sur une table, placée à côté de lui. Sous aucun prétexte, le lit ne doit être plus élevé qu'un sofa, autrement le malade se sent hors de tout secours humain ; il ne peut rien prendre, il ne peut rien déplacer par lui-même. Si le malade ne peut se retourner, on peut toujours mettre une sorte de table sur son lit.

Il est superflu de dire que le lit d'un malade ne doit jamais être appuyé contre le mur ; la garde doit pouvoir aller facilement aux deux côtés du lit, et atteindre sans peine toutes les parties du corps du malade, sans étendre les bras ; chose impossible si le lit est trop large ou trop élevé.

Que le lit ne soit pas trop élevé.

Quand je vois un malade dans une chambre de neuf ou dix pieds de haut, sur un lit qui en a quatre ou cinq, sa tête, lorsqu'il est sur son séant, n'étant plus qu'à deux ou trois pieds du plafond, je me demande si cet arrangement n'a pas été calculé pour produire cette angoisse si particulière aux malades, qui sentent les murs et le plafond se resserrer autour d'eux, et les presser comme des sandwichs entre le sol et le plafond, cette sensation imaginaire n'étant réellement pas si loin de la vérité. Si, par-dessus le marché, la fenêtre n'atteint pas jusqu'au plafond, la tête du malade est littéralement, même quand la fenêtre est ouverte, élevée au-dessus de la couche d'air pur. La perversité elle-même saurait-elle faire pis que de s'opposer aux chances de guérison? Le fait est que la tête du malade, ou de toute personne qui est au lit, ne doit jamais dépasser le niveau de l'ouverture de la cheminée, afin de rester dans le courant d'air le plus pur; car nous ne voulons pas admettre comme une chose possible que ce courant d'air soit intercepté par un devant de cheminée.

Si le lit est plus élevé qu'un sofa, le surcroît de fatigue pour y entrer et en sortir épuisera les forces du malade, qui dépensera à cet exercice ce qu'il aurait employé à une promenade de quelques minutes, soit en plein air, soit dans une autre chambre. Il est étrange que les personnes appelées à entrer et à sortir de leur lit une fois seulement dans les vingt-quatre heures oublient que ce même effort est répété bien plus souvent par les malades qui restent couchés pendant les vingt-quatre heures.

Que les lits ne soient pas dans un endroit obscur.

Le lit d'un malade doit toujours être placé dans la partie la plus éclairée de la chambre, et il faut qu'il puisse voir par la fenêtre.

N'ayez point de lits à colonnes avec des rideaux.

J'ai à peine besoin de dire que les lits à quatre colonnes avec des rideaux doivent être complétement proscrits, soit pour les malades, soit pour les gens bien portants. Les lits d'hôpital sont, sous beaucoup de rapports, moins défectueux que ceux des maisons particulières.

Maladies scrofuleuses résultant fréquemment des vapeurs dont les draps et les vêtements de nuit sont imprégnés.

Il y a lieu de croire que, parmi les enfants, un assez grand nombre de cas de maladies scrofuleuses, dont on ignore la cause, proviennent de leur habitude de dormir en mettant la tête sous la couverture, et d'aspirer ainsi un air déjà respiré et, de plus, chargé des émanations de la peau. Les malades ont souvent la même habitude, et il arrive encore que les draps et les couvertures sont disposés de façon qu'ils doivent nécessairement respirer un air plus ou moins vicié. Une bonne garde doit porter toute son attention sur ce point. Cela fait partie, pour ainsi parler, des conditions d'une bonne ventilation.

Les malades atteints de consomption mettent souvent leur tête sous le drap, pour suspendre un paroxysme de toux causé par le changement de température dans notre atmosphère si variable. De tous les endroits où ils pourraient respirer un air

plus chaud, le pire est assurément celui où ils respirent l'air qui vient de leur propre corps ; et si les
gardes-malades encouragent cette pratique, nous ne
devons pas nous étonner du *déclin rapide* de quelques malades atteints de la consomption.

Un mouchoir de soie plié en plusieurs doubles
légèrement posé sur la bouche, un appareil respi-
ratoire, des fumigations pectorales, ou simplement
la vapeur d'un bassin d'eau bouillante, soulageront
le paroxysme de toux sans aucun danger ; mais les
fumigations doivent être soigneusement préparées
pour ne pas exposer le malade à conserver sur lui
de l'humidité.

Des écorchures.

Il ne sera pas inutile de faire observer que toutes
les fois qu'il y a quelque danger que la peau soit
écorchée, on ne doit jamais placer une couverture
sous le malade. Elle conserve l'humidité et fait
l'effet d'une sorte de cataplasme.

Couvertures pesantes et courtes-pointes piquées.

Ne vous servez jamais que de couvertures de
laine légères pour recouvrir le malade. Les lourdes
couvertures de coton piquées sont malsaines, par
la raison qu'elles conservent les émanations de la
personne malade, tandis que la couverture de laine
légère les laisse évaporer. Les malades affaiblis

éprouvent toujours de l'angoisse par le poids des couvertures, ce qui suffit souvent pour les priver de sommeil.

Les gardes s'imaginent souvent que la personne du malade a seule droit à tous leurs soins, et que sa chambre ne les regarde pas.

Je disais une fois à *une très-bonne garde* que la façon dont la chambre de son malade était disposée suffisait pour expliquer ses insomnies, et elle me répondit de très-bonne grâce qu'elle n'en était pas du tout surprise, absolument comme si l'état de la chambre était, aussi bien que l'état de l'atmosphère, hors de son pouvoir. Je demande si cette femme méritait le nom de garde-malade?

Une vraie garde doit toujours faire elle-même le lit de son malade et ne pas laisser ce soin à la servante. Dans les hôpitaux bien administrés, la surveillante en chef de salle, ou la *sœur*, fait toujours elle-même le lit des plus malades et elle est toujours la plus habile à cet emploi. Si vous réfléchissez à l'importance du sommeil pour les malades, à la nécessité d'un lit bien fait pour leur procurer ce sommeil, vous ne confierez à *personne* cette partie essentielle de vos fonctions.

Mais une garde négligente double les couvertures sur la poitrine du malade, au lieu d'en alléger le poids sur cette partie du corps; elle met sous lui une couverture épaisse et chaude; elle ne retourne pas les matelas chaque jour et complétement, et le

malade préférerait que son lit fût fait par tout autre
que par elle.

Des oreillers.

Un mot sur les oreillers. Tous les malades affais-
sés, quelle que soit leur maladie, souffrent plus ou
moins de la difficulté de respirer. Le soin de la
garde, en arrangeant les oreillers, doit être de diminuer le poids du corps qui augmente l'oppression;
mais comment s'y prend-elle, et qu'en résulte-t-il?
Elle empile les oreillers les uns sur les autres comme
un mur de briques; la tête est abaissée sur la poitrine, et les épaules sont ramenées en avant, de façon à ne pas laisser assez de place pour le jeu des
poumons. Les oreillers, par le fait, pèsent sur le
malade et non pas le malade sur les oreillers. Il est
impossible de donner ici une règle générale, parce
qu'elle doit varier selon l'état et la taille du malade; mais le but des oreillers est de soutenir le dos
au-dessous des organes de la respiration, de laisser
aux épaules assez de place pour s'effacer en arrière,
et de soutenir la tête sans la pousser en avant. Les
souffrances des mourants sont immensément accrues
par la négligence des gardes sur tous ces points.
Plus d'un malade, trop faible pour déplacer lui-
même ses oreillers, glisse son livre ou tout autre
objet à sa portée au bas de ses reins pour se soutenir. Les malades d'une grande taille souffrent
beaucoup plus que les petits, à cause de l'étirement

des membres; et c'est toujours un soulagement pour
eux que d'avoir quelque chose pour appuyer leurs
pieds.

Fauteuil des malades.

Je dois ajouter que les principes que je viens
d'exposer, pour procurer du soulagement aux malades qui sont au lit, s'appliquent également à ceux
qui sont levés. Je n'ai presque jamais vu un fauteuil de malade qui ne fût construit précisément
au rebours de ce qu'il devait être; c'est-à-dire en
augmentant l'allongement des membres sur le
tronc, et en faisant trop porter le poids du corps
sur l'axe de l'épine dorsale, empêchant ainsi le jeu
des poumons. Un fauteuil ordinaire bas, bien rem-
bourré, avec des oreillers et un tabouret, est généralement beaucoup plus convenable qu'aucun de
ceux inventés pour les malades. L'idée seule de
s'asseoir dans une de ces machines contrarie un
malade; elles sont toutes trop élevées, trop profondes, et ne soutiennent pas les jambes et les
pieds de manière à élever les genoux, ce qui repose
généralement les malades quand ils sont assis. Il
est essentiel de soutenir le corps du malade sur
tous les points; c'est ce que ne font point les
chaises préparées pour les malades, et quand ils y
sont établis, ils ne peuvent plus s'en tirer.

CHAPITRE IX

LA LUMIÈRE

La lumière du jour est aussi nécessaire pour la guérison
que pour la conservation de la santé.

Un résultat incontestable de mon expérience des
malades, c'est que la lumière du jour leur est
presque aussi nécessaire que le besoin d'un air
pur; qu'une chambre obscure leur est presque aussi
nuisible qu'une chambre renfermée, et que ce n'est
pas seulement le jour qu'il leur faut, mais encore
les rayons directs du soleil. Il serait mieux, d'après
l'exposition des différentes chambres de l'appartement, de transporter successivement un malade
dans toutes celles où le soleil luit, que de le laisser languir dans une pièce d'où il aura disparu.
On croit généralement que le soleil n'a d'effet que
sur le moral; il n'en est rien. Le soleil n'est pas
seulement un peintre, mais un sculpteur. Vous ad-
mettez bien qu'il fait la photographie : sans entrer
dans la question scientifique, nous devons admettre

13.

que la lumière a un effet tout aussi réel et aussi sensible sur le corps humain; mais ce n'est pas tout. Qui n'a remarqué l'action salutaire de la lumière du jour et particulièrement des rayons du soleil sur l'air d'une chambre ? Voici une observation dont tout le monde peut faire l'expérience : entrez dans un appartement dont les volets sont toujours fermés (dans une chambre à coucher ou dans celles des malades, on ne devrait jamais fermer les volets), et quoique les pièces ne soient pas habitées, quoique l'air ne soit pas vicié par la respiration humaine, vous y sentirez une odeur de renfermé, d'air corrompu et moisi, parce que les rayons du soleil ne l'ont pas assaini.

La moisissure des chambres où manque la lumière et des recoins obscurs est proverbiale. Il est très-important qu'une chambre de malade soit gaie et très-accessible au grand jour.

Il est très-important que les malades aient de la vue et du soleil.

Une autorité très-compétente sous le rapport de la distribution des hôpitaux a dit qu'en les construisant, on n'observait pas assez la différence à établir entre les quartiers et les dortoirs; je vais plus loin, et je dis que les gens bien portants ont tort de ne pas tenir compte des conditions différentes où doivent être placées les chambres à coucher ordinaires et les chambres de malades. Pour quelqu'un qui jouit d'une bonne santé, il importe peu d'avoir une belle vue de son lit, puisqu'il ne doit jamais y être que la nuit et pour y dormir; l'exposition de la chambre n'est pas non plus d'une grande importance, pourvu que le soleil y pénètre un instant tous les jours pour purifier l'air, parce qu'on ne doit l'habiter que pendant les heures où le soleil n'est plus sur l'horizon. Mais le cas est bien différent pour les malades : fussent-ils hors de leur lit pendant autant d'heures que vous en passez dans le vôtre, ce qui probablement n'est pas, il faudrait que, sans être obligés de changer de position, ils pussent avoir au moins la vue du ciel et du soleil, à défaut d'une autre vue. J'affirme que, si ce n'est pas là une des premières conditions pour guérir, son importance est du moins en première ligne; vous devez donc considérer la position du lit de vos malades comme un point très-important. S'ils peuvent avoir deux fenêtres au lieu d'une, ce sera mieux encore. Il faut choisir, autant que possible, l'exposition du levant et du midi, heures où ils sont au lit, de préférence à celle du couchant; peut-être, d'ailleurs, les lèverez-vous dans l'après-midi pour les établir auprès d'une fenêtre d'où ils auraient quelques rayons de soleil. La meilleure règle possible, c'est de les exposer à tous les rayons du soleil depuis le moment où il se lève jusqu'à celui où il se couche.

Une autre grande différence entre la chambre d'un malade et une chambre à coucher ordinaire, c'est que celui qui vient simplement y dormir a, pour commencer la nuit, une somme considérable d'air nouveau, si la fenêtre a été ouverte toute la journée, comme cela doit se pratiquer. Le malade n'a pas cet avantage, parce qu'il a respiré toute la journée ce même air, et l'a corrompu par ses propres émanations; de là il résulte, comme on l'a vu plus haut, qu'il faut avoir soin d'entretenir, dans la chambre du malade, un renouvellement d'air constant.

Il va sans dire qu'il y a des maladies aiguës (telles que certains cas d'ophthalmie, certaines maladies où les yeux ont une susceptibilité morbide) dans lesquelles un jour adouci est nécessaire. Mais une chambre obscure et au nord est inadmissible même dans ces divers cas; l'on peut toujours modérer la lumière au moyen de stores ou de rideaux.

Toutefois, dans aucune chambre de malade, on ne devrait, dans notre pays, mettre de rideaux sombres et lourds à la fenêtre ni au lit. Un léger rideau blanc au chevet du lit, et à la fenêtre un store vert que l'on baisse à volonté sont parfaitement suffisants.

Privés de soleil, nous dégénérons matériellement et moralement.

Un des plus grands observateurs des choses humaines (non physiologiques) a dit dans une autre langue : *Là où est le soleil, là est la pensée.* Les observations physiologiques confirment cette vérité :

dans les vallées profondes, du côté de l'ombre, l'on voit des crétins ; dans les rues étroites et humides où le soleil ne peut pénétrer, la race humaine est chétive et dégénérée ; l'esprit et le corps sont également abâtardis. Mais exposez les créatures et les plantes étiolées aux rayons bienfaisants du soleil, et s'il n'est pas trop tard, vous les verrez renaître.

Presque tous les malades couchent la figure tournée vers le jour.

Il est curieux d'observer comme presque tous les malades couchent la face tournée vers le jour, semblables aux plantes qui cherchent toujours la lumière. Un malade quelquefois se plaint que « cela lui fait mal d'être couché sur ce côté. » *Alors pourquoi vous couchez-vous de ce côté ?* Il l'ignore, mais, nous, nous le savons. C'est parce que, dans cette position, il peut voir la fenêtre. Un médecin fort à la mode a publié dernièrement, dans un rapport fait au gouvernement, qu'il a soin de tourner ses malades à contre-jour ; mais la nature est plus forte que les médecins à la mode, et soyez sûrs qu'elle tournera toujours la figure des malades, autant qu'elle le pourra, du côté de la lumière.

Parcourez les différents quartiers d'un hôpital, comptez, là aussi bien que dans les habitations particulières, combien vous y avez vu de malades couchés le visage tourné du côté de la muraille !

CHAPÍTRE X

PROPRETÉ DES CHAMBRES ET DES MURS

Propreté du tapis et des meubles.

Il semble presque inutile de dire à une garde qu'elle doit être propre, ou qu'elle doit tenir son malade proprement, puisque le premier devoir, en soignant les malades, est de conserver la propreté. Aucune ventilation ne peut purifier l'air d'un hôpital ou d'une chambre où la plus scrupuleuse propreté n'est pas maintenue. A moins que le vent ne souffle à travers les fenêtres, à raison de vingt milles à l'heure, les tapis pleins de poussière, les boiseries sales, les rideaux et les meubles mal entretenus produiront infailliblement une odeur de renfermé.

J'ai vécu dans une maison de Londres, vaste et richement meublée, où j'étais la seule habitante de deux grandes chambres qui réunissaient tous les inconvénients dont j'ai parlé plus haut ; quoiqu'elles eussent deux fenêtres vis-à-vis l'une de l'autre, aucun courant d'air ne pouvait chasser l'odeur de renfermé, mais les tapis et les rideaux en ayant été retirés, l'air devint à l'instant aussi pur qu'on pouvait le souhaiter. Il est absurde de dire qu'à Londres on ne peut tenir une chambre proprement. Beaucoup de nos hôpitaux sont une preuve du contraire.

De nos jours on ne sait pas enlever la poussière.

Il est impossible, par le mode actuel de nettoyage, de se débarrasser de la moindre parcelle de poussière. Ce que maintenant l'on appelle *épousseter* consiste à renvoyer la poussière d'un coin de la chambre dans l'autre, en laissant les portes et les fenêtres fermées. A quoi cela sert-il ? Vous feriez beaucoup mieux de laisser la poussière où elle est, si vous ne devez pas l'enlever tout à fait ; car, dès l'instant qu'une chambre commence à être une chambre, jusqu'au moment où elle cesse d'en être une, aucun atome de poussière n'a jamais abandonné son domaine. De nos jours, nettoyer un appartement veut dire ôter un objet de la place qu'il tenait propre en l'occupant pour le mettre dans un autre endroit moins propre.

Comment une chambre est époussetée.

Si vous voulez préserver votre ameublement, en couvrant vos chaises et vos canapés poudreux avec vos vêtements propres, c'est certainement un moyen. Ayant observé, depuis nombre d'années et avec un étonnement toujours croissant, le service du matin que l'on appelle *faire l'appartement*, je puis le décrire ici. Il y a une foule de choses qui ont passé la nuit sur les tables, les chaises et les canapés, et qui les ont par conséquent mis à l'abri de la fumée et de la poussière. Ces mêmes malheureuses *choses* sont enlevées pour être replacées sur d'autres meubles couverts de poussière et de noir. La servante alors frappe tous les objets ou seulement ceux qui sont tout à fait à sa portée avec ce que l'on nomme un *plumeau*; la poussière voltige, puis retombe plus également répartie qu'elle n'était avant cette opération, et on appelle cela une chambre *faite*. Épousseter pour nettoyer n'est admissible que lorsqu'il s'agit de tableaux ou de tentures de papier. Le meilleur moyen que je connaisse pour *ôter* la poussière (fléau de tous les amateurs d'air pur) est d'essuyer tout avec un linge humide, et les meubles devraient être faits de manière à pouvoir être essuyés ainsi, sans être détériorés, et vernis de façon à pouvoir être humectés sans inconvénient. Épousseter, comme on le pratique aujourd'hui, signifie seulement répartir la poussière plus également dans une chambre.

Planchers et parquets.

Quant aux planchers, le seul qui, à ma connaissance, soit réellement propre, c'est le parquet verni de Berlin, frotté chaque matin avec un linge humide, puis frotté à sec pour en ôter l'humidité. Le *parquet* est toujours plus ou moins poudreux, quoique infiniment supérieur en propreté et en salubrité à nos planchers absorbants.

Pour une chambre de malade, rien ne peut être plus mal imaginé qu'un tapis. Pourtant, si vous tenez absolument à en avoir un, le seul expédient qui vous reste, c'est de le faire battre deux ou trois fois par an au lieu d'une. Un tapis sale infecte littéralement une pièce, et si vous considérez l'énorme quantité de molécules organiques apportée et déposée par les pieds sur le tapis qui s'en trouve saturé, vous ne serez pas étonné de ce que j'avance.

Lavage des planchers.

Le lavage des planchers, dans les chambres de malade, peut soulever beaucoup d'objections. Il est certain que, dans toutes les salles d'école ou d'hôpital fort habitées, on distingue très-bien, tandis que l'on récure le plancher, une odeur entièrement différente de celle de l'eau de savon ; elle provient des émanations des molécules organiques dont le plancher a été saturé par les pieds et l'haleine des habitants.

C'est là une des causes des cas d'érésipèle dans les hôpitaux.

La boue sèche est comparativement saine ; humide, elle devient dangereuse.

Dans les climats secs, les villes où la propreté

n'est jamais entretenue ont vu arriver la peste en même temps que l'eau pour nettoyer.

Les médecins ont défendu de récurer les planchers dans les hôpitaux, et les infirmières ont choisi, pour cet ouvrage, afin de ne pas être grondées, les premiers instants de la matinée.

Qu'y aurait-il à faire ?

On devrait toujours demander au médecin s'il permet que le plancher soit lavé et à quelle heure. Si le malade doit garder le lit, le mieux sera probablement de laver le plancher pendant le temps où il peut être transporté dans une autre chambre, afin que la sienne soit, avant son retour, séchée par le feu et par les fenêtres ouvertes. Il est donc nécessaire de choisir un jour sec et non pluvieux.

Dans une chambre particulière, où il n'y a pas le même va-et-vient que dans une salle d'hôpital, on a pu entretenir une propreté parfaite en se contentant d'essuyer le plancher avec un linge humide, le séchant ensuite avec une brosse à frotter.

Tous les meubles étaient essuyés de la même manière, avec un linge trempé dans l'eau chaude, et tordu ensuite, pour en exprimer l'eau; la poussière était ainsi parfaitement enlevée de la chambre.

C'est ce que j'ai vu pratiquer à la suite d'une opération.

Dans plus d'un hôpital, le même but a été atteint, en donnant un coup de rabot aux planchers qu'on imprégnait ensuite d'huile de lin siccative, et qu'on recouvrait, seulement pour la bonne apparence, d'un encaustique de cire et de térébenthine.

Ces planchers étaient entretenus avec une brosse entourée d'un linge; la moindre tache était immédiatement lavée avec du savon et de l'eau, et la place promptement essuyée.

J'espère que le jour viendra où l'on renoncera pour toujours en Angleterre, soit dans les salles d'école, dans les maisons de fous, dans les hôpitaux et dans les maisons particulières, aux planchers de bois blanc, c'est-à-dire aux planchers *absorbants*.

Murs tendus, badigeonnés et peints à l'huile.

Quant aux murs, les plus malsains sont ceux que l'on tapisse de papier. Ensuite viennent les murs badigeonnés; mais ceux-là peuvent être souvent nettoyés au moyen de fréquents lavages à l'eau de chaux. Les papiers de tenture demandent à être fréquemment renouvelés; s'ils sont glacés, il y a beaucoup moins d'inconvénients, mais ceux des chambres à coucher sont ordinairement *le contraire* de ce qu'ils devraient être.

Différence de l'air dans une chambre peinte ou dans une chambre tendue.

J'ai la certitude qu'une personne qui a étudié les qualités de l'air, sa pureté ou son insalubrité pour les malades ou les enfants, pourrait dire les yeux fermés, par la seule différence de l'air qu'elle respire, si elle est dans une chambre entièrement peinte à l'huile, ou dans une chambre tendue de vieux papier, toutes les autres conditions restant d'ailleurs les mêmes. La dernière sent toujours le renfermé, même avec toutes les fenêtres ouvertes.

Le rapport incontestable qu'il y a entre la ventilation et la propreté est démontré par le fait suivant : un papier de couleur claire se conserve propre, s'il y a dans la cheminée un ventilateur Arnott, beaucoup plus longtemps que s'il n'y en a pas.

Les murs peints à l'huile sont les plus sains, parce que vous pouvez, en les lavant, en ôter les miasmes animaux, qui donnent à la chambre une odeur de renfermé.

Comment on conserve les murs propres aux dépens de ses vêtements.

Si vous voulez nettoyer vos portes et vos murs sales avec une robe propre ou un châle accrochés à un porte-manteau, c'est un bon moyen assurément; c'est le plus généralement adopté, et j'ose dire, presque le seul que l'on emploie pour nettoyer les portes et les murs d'une chambre à coucher !

La meilleure manière de revêtir le mur d'une chambre de malade.

La meilleure manière de revêtir le mur d'une chambre à coucher de malade ou une salle d'hôpital consiste dans des plaques de faïence ou des tuiles vernies, si l'on en peut trouver d'assez minces.

L'air peut être corrompu aussi bien que l'eau. Si vous soufflez dans l'eau, vous la souillez avec votre haleine. Il en est de même pour l'air qui est toujours impur dans une chambre dont les murs et les tapis sont imprégnés d'exhalaisons animales.

Le défaut de salubrité, dont vous devez garantir les chambres particulières ou les salles d'hôpital que vous surveillez, peut venir de trois causes :

Le mauvais air du dehors.

1° L'air vicié venant du dehors, corrompu par les émanations des égouts, par les exhalaisons des rues malpropres, la fumée, les atomes de combustible non brûlé, les brins de paille, les détritus de fumier de cheval.

Meilleurs revêtements des murs extérieurs d'une maison.

Si les propriétaires voulaient seulement revêtir de tuiles vernissées ou non l'extérieur des maisons, quelle immense amélioration il en résulterait, non-seulement pour la clarté, la propreté, la sécheresse, la chaleur, mais encore pour l'économie. Le jeu d'une pompe à feu suffirait pour laver, en quelques moments, le dehors de la maison. Cette sorte de *revêtement* vaudrait l'amélioration qu'a apportée le pavage à l'assainissement des villes.

Le mauvais air de l'intérieur.

2° Le mauvais air de l'intérieur, vicié par la

poussière que vous déplacez souvent, mais que vous n'enlevez jamais. (Et voici qui devrait être une condition *sine qua non* : ayez dans votre chambre ou dans votre salle d'hôpital aussi peu de corniches que possible, et jamais, sous aucun prétexte, une corniche que la vue ne puisse atteindre. La poussière s'y accumule et ne peut y être essuyée ; c'est une cause certaine de l'impureté de l'air). Second point : les exhalaisons des individus, qui se concentrent dans votre ameublement. Si vous ne nettoyez jamais à *fond* vos meubles, comment espérez-vous que vos chambres et vos salles d'hôpital n'auront pas une odeur nauséabonde ? Vous aurez beau les aérer, elles ne seront jamais saines. Puis, il y a ce qu'on nomme la *dégradation*, venant de tous les objets qui ne sont pas polis ou vernis. Par exemple, pour la coloration de certains papiers verts, on se sert d'arsenic. On a découvert de l'arsenic jusque dans la poussière déposée dans les chambres tapissées de cette sorte de papiers. Vous voyez donc que votre poussière n'est rien moins qu'innocente, et cependant vous la laisserez séjourner sur les corniches, durant des mois entiers, et pour toujours dans l'appartement.

En outre, le feu remplit la chambre de poussière de charbon.

Mauvais air venant du tapis.

3° Le mauvais air qui émane du tapis. Par-des-

sus tout, prenez bien garde que les molécules animales apportées par les pieds des visiteurs ne restent dans vos tapis. Les parquets, à moins que le
bois ne soit d'un grain très-serré et bien poli, sont
tout aussi mauvais. L'odeur qui s'échappe d'une
salle d'école ou d'une salle d'hôpital, quand l'humidité en fait sortir les miasmes animaux dont le
plancher est imprégné, doit suffisamment nous
avertir du danger qu'il recèle.

Remèdes.

L'air extérieur ne peut conserver sa pureté que
par des améliorations sanitaires ; par exemple, par
des fumivores. Cette seule mesure produirait une
économie de savon incalculable.

L'air intérieur ne peut conserver sa pureté salutaire que par une attention extrême à prendre tous
les soins que nous avons recommandés plus haut,
pour préserver les murs, les tapis, les meubles, les
corniches, des matières organiques et de la poussière.

Sans la propreté, on ne peut profiter des bons
effets de la ventilation, et sans la ventilation, on
ne peut avoir une propreté complète.

Peu de personnes, quelle que soit la classe à laquelle elles appartiennent, ont l'idée de l'excessive
propreté qui doit régner dans une chambre de malade. Car la plupart des choses que j'ai dites s'appliquent moins à un hôpital qu'à une chambre de

malade ; la cheminée qui fume, la malpropreté des meubles, les vases nettoyés une seule fois par jour, causent l'insalubrité de l'air d'une chambre de malade, même dans les meilleures maisons particulières.

Les personnes bien portantes ont la singulière habitude de ne point songer que ce qui n'est pour elles qu'un léger inconvénient, qu'il faut supporter avec patience, est pour un malade une source de souffrances, qui retarde la guérison et peut même avancer la fin. Les gens en bonne santé sont rarement plus de huit heures dans la même chambre ; et, pendant ces huit heures même, ils peuvent varier leur position et changer de place, si cela leur convient ; — mais le malade, qui ne quitte pas son lit, qui ne peut changer par ses propres efforts ni son air, ni sa lumière, ni sa température, qui ne peut obtenir de tranquillité, qui ne peut se préserver de la fumée, des mauvaises odeurs ou de la poussière, est réellement empoisonné ou opprimé par ce qui est pour vous un très-léger inconvénient.

« Il faut savoir supporter ce qu'on ne peut empêcher, » est la plus dangereuse maxime qu'une garde-malade puisse appliquer. La patience et la résignation sont ici uniquement des mots inventés par la paresse et l'indifférence, méprisables relativement à la garde elle-même, coupables en ce qui touche son malade.

CHAPITRE XI

DE LA PROPRETÉ PERSONNELLE

Empoisonnement par la peau.

Dans presque toutes les maladies, les fonctions de la peau sont plus ou moins en désordre, et dans beaucoup de maladies graves, la nature se répare presque entièrement par la peau, surtout chez les enfants. Mais les excrétions de la peau y séjournent, si on ne les enlève en se lavant ou par l'action des vêtements. Toute garde-malade devrait avoir ce fait constamment présent à l'esprit, car si elle permet à son malade de ne pas se laver ou de garder ses habits imprégnés de sueur ou de quelque autre excrétion, elle contrarie, d'une manière dangereuse, les progrès naturels de la guérison, absolument comme si elle faisait prendre au malade une dose de poison lent. L'empoisonnement par la peau est tout aussi certain que l'empoisonnement par la bouche, seulement il est un peu plus lent.

La ventilation et la propreté de la peau sont également nécessaires.

La somme de soulagement et de bien-être éprouvés par le malade, quand il a été soigneusement lavé et essuyé, est une des observations les plus fréquentes qu'on puisse faire en le soignant. Mais on ne doit pas oublier que ce soulagement et ce bien-être ne sont pas le seul résultat obtenu. Ils sont réellement le signe certain que les forces vitales sont dégagées de ce qui les entravait. La garde, par conséqnent, ne doit jamais retarder les soins de propreté donnés à son malade, sous le prétexte que tout ce qu'il en retirera, c'est seulement un peu de soulagement, ce qui peut parfaitement être remis à un autre moment.

Dans tout hôpital bien tenu, on doit être fort attentif à la propreté, et généralement c'est ce qui a lieu. Mais elle est plus négligée chez les malades qu'on soigne à domicile.

Autant il est nécessaire de renouveler l'air que respire un malade, afin d'éloigner de lui, par une ventilation continuelle, les exhalaisons morbides de la peau et des poumons, autant il est nécessaire de dégager les pores de toutes les excrétions qui peuvent les obstruer. Le but de la ventilation et de la propreté est à peu près le même : c'est d'enlever, aussitôt que possible, toutes les matières nuisibles au corps.

Il faut avoir grand soin, durant les diverses opéations qu'exige la propreté, consistant à éponger, laver ou nettoyer la peau, de ne pas le faire sur une rop grande surface à la fois, ce qui pourrait arrêter a transpiration et remplacer un mal par un autre.

Les différentes manières de laver un malade ne peuvent pas être détaillées ici ; c'est au médecin à indiquer la méthode qui doit être suivie.

Dans quelques cas de diarrhée, de dyssenterie, etc., où la peau est sèche et dure, le soulagement apporté par un grand lavage au savon adoucissant est immense. Dans d'autres cas, on recommande de laver d'abord à l'eau tiède et d'essuyer avec une serviette chaude.

Les gardes-malades doivent avoir soin de se laver souvent les mains pendant la journée. Si elles veulent bien aussi laver leur visage, ce n'en sera que mieux.

Action de la vapeur et du frottement.

Un mot sur la propreté en tant que propreté.

Comparez la saleté de l'eau avec laquelle vous vous êtes lavé : froide et sans savon, froide avec du savon, chaude avec du savon. Vous verrez que la première a enlevé à peine quelques malpropretés, que la seconde en a ôté un peu plus, et la troisième bien davantage. Mais mettez votre main sur un bol d'eau chaude, pendant une ou deux minutes, et alors frottez-la avec le doigt, vous enlèverez de la saleté ou de petites pellicules sales. Après un bain

de vapeur, vous pouvez vous frotter de manière à
détacher ces pellicules de toutes les parties de votre
corps. Je soutiens donc que se laver ou s'éponger
seulement ne suffit pas pour bien se nettoyer la
peau. Prenez une serviette rude; trempez-en le coin
dans de l'eau très-chaude (l'effet sera plus certain
en y ajoutant quelques gouttes d'alcool), et alors,
frottez avec votre doigt, comme si vous vouliez
faire pénétrer la serviette dans la peau. Les pellicules noires qui en sortiront, seront une preuve que,
jusque-là, vous n'étiez pas propre, malgré la quantité d'eau et de savon dont vous vous étiez servi. Ces
pellicules sont ce qu'il faut enlever. Et vous pouvez,
assurément, vous maintenir plus propre avec un
verre d'eau chaude et une serviette rude, qu'avec
tout l'attirail d'un bain, le savon, les éponges, si
vous ne frottez pas. Des malades, même pendant un
long voyage, ont été tenus aussi proprement, par ce
simple procédé, quand on ne pouvait les changer
de lit, ni se procurer une grande quantité d'eau
dans une cuvette, que s'ils avaient eu à leur disposition toutes les choses commodes qu'on a chez
soi.

Mais le lavage à grande eau a d'autres résultats que ceux de la simple propreté. La peau
absorbe l'eau et devient plus souple, plus disposée
à la transpiration. Par conséquent, indépendamment de la propreté, il est encore utile et salutaire
de se laver avec de l'eau tiède.

Qualité de l'eau.

Mais la qualité de l'eau importe beaucoup et l'on y pense très-peu. On suppose en général que le seul inconvénient de *l'eau dure*, c'est-à-dire de celle où le savon ne se dissout pas, est de gercer les mains, sans songer qu'elle peut être le propagateur de la malpropreté et de l'indigestion. On remarque très-rarement que l'eau dont on se contente pour la toilette produit absolument l'effet opposé à celui qu'elle devrait avoir, c'est-à-dire qu'elle empoisonne les plaies et les irrite, tandis que *l'eau douce* les purifie et les guérit. Quand on ne peut se procurer que de *l'eau dure*, il est convenable, même pour tous les usages de toilette, de n'employer que de l'eau distillée. Pour les lavages des malades, le meilleur est de recueillir de l'eau de pluie, ou de faire condenser la vapeur d'une bouilloire, ou de faire bouillir l'eau, ce qui souvent en diminue de moitié ou des trois quarts la crudité.

Le savon employé avec *l'eau dure* ne nettoie pas la peau, au contraire; l'huile contenue dans le savon, la transpiration, la chaux qui est en dissolution dans *l'eau dure* forment sur la peau une sorte de vernis qui en obstrue les pores.

Il est donc très-important pour faire le thé ou les tisanes, pour faire bouillir les végétaux, ou pour préparer les remèdes, de n'employer que de l'eau douce ou filtrée. Une garde insouciante se contente quelquefois, pour ces divers usages, de l'eau de toilette qui est sous sa main; il vaudrait souvent mieux qu'elle supprimât tout à fait les remèdes.

CHAPITRE XII

Conseils qu'on donne aux malades.

Le malade à ses conseillers :

Mes conseillers! Leur nom est Légion...... *De façon ou d'autre, qui que ce soit, homme, femme ou enfant, il semble que personne ne doive m'approcher sans se croire le droit de me donner des conseils. Pourquoi? C'est précisément ce que je voudrais savoir.* Voici ce que, moi, j'ai à dire aux conseillers : On m'a engagée à visiter toute l'étendue de l'Angleterre et du continent; à prendre de l'exercice de toutes les manières possibles, par tous les moyens imaginables de locomotion, charrettes, voitures, etc., voire même la balançoire ou la gymnastique, à absorber toutes les espèces d'excitants qui ont été inventées; et cela, quand ceux qui étaient le plus capables de juger de mon mal, c'est-à-dire les médecins, après un long et sérieux examen, avaient déclaré les voyages hors de cause, défendu tout mouvement et ordonné surtout la diète et les tisanes. Que diraient donc mes conseillers s'ils étaient médecins, et si moi, le malade, je méprisais leur avis, pour suivre celui du premier venu ? Mais tel est le travers d'esprit de Légion. Il ne lui viendra pas à la pensée qu'à ma place il ferait exactement comme moi. Qu'il me soit permis de dire comme Rosalinde, dans un cas de légitime défense : *Je ne saurais contenter tout le monde.*

**Banalité des conseils et des espérances ; tourment du malade ;
il n'aime pas à parler de lui-même.**

Le titre de ce chapitre peut paraître bizarre, mais je crois, vraiment, qu'il n'y a pas de plus grand ennui pour le malade que ces encouragements désespérants que lui donnent ses amis. Il n'y a pas d'habitude contre laquelle je doive m'élever plus fortement, parce que j'en ai, pendant les maladies, observé les effets sur les autres et sur moi-même. Je recommande très-sérieusement aux amis, aux connaissances et à tous ceux qui donnent des soins à un malade, de renoncer absolument à l'idée qu'ils doivent le *réconforter*, en parlant légèrement de son danger, ou en exagérant les chances de sa guérison.

Aujourd'hui, bien plus qu'autrefois, le médecin

dit la vérité aux malades qui désirent réellement la connaître.

Combien l'ami qu'ils interrogent est insensé, pour ne pas dire plus, de dissimuler une partie de la gravité du mal, surtout quand cet ami est un médecin, qui croit que son opinion, donnée après un examen superficiel, aura plus de poids sur l'esprit du malade que celle du médecin ordinaire, fondée peut-être sur une observation constante, donnée après l'emploi de tous les moyens diagnostiques fournis par le stéthoscope, l'examen du pouls, de la langue, etc., et certainement après une étude beaucoup plus complète de la maladie que l'ami n'a été à même de la faire !

En supposant le malade doué de quelque bon sens, comment veut-on que l'opinion *favorable* du visiteur, si toutefois on peut appeler cela une opinion, vienne le *réconforter*, quand elle diffère si essentiellement de celle du médecin expérimenté ? Assurément, il peut arriver que celui-ci se trompe quelquefois ; mais, des deux, lequel vraisemblablement a plus de chance de se tromper ?

Il y a pourtant certains cas, tels qu'un premier accouchement, où l'assurance donnée, soit par le docteur, soit par une garde expérimentée, à une femme souffrante et alarmée, qu'il n'y a rien d'extraordinaire dans son état, et qu'elle n'a à redouter que quelques heures pénibles, où cette assurance, dis-je, peut la réconforter d'une manière très-réelle.

Ce sont des encouragements d'un autre ordre. C'est l'expérience qui s'adresse à l'inexpérience. Mais les conseils que nous nous efforçons de combattre sont ceux de l'inexpérience opposés à ceux de la sévère expérience ; et, en général, ils ont autant de valeur que le raisonnement suivant : Vous croyez que je guérirai de la consomption, parce que quelqu'un connaît quelqu'un qui, dans un lieu quelconque, s'est guéri de la fièvre.

J'ai entendu blâmer un médecin dont le malade hélas! n'avait pas été guéri, tandis qu'un autre médecin avait eu le bonheur de sauver le sien ; il est vrai que le malade de celui-ci était d'un sexe *différent*, d'un âge *différent*, habitait dans un *autre* endroit et avait une *autre* maladie. Ce que je dis là est parfaitement vrai. Si les personnes qui font de telles comparaisons savaient seulement (mais peu leur importe) l'exactitude scrupuleuse que demandent ces rapprochements pour avoir quelque valeur, elles s'abstiendraient plutôt de parler. La statistique comparée des décès d'un hôpital et de ceux d'un autre sera un document sans importance, si elle ne constate pas l'âge, le sexe et le genre de maladie des décédés. Cela semble trop simple pour qu'on soit obligé de le dire. Il semble qu'on ne doive pas faire de comparaison entre des vieillards atteints d'hydropisie et des jeunes femmes attaquées de consomption. Eh bien! il arrive souvent que l'on voit les femmes et les hommes les plus intelligents établir de tels rapprochements. C'est *pur commérage.*

Le fait est que le malade n'est pas du tout *réconforté* par ces amis bien intentionnés, mais fatigants. Au contraire, il en est ennuyé et découragé. S'il s'efforce de prouver successivement à chaque membre de cette trop nombreuse corporation, dont le nom est Légion, qu'il n'est pas aussi bien qu'on semble le croire, qu'à quelques égards il est plus mal, enfin qu'il existe des symptômes qu'ils ignorent, il est épuisé au lieu d'être *réconforté*, et son attention est fixée sur lui-même. En général, les vrais malades n'aiment pas à parler d'eux. Les hypocondriaques le font, mais je ne m'occupe pas des hypocondriaques.

Absurdes consolations données aux malades dans leur intérêt.

Si, d'un autre côté, et cela arrive beaucoup plus souvent encore, le malade ne laisse entendre que ces exclamations shakspeariennes : *Oh ! Ah ! Allons ! Espérons !* afin d'échapper le plus promptement possible à une conversation dont il est l'objet, il est découragé par le manque de vraie sympathie. Il se sent isolé au milieu de ses amis. Il comprend alors combien il lui serait doux d'avoir quelqu'un à qui il pourrait parler franchement et simplement sans ouvrir lui-même le réservoir d'eau glacée des encouragements et des espérances absurdes. Il voudrait rencontrer une personne à qui il pourrait confier ses instructions et ses volontés sans que cette personne vînt lui dire : « J'espère qu'il plaira à Dieu de vous donner encore vingt années d'existence. » Ou bien : « Vous avez encore une longue carrière devant vous. » Nous voyons bien souvent à la fin d'une notice nécrologique ou dans les articles des gazettes médicales : *Après une longue maladie, A... est mort presque subitement.* Ou bien : *d'une manière inattendue pour lui-même et pour les autres. Inattendue* peut-être pour les autres qui ne jugeaient pas son état, parce qu'ils ne voulaient pas y donner une attention sérieuse, mais non pas *inattendue* pour lui, comme j'ai lieu de le croire par les preuves les plus évidentes, et pour avoir observé moi-même des cas semblables. Il y avait de fortes raisons pour penser que A... mourrait de cette maladie, et il en avait bien le pressentiment, mais il trouvait inutile de dire ce qui était au fond de sa pensée.

Je n'applique ces observations ni aux cas de maladies aiguës, qui se terminent promptement, ni aux cas de maladies nerveuses.

Pour les premiers, il est rare que les malades comprennent leur danger ; en écrivant des ouvrages d'imagination, soit romans ou biographies, les mourants sont généralement représentés dans un état de lucidité presque surnaturelle. J'ai acquis au chevet des mourants une triste expérience qui me permet de dire que, bien rarement, peut-être jamais, je n'ai été le témoin de faits semblables. Une sorte d'indifférence, si ce n'est pour les souffrances physiques, — sauf, dans certains cas, le désir de remplir quelque devoir sérieux,—voilà l'état le plus ordinaire où se trouve le mourant.

D'un autre côté, dans les maladies *nerveuses*, le malade aime à croire à l'existence d'un danger imaginaire, et à en persuader ceux qui l'entourent.

Mais s'il s'agit d'une longue maladie chronique, dans laquelle le malade comprend trop bien son état, et sait par le médecin qu'il ne doit plus espérer de reprendre la vie active ; quand il sent que chaque mois lui enlève une portion des facultés qu'il possédait le mois précédent, oh ! alors épargnez-lui les tourments de vos banales espérances. Vous ne pouvez vous imaginer à quel point vous le fatiguez et le vexez. Les malades, en cet état, ne peuvent souffrir de parler d'eux-mêmes, et moins encore peuvent retrouver l'espoir qui les a tout à fait abandonnés.

Il en est de même de ces avis prodigués à tel malade, pour qu'il abandonne telle ou telle occupation, pour qu'il essaye d'un autre médecin, d'une autre maison, d'un autre climat, pour qu'il prenne d'autres pilules, poudres ou spécifiques. Je ne dis rien de l'inconséquence de ces donneurs d'avis, qui, tout en engageant le malade à prendre un nouveau médecin, lui disent : « Ce docteur a toujours raison, » quand ils viennent de lui dire,

afin qu'il ne croie pas aux pronostics de son docteur : « Les médecins se trompent toujours. » Tel
conseiller qui veut persuader au malade de prendre
une nouvelle occupation, est le même qui vient de
l'exhorter au repos.

Singulière présomption des conseillers d'un malade.

Avec quelle merveilleuse présomption les amis,
médecins ou non médecins, viennent harceler un
malade pour lui recommander de faire telle ou
telle chose, bien qu'ils ignorent si ce qu'ils conseil-
lent est praticable ou salutaire, exactement comme
ils recommanderaient l'exercice à quelqu'un, sans
savoir qu'il a la jambe cassée ! Que dirait l'ami, s'il
était le médecin ordinaire, et si le malade, parce
qu'il lui est venu un *autre* ami, parce que quelqu'un
n'importe qui, lui aurait recommandé quelqu'un,
n'importe qui, ou quelque chose, n'importe quoi,
si le malade, dis-je, négligeait dans ce cas *ses* ordonnances pour en suivre d'autres? Mais on ne
s'inquiète pas de cela.

Les conseillers d'aujourd'hui sont les mêmes qu'il y a deux cents ans.

Un célèbre personnage historique a rapporté les
lieux communs qui ne cessèrent de pleuvoir sur lui
pendant près de six mois, au sujet d'une résolution
importante qu'il devait prendre, tous successivement
débités à peu près dans les mêmes termes par les
personnes qui l'approchaient. Il raconte que, dans

cette circonstance, il trouva plus commode de faire toujours cette même réponse, qu'on ne devait pas supposer qu'il eût pris une semblable résolution, sans y avoir d'abord mûrement réfléchi. Je conseillerais tout d'abord la même réponse aux malades qui souffrent chaque jour, depuis des années, soit par écrit, soit de vive voix, la même persécution, de la part de leurs connaissances. Celles-ci s'épargneraient la peine de conseiller, si elles réfléchissaient que bien probablement le malade aura reçu les mêmes avis déjà cinquante fois auparavant, et que, s'il avait été possible de les mettre en pratique, on l'eût fait depuis longtemps. Cela prouve une chose singulière, mais vraie, c'est que le monde est aujourd'hui ce qu'il était il y a des siècles.

Pour moi, ces lieux communs laissant leur empreinte sur l'âme douce, simple et dévouée de ceux qui approchent de leur fin, me rappellent cette trace visqueuse que laisse le colimaçon sur de beaux espaliers chargés de fruits.

Dérision des conseils donnés aux malades.

Il n'y a rien d'absurde au monde commé lesconseils dont on accable un malade. Il n'est pas nécessaire que le malade réponde, car le donneur d'avis ne demande pas à savoir la vérité, mais seulement à se servir de tout ce que le malade pourra lui dire pour étayer ses propres arguments, mis en avant,

on ne saurait trop le répéter, sans aucun souci
de la situation réelle où se trouve le malade. « Il
serait ridicule ou indiscret de ma part de m'infor-
mer de tous les détails de la maladie, » dit le donneur de conseils. Il est vrai, mais combien n'est-il
pas plus indiscret encore de donner vos conseils,
sans rien savoir de la vérité, et en convenant que
vous ne devez pas vous en enquérir !

Aux gardes, je dirai : Voilà les visiteurs qui font
du mal à votre malade. Quand on lui dira devant
vous : 1° qu'il n'y a rien de sérieux dans son état,
et qu'il doit chercher à se distraire; 2° qu'il commet
un véritable suicide, qu'il doit y faire attention;
3° qu'il est le jouet de quelqu'un qui le fait servir à
quelque dessein; 4° qu'il ne veut écouter personne,
qu'il s'attache trop obstinément à sa propre idée;
5° qu'il doit revenir au sentiment du devoir, et ne
pas se jouer de la Providence : alors, quand vous
entendrez de telles choses, sachez qu'on fait à votre
malade tout le mal qu'il est possible de lui faire.

Combien peu les véritables souffrances de la maladie sont connues ou appréciées ! Comme il est
rare qu'une personne bien portante, fût-elle même
une femme, sache se mettre à la place d'un pauvre malade ?

Moyens de faire quelque plaisir à un malade.

Vous qui êtes auprès du malade et qui allez le
visiter, vous devez essayer de lui faire quelque bien

ou de lui dire des choses qui lui soient agréables. Il arrive souvent que, dans ces visites, c'est le malade qui fait tous les frais de la conversation, fatiguant son esprit ou sa mémoire, tandis que le visiteur, absorbé dans ses préoccupations personnelles, ne fait pour le malade aucun effort de mémoire ou d'imagination. « Oh ! mon cher, j'avais tant à penser que j'ai complétement oublié de lui dire cela ; puis je croyais qu'il le savait déjà, » dit le visiteur à un autre ami. Comment l'aurait-il su ? Soyez bien certains que ceux qui parlent ainsi sont ceux qui *réellement* ont le moins à *penser*. Ceux au contraire, qui ont beaucoup d'affaires, gardent presque toujours dans leur esprit une case pleine de choses à dire à un malade.

Je ne vous dirai pas : cachez-lui vos préoccupations, car je crois qu'il est bon pour vous et pour lui qu'il en soit instruit ; mais si vous lui dites vos affaires fâcheuses, sûrement, vous pouvez bien penser à lui dire celles qui lui seront agréables.

Une personne malade est égayée par les bonnes nouvelles : par exemple, un sentiment, des projets de mariage qui doivent aboutir à une heureuse conclusion. Si vous lui annoncez seulement le mariage, il n'a pas moitié autant de plaisir à l'apprendre, et Dieu sait s'il a peu de ces petites jouïssances ; il y a dix à parier contre un que vous lui aurez parlé d'un sentiment qui a eu une triste issue.

Un malade éprouve aussi un grand plaisir quand

il entend parler des choses positives de la vie pratique, ou du succès des bonnes causes. Il a tant de livres et d'ouvrages d'imagination, tant de préceptes, de principes et de théories dans l'esprit, qu'au lieu de lui faire entendre encore les conseils dont on l'a fatigué cinquante fois, racontez-lui quelque belle action dont le dénouement a été heureux ; vous lui aurez, en quelque sorte, donné un jour de santé.

Vous ne pouvez imaginer combien le malade, qui pense beaucoup et ne peut agir, est insatiable d'entendre parler des affaires intéressantes auxquelles il ne peut prendre une part active.

Observez toutes ces choses vis-à-vis des malades. Souvenez-vous combien leur vie est pénible et incomplète. Vous les voyez couchés et accablés de maux dont la mort seule peut les délivrer, et vous ne pensez pas à leur dire ce qui leur ferait tant de plaisir, ou du moins leur apporterait une heure de distraction.

Ils ne vous demandent pas de vous abandonner aux larmes et aux gémissements, mais ils désirent, au contraire, que vous soyez gais, animés, divertissants. Ils ne peuvent souffrir que vous soyez préoccupés, et sont fatigués outre mesure des conseils et des sermons qu'ils entendent de toutes parts, quelles que soient les personnes qu'ils voient.

Il n'y a pas, pour les malades, de société préférable à celle des enfants ou à celle des autres malades. Vous devez faire en sorte que cela ne soit préjudiciable ni aux uns ni aux autres, ce qui est parfaitement possible. Si vous croyez *l'air de la chambre* malsain pour l'enfant, c'est qu'il l'est aussi pour le malade, et il faut le purifier également pour l'un et pour l'autre. L'âme et l'esprit de celui qui souffre sont, en quelque sorte, *rafraichis* à la vue de « l'enfant, » et le plus petit enfant, s'il n'est pas mal élevé, s'accommode merveilleusement aux habitudes d'un malade, quand on ne les laisse pas ensemble trop longtemps.

Un petit animal favori est souvent un excellent compagnon pour le malade, surtout dans les maladies lentes. Un oiseau dans sa cage est quelquefois la seule distraction qu'il ait, pendant les longues années où sa maladie le retient dans la même chambre. S'il a la force de s'occuper à nettoyer la cage et à donner la nourriture à l'oiseau, on devra l'y encourager et l'aider à le faire. Un malade, rendant compte du plaisir qu'il trouvait dans la société de sa garde et dans celle de son chien, disait qu'il préférait infiniment la société de ce dernier, surtout, parce qu'il ne parlait pas.

Si vous saviez combien un malade supporte impatiemment les préoccupations pénibles, vous ne négligeriez aucune de ces petites attentions. Un enfant, posé sur le lit du malade, dont l'esprit est agité, lui fera plus de bien que tous les raisonnements du monde. Un choix de nouvelles agréables en fera autant. Peut-être craignez-vous *de le troubler*.

Vous dites qu'il n'y a pas d'adoucissement à ses maux présents ; cela est vrai, mais distinguons : s'il a quelque devoir à remplir, ne le *troublez* pas en ce moment par d'autres pensées ; aidez-le, au contraire, à accomplir ce qu'il désire faire ; mais s'il l'a *fait*, ou s'il en est *incapable*, alors que rien ne vous empêche de le distraire. Vous soulagerez bien plus réellement les tourments qui viennent de ses souffrances, en lui disant les *nouvelles*, en lui apportant l'*enfant*, en lui montrant quelque chose qui attire son attention, qu'en le raisonnant sans cesse.

On a dit très-justement que les malades ressemblent à des enfants, en ce que pour eux les événements n'ont pas leurs *proportions* ordinaires. C'est votre devoir, à vous qui les visitez, de replacer les objets dans leur véritable jour, de leur montrer ce qui se passe dans le reste du monde. Comment s'en douteraient-ils autrement ? Vous les trouverez encore bien plus faciles à convaincre que des enfants, et ce chagrin qu'ils éprouvent avec une vivacité déraisonnable en croyant que l'on manque pour eux de bonté et de sympathie, il vous sera facile de le calmer en leur redonnant de l'intérêt pour les événements de ce vaste univers. Mais, dans ce cas, dites-leur des choses dignes d'intérêt, et non des commérages.

Deux nouvelles classes de malades particulières à cette génération.

Observations : Il y a deux classes de malades qui deviennent, malheureusement, plus nombreuses chaque jour, surtout parmi les femmes d'une condition élevée, et à qui ces observations ne peuvent s'adresser : 1º les personnes qui prétextent une mauvaise santé, afin de ne rien faire, et en même temps, prétendent que leur plus grand chagrin est de ne pouvoir s'occuper; 2º celles qui ont détruit leur santé par la recherche excessive des plaisirs, disposition qu'elles et leurs amis appellent malheureusement une trop grande activité intellectuelle. Je ne connais rien de pire que le conseil qu'on donne aux unes de *végéter*, et l'admiration que l'on exprime trop souvent pour l'*énergie* des autres.

CHAPITRE XIII

NÉCESSITÉ DE BIEN ÉTUDIER LE MALADE

Que signifie cette question : Est-il mieux ?

Il n'y a pas de question plus sotte et plus ordinaire que celle-ci : *Est-il mieux ?* Demandez-le au médecin, s'il vous plaît. Et de quelle personne pourriez-vous le savoir, si vous vouliez une réponse positive ? Certainement, ce ne serait pas de celle qui voit le malade une fois par hasard ; ce ne serait pas de la garde, car les gardes d'aujourd'hui ont à un faible degré l'esprit d'observation. Ce que vous désirez ce sont des faits, non des jugements ; car, qui peut avoir une opinion de quelque valeur sur l'état réel du malade, à moins que ce ne soit le médecin qui lui donne des soins ou une garde qui sache étudier le malade ?

La leçon la plus pratique que l'on doive donner aux gardes, c'est donc de leur enseigner l'esprit d'observation ; comment il faut voir ; quels sont les symptômes qui annoncent une amélioration ; — ceux qui annoncent le contraire ; — ceux qui ont quelque importance ; ceux qui n'en ont aucune. Ceci montre quelle est communément la négligence et sur quels points elle porte.

Toutes ces notions devraient former la partie la plus importante de l'instruction d'une garde-malade. Pour le moment, combien sont rares (que ce soit ou non leur profession) celles qui savent seulement distinguer si leur malade est mieux ou plus mal !

Le vague et l'inexactitude des informations que l'on reçoit en réponse à cette question dont on a tant abusé : *Est-il mieux ?* seraient plaisants, s'ils n'étaient pas si tristes. La seule réponse sensée serait celle-ci : « Comment le saurais-je ? Je ne puis rien vous dire puisque je n'étais pas auprès de lui. »

Je ne citerai qu'un petit nombre de réponses que j'ai entendu faire par des amis et par des gardes et acceptées par les médecins et les chirurgiens au chevet du lit du malade, qui lui-même aurait pu contredire chaque mot et ne le faisait pas, soit par condescendance, soit par timidité, le plus souvent par abattement.

« Combien le malade a-t-il eu d'évacuations ? — Une seule, monsieur. » Cela signifie généralement que le bassin n'a été vidé qu'une seule fois, tandis que l'on s'en est peut-être servi sept ou huit fois.

« Pensez-vous que le malade soit beaucoup plus

faible qu'il y a six semaines? — Oh! non, monsieur. Vous savez que depuis longtemps, il n'avait été ni levé ni habillé, et maintenant il peut traverser la chambre. » Cela veut dire que la garde n'a pas observé qu'il y a six semaines il pouvait encore s'asseoir sur son séant et s'occuper sur son lit, tandis qu'il est maintenant étendu sans pouvoir rien faire et que s'il peut *traverser la chambre*, il ne saurait se tenir debout quelques secondes.

Un autre malade convalescent de la fièvre, qui mange mieux et reprend tout doucement des forces, bien qu'il ne puisse marcher ou se tenir debout, passe pour ne faire aucun progrès.

Il est beaucoup plus difficile de dire la vérité qu'on ne se le figure généralement. Il y a le manque d'observation *simple* et le manque d'observation *composé*; composé, c'est-à-dire quand l'imagination a dénaturé les faits. Dans les deux cas, chacun a l'intention d'être vrai. L'observation, dans le premier cas, est simplement défectueuse; dans le second cas, elle offre plus de dangers. Le premier, en réponse à une question concernant des faits qu'il a eus sous les yeux, pendant nombre d'années, donne des renseignements éxtrêmement défectueux; il ignore le fait; il n'a jamais observé.

Le second a aussi peu étudié le malade, mais son imagination voyage et il décrit la maladie telle qu'il l'imagine, avec la conviction qu'il a vu ou entendu tout ce qu'il dit; ou bien encore il répète une con-

versation, comme des renseignements qu'on lui aurait donnés, tandis que c'est simplement la répétition
de ses propres paroles. C'est là ce qui a lieu le plus
fréquemment. Ces personnes *n'observent pas* qu'elles
n'ont rien *observé*, et ne se souviennent pas qu'elles
ont oublié.

Dans les cours de justice, on semble croire que
tout le monde peut dire *toute la vérité, rien que la
vérité*. Le témoin en a probablement l'intention,
mais il faut réunir les facultés combinées de l'observation et de la mémoire pour dire « toute la vérité »
et pour ne dire « que la vérité. »

« Je sais que j'ai menti indignement, mais croyez-
moi, mademoiselle, je n'ai su que j'avais menti que
lorsqu'on me l'a eu dit. » C'est une réponse qui a
été faite récemment. Il est à remarquer que bien peu
de personnes se rendent un compte exact de ce qui
leur est demandé.

Le concours des témoignages, représenté souvent
comme une preuve définitive, ne prouve rien, pour
les personnes accoutumées à traiter avec ceux qui
mettent l'imagination à la place de l'observation, si
ce n'est qu'une même personne a répété la même
histoire à beaucoup d'autres.

J'ai vu et entendu treize témoins s'accorder pour
affirmer qu'une quatorzième personne, qui n'avait
pas quitté son lit, s'était rendue, tous les matins, à
sept heures, à une chapelle éloignée.

J'ai entendu des personnes de très-bonne foi déclarer qu'un homme qui n'était jamais venu dîner dans la maison qu'elles habitaient, y venait dîner tous les jours; qu'une personne n'avait jamais communié quand deux fois de suite elle s'était agenouillée près d'elles à la communion; qu'elles ne voyaient sortir de la cuisine d'un hôpital qu'un repas par jour, quand pendant six semaines elles en avaient vu fournir de trois à cinq et quelquefois six par jour. On pourrait, s'il le fallait, rapporter de tels exemples à l'infini.

Question inutile ou qui induit en erreur.

Il y a aussi des questions (que l'on fait trop géné-ralement encore) concernant les malades, mais auxquelles on ne fait aucune réponse précise, quand bien même on pourrait y répondre. Il est singulier qu'on ne pense jamais à la réponse qu'on devra faire quand la question vous sera adressée. Telle est celle-ci : Le malade a-t-il passé une bonne nuit? Tantôt le malade croit qu'il a eu une mauvaise nuit quand il n'a pas dormi dix heures de suite. Un autre croit n'avoir pas eu une mauvaise nuit quand il a eu des moments d'assoupissement. La même réponse sera donnée pour deux malades, l'un qui aura été vingt-quatre heures sans dormir, et en sera fatigué à mourir, et un autre qui n'aura pas passé la nuit tout entière sans s'éveiller plusieurs fois. Pourquoi ne pas demander plutôt : Combien a-t-il eu d'heures de sommeil? et quelles ont été les heures de sommeil? Ce dernier point est important parce qu'il indique la marche à suivre. Si un malade dort les deux ou trois premières heures de la nuit et ensuite ne dort plus du tout, il y a dix contre un à présumer qu'il n'a pas besoin de narcotique, mais bien de nourriture ou de stimulants, ou peut-être seulement de chaleur. Si au contraire il y a, toute la nuit, agitation, manque de sommeil, et assoupissement vers le matin, il lui faudra probablement des sédatifs, soit du repos, de la fraîcheur ou une médecine, ou un régime plus léger, peut-être les quatre choses à la fois. C'est ce qu'il faut dire au médecin, autrement comment voulez-vous qu'il en juge? Je n'ai pas fermé l'œil de toute la nuit. Cette réponse que l'on fait si souvent, que l'on ait peu ou point dormi, se renouvellera moins fréquemment si la question est moins vague. Les exagérations volontaires ou involontaires sont beaucoup plus rares quand on répond à une question précise qu'à une question générale. Une autre méprise fréquente, c'est de demander si une cause subsiste, et de ne pas demander si l'effet produit par des causes différentes dont on ne s'informe pas subsiste également. Par exemple, on demandera s'il y a eu, la nuit précédente, autant de bruit dans la rue et si l'on vous répond que non, le malade sera censé, en l'absence du bruit, avoir passé une bonne nuit. Les malades sont complétement abasourdis par ces questions vagues, et ne répondent qu'aux paroles qui leur

sont adressées, même quand ils savent que leurs
réponses conduiront à une fausse conclusion. En
général, on ne fait pas assez la part de la timidité
des malades.

Il est donc bien rare de rencontrer des personnes
qui, par cinq ou six questions nettement posées,
sachent éclaircir les faits, s'en assurer et soient capables d'établir au juste le point où en est le malade.

Moyens d'obtenir des informations exactes.

J'ai connu un très-habile médecin des hôpitaux
qui, lorsqu'il examinait un malade, commençait
toujours par lui dire : Mettez le doigt à l'endroit où
vous avez mal. Il ne perdait pas ainsi son temps à
recueillir des informations inexactes de la garde ou
du malade.

Dans un procès célèbre, qui a été jugé récemment, la question principale a été posée sous cette
forme, et successivement à neuf praticiens très-dis-
tingués : « Pouvez-vous attribuer ces symptômes à
autre chose qu'au poison ? » Huit sur neuf ont répondu non, sans rien spécifier. On a reconnu par
la confrontation des témoignages : 1° qu'aucun d'eux
n'avait jamais vu un seul cas d'empoisonnement par
ce poison présumé ; 2° qu'aucun d'eux n'avait jamais vu un cas de mort semblable à celui-là, en
supposant qu'il ne fût pas dû au poison ; 3° qu'aucun
d'eux n'était instruit du caractère principal de la

maladie, et des causes naturelles auxquelles la mort pouvait être attribuée.

Assurément, on ne peut rien dire de plus fort pour montrer le peu d'utilité des questions de la façon qu'elles sont habituellement posées.

Je préfère ne pas dire combien j'ai vu de cas, où en suivant ce système de questions générales , le malade avait succombé, et où ceux qui le soignaient étaient incapables de décrire les caractères principaux de la maladie.

De la nourriture que le malade doit prendre ou ne pas prendre.

Il est superflu, après avoir traité la question du sommeil, de passer en revue tous les sujets qui peuvent fournir à chacun une ample moisson de faits inexacts. Quant à la nourriture, par exemple, je crois que bien souvent cette question si ordinaire : Avez-vous de l'appétit ? n'est faite que parce que le *questionneur* pense que le *questionné* n'en a pas du tout ; ce qui, d'ordinaire, est vrai. Mais quand il en a, la remarque faite plus haut, à l'égard du sommeil, s'applique également à l'appétit ; *la même* réponse est faite par un malade qui ne peut prendre, par jour, deux onces de nourriture solide, et par un malade, que ne contentaient point cinq repas dans la journée, comme à son ordinaire.

En outre, cette question : Avez-vous de l'appétit ? veut quelquefois dire : Digérez-vous ? Certainement, les deux choses dépendent l'une de l'autre, mais elles sont très-différentes ; souvent un malade ne mange que lorsque vous pouvez l'y exciter ; le défaut d'appétit vient de ce que vous n'avez à lui offrir rien qui lui plaise ; mais souvent aussi un autre malade ne se soucie pas plus de raisin que de navets. Tout lui répugne également. Il voudrait essayer de manger quelque chose qui lui ferait du bien, mais tout ce qu'il mange le rend plus malade. Ici la faute est ordinairement dans la cuisine elle-même. Ce n'est pas son appétit qui demande à être *excité*, c'est son estomac qui a besoin d'être restauré, et une bonne cuisine de malade diminuerait de moitié le travail de la digestion.

Il peut y avoir quatre causes différentes arrivant au même résultat, c'est-à-dire à ce que le malade meure de faim tout doucement, faute d'une nourriture convenable :

1º Une mauvaise cuisine.

2º Un mauvais régime.

3º Un mauvais arrangement des heures des repas.

4º Manque d'appétit chez le malade.

Ces quatre causes sont ordinairement contenues dans cette assertion victorieuse que le malade n'a pas d'appétit.

Certainement on eût conservé plus d'existences en y regardant de plus près, parce que les remèdes sont aussi différents que le sont les causes. Pour le premier point, le remède est dans une meilleure cuisine ; pour le second, il consiste à changer quelque chose au régime ; pour le troisième, à observer quelles sont les heures où le malade a besoin de nourriture ; pour le quatrième, il suffit souvent de lui présenter ce qui le tente, souvent même en lui faisant une surprise. Mais aucun de ces remèdes n'aurait d'utilité dans des cas auxquels ils ne s'appliqueraient pas.

Je ne peux répéter trop souvent que les malades sont généralement ou trop abattus pour observer tous ces détails ou trop timides pour en parler ; en outre, il vaut mieux qu'ils ne soient pas forcés d'y penser, parce que cela fixe trop leur attention sur eux-mêmes. Je le répète encore, à quoi sert que la garde ou l'ami soient là, si ce n'est pour prendre note de toutes ces choses, afin que le malade n'ait point à s'en occuper ?

Il est plus important d'empêcher chez le malade la fatigue d'esprit que la fatigue du corps.

On suppose généralement que la présence de la garde est destinée à épargner au malade tout effort physique, je dirai plutôt qu'elle est là pour lui épargner la peine de penser à lui-même, et je suis persuadée que si le malade était préservé de toute préoccupation de lui-même, et non affranchi de tout exercice corporel, il s'en trouverait mieux. Le contraire a lieu généralement dans les maisons particulières. Dans les hôpitaux, l'absence de toute responsabilité personnelle pour les malades , qui a si souvent sur eux un effet si salutaire, vient de la bonne administration d'une institution fonctionnant régulièrement.

N'ai-je plus rien à faire pour vous ? dit une garde inattentive ; le malade médiocrement poli, répond invariablement : Non. Le malade mieux élevé répond : Non, je vous remercie. Le fait est qu'un homme sérieusement malade aimera mieux se passer des choses, que de prendre la peine de chercher ce que sa garde a pu oublier, et cependant c'est à elle et non à lui à faire cette revue. Une telle question est de la part de la garde une de ces paroles oiseuses, que l'on prononce pour se donner l'air d'être obligeante. Elle aime mieux, au fond, laisser à son malade la préoccupation de prendre soin de lui-même.

La diarrhée.

Quelquefois c'est le médecin qui pose ainsi la question : A-t-il la diarrhée ? et l'on obtient la même réponse, que cette diarrhée se soit déclarée avec violence, comme dans le choléra, ou bien à un degré très-léger , causé par une petite imprudence , qui cessera dès que la cause aura cessé, ou même lorsqu'il n'y aura aucune diarrhée, mais simplement un peu de relâchement.

Il est inutile de multiplier les exemples de ce genre : aussi longtemps que l'étude du malade sera négligée comme elle l'est maintenant, je pense qu'il vaut mieux que le médecin n'ait aucun rapport avec les amis qui l'entourent ; ils l'induisent en erreur plus souvent qu'ils ne lui sont utiles, en lui représentant le malade mieux ou pire qu'il n'est réellement.

Quand il s'agit d'enfants, tout dépend de l'observation parfaite de la mère ou de la nourrice qui doit faire son rapport ; mais cette précision est bien rarement ce qu'elle devrait être.

La véritable pierre de touche d'une garde-malade est dans sa capacité pour soigner un enfant, car elle ne peut jamais dire à celui-là : N'ai-je plus rien à faire pour vous ?

Moyen d'apprendre à observer avec exactitude et rapidité.

Un homme célèbre, quoique connu seulement par des facéties, raconte que son principal objet, en faisant l'éducation de son fils, était de lui donner une habitude d'observation prompte et sûre, une grande netteté de perception, et que, pour cela, il lui faisait faire une course d'un mois en prenant le moyen suivant : il entraînait rapidement l'enfant devant une boutique de jouets ; alors, le père et le fils se faisaient réciproquement l'énumération de tous les objets qu'ils avaient vus, en passant, notant au crayon leurs souvenirs et retournant ensuite pour les vérifier. L'enfant réussissait mieux que le père ; par exemple, si le père décrivait trente objets, l'enfant en décrivait quarante, et faisait rarement une erreur.

Combien ce mode d'éducation serait sage s'il s'appliquait à des choses plus élevées ; dans notre profession de gardes-malades, il serait particulièrement applicable, car on peut affirmer hardiment que si l'habitude de l'observation prompte et exacte ne suffit pas pour faire de nous des gardes expérimentées, du moins, sans cette habitude, nous ne sommes bonnes à rien, malgré tout notre dévouement.

Une garde chargée du soin de plusieurs salles d'hôpital, non-seulement doit avoir dans la tête tous les petits détails du régime de chaque malade, mais encore se souvenir exactement de ce que chaque malade a pris dans la journée. Souvent une garde, qui n'a qu'un malade à soigner, chaque jour, lui enlève son repas, sans se douter qu'il n'y a seulement pas touché.

Si vous trouvez plus facile de vous souvenir de ces choses en les notant au crayon, faites-le sans hésiter. Je crois que cette coutume affaiblit, plutôt qu'elle ne fortifie, la mémoire et l'observation. Mais si vous ne pouvez, de manière ou d'autre, acquérir le sens de l'observation, vous ferez mieux de renoncer au métier de garde-malade ; ce n'est pas là votre vocation, quelque compatissante et soigneuse que vous soyez.

Vous pouvez apprendre, du moins, à estimer à la simple vue, le volume d'une once de nourriture solide et d'une once de liquide. Cette habitude

d'un coup d'œil sûr aide beaucoup l'observation et
la mémoire; quand vous pouvez vous dire à vous-
même : « A. n'a pris, dans sa journée, qu'une once
de viande. B. a pris, en trois fois, dans les vingt-
quatre heures, environ un quart de pinte de bouillon de bœuf ; » au lieu de dire : B. n'a rien pris de
toute la journée ; ou bien, j'ai donné à A. son repas
ordinaire.

Nécessité dans une garde d'observer d'une manière prompte et sûre.

J'ai connu plusieurs de nos bonnes *sœurs* d'hôpital, à la *vieille mode*, qui pouvaient mesurer, à
la simple vue et sans se tromper, le vin et les remèdes de leurs malades. Ce n'est pas cela que je
recommande. Il faut être trop sûr de soi-même
pour pouvoir le faire ; je le rapporte seulement
parce qu'il est certain que si une garde peut, par
l'habitude, mesurer la dose des remèdes avec les
yeux, elle estimera aussi bien la quantité de nourriture, par onces, que son malade aura prise. Dans
les hôpitaux, ceux qui font les parts de nourriture
donnent aux malades soit leur part de six onces,
soit celle de douze onces de viande avec assez
d'exactitude, sans les peser. Cependant, une garde
aura souvent des malades dégoûtés de toute nourriture, et incapables de faire effort pour se guérir,
qui se jetteront sur le contenu du plat, ou trempe-
ront la cuiller dans la tasse pour tromper la garde,
qui enlèvera le tout, sans s'apercevoir qu'il y a

juste la même quantité de nourriture que quand
elle a apporté le plat, et qui dira au docteur que
le malade a mangé comme de coutume, quand elle
devrait dire qu'il a tout renvoyé, comme de coutume, sans y toucher.

Dites-moi un peu, quelle sorte de garde-malade
est-ce là ?

**Les Anglaises ont une grande aptitude à observer exactement,
mais elles en ont peu la pratique.**

Il est possible que j'exprime ici une opinion trop
générale, et assurément elle passera pour un pa-
radoxe, mais je crois qu'il n'y a pas de pays où,
plus qu'en Angleterre, l'habitude d'une observation prompte et sûre manque aux femmes, qui seraient si parfaitement capables de l'acquérir. La
Française ou l'Irlandaise ont des perceptions trop
rapides pour les avoir très-exactes. L'Allemande est
trop lente pour unir, ainsi que pourrait le faire une
Anglaise, la promptitude du coup d'œil à la sûreté
de l'observation ; et néanmoins, les Anglaises en-
courent ce reproche, que les hommes leur font si
souvent, qu'ils ne peuvent avoir confiance en elles,
faute du degré d'attention nécessaire, pour les soins
qui demandent de l'adresse, et qui ne dépasse-
raient point leurs forces.

Dans les divers pays aussi bien protestants que
catholiques où les femmes, soit laïques, soit religieuses, sont employées au soin des malades, les

personnes, responsables de leur capacité, déclarent qu'elles préfèrent leur service à celui des hommes, comme plus exact, plus prudent, sujet à moins d'erreurs, à moins d'inadvertances.

Assurément, la moyenne de l'intelligence des femmes dans ces contrées n'est pas supérieure à celle des femmes anglaises ; et celles-ci seraient bien capables d'atteindre à ce degré de perfection relative.

Je me souviens d'avoir, dans mon enfance, entendu raconter un accident survenu à une personne, qui avait envoyé deux jeunes filles chercher dans sa chambre un flacon de sel volatil ; l'une d'elles ne bougea pas, et l'autre courut dans une autre chambre chercher une bouteille qui n'était pas du sel volatil.

Il y a deux causes à ces erreurs et à ces étourderies : 1° d'abord le défaut d'attention : on n'entend qu'une partie de ce qui est demandé ; 2° le défaut d'observation.

Je le dis aux gardes : ayez soin que les choses soient toujours à la même place ; vous ne savez pas ce qui peut arriver dans un moment où on vous demande une chose inopinément, et peut-être que dans votre précipitation, vous ne vous souviendrez pas où vous l'avez mise, si votre esprit n'est pas accoutumé à la voir toujours au même endroit.

Différence des tempéraments impressionnables ou concentrés.

Je voudrais encore appeler l'attention sur un fait que les gardes n'observent souvent qu'imparfaitement. Il y a une différence bien marquée entre le tempérament impressionnable, et le tempérament que j'appellerai *concentré*. Un malade s'enflamme tout à coup, sous l'effet de quelque secousse ou de quelque inquiétude, et s'endort ensuite très-tranquillement; un autre aura l'air tout à fait calme et même engourdi, sous la même secousse, et l'on dira : il l'a à peine sentie; et quelque temps après vous le verrez s'affaisser graduellement. La même remarque s'applique à l'action des narcotiques ou des apéritifs, qui pour l'un auront un effet immédiat, et pour l'autre n'auront peut-être d'effet qu'au bout de vingt-quatre heures. Un voyage, une visite, un exercice inaccoutumé, affecteront le premier immédiatement, mais il s'en remettra aussi promptement. L'autre les supportera très-bien au premier moment, en apparence, mais il pourra en mourir, ou en être frappé pour toujours. On dit qu'il est très-difficile de gouverner les tempéraments impressionnables. Je sais, moi, qu'il est bien plus difficile encore de gouverner les tempéraments *concentrés*. Avec les uns, vous avez le premier choc que vous pouvez prévoir, et c'est tout Avec les autres, vous ne savez jamais où vous en êtes ; vous ne pouvez jamais prévoir toutes les conséquences qui peuvent se produire;

et vous avez besoin de l'observation la plus attentive pour savoir quelles seront ces conséquences;
car, ici, les résultats ne sont presque jamais immé-
diats, et une observation superficielle conduit presque toujours à l'erreur.

Superstition, fruit d'une observation défectueuse.

Une science imparfaite, une observation défectueuse engendrent souvent aussi la superstition;
on s'est dit : *post hoc, ergo propter hoc*; et ceux qui
ne savent pas observer sont presque toujours enclins
aux croyances superstitieuses. Les fermiers attri-
buent la mortalité du bétail à un sort jeté sur lui,
des mariages ont été attribués à la vue d'une pie,
les morts, à la rencontre de trois; et j'ai entendu, de nos jours, des gens, qui avaient reçu
l'éducation la plus distinguée, tirer de l'état d'un
malade des conséquences aussi raisonnables que
celles-là.

Caractère de la maladie peu apparent sur le visage.

Quoiqu'il y ait, sans doute, une physionomie qui
dénote la maladie, comme il y en a une qui indique
la santé, cependant, de toutes les parties du corps,
le visage est peut-être celle qui en dit le moins à un
observateur ordinaire, ou à la personne qui fait
accidentellement une visite, parce que de toutes les
parties du corps, c'est la plus exposée aux influen-

ces étrangères à la maladie ; et jamais, ou presque jamais, on n'observe assez bien pour savoir distinguer entre les différents effets de l'action de l'air, d'une forte coloration habituelle, d'une peau sensible, d'une tendance à la congestion, d'un épanchement, d'une rougeur subite et tant d'autres effets. Souvent, c'est sur le visage que la maigreur apparaît en dernier lieu. Je dirai que la main est de beaucoup un témoin plus sûr que le visage. Il est vrai qu'il y a quelques maladies qui se révèlent par quelque trait du visage ; ainsi, l'inflammation du cerveau se reconnaît à la dilatation de la pupille. Mais nous faisons une observation générale, sans parler des exceptions, et peu d'observateurs attentifs devraient hésiter à déclarer que ces mots si souvent répétés : Il a l'air bien ou mal, mieux ou pire, propagent en général plus d'erreurs que de vérités.

Il est remarquable que tant de personnes prononcent, après l'observation la plus superficielle, souvent même sans avoir regardé le malade, ou simplement d'après quelque *opinion* que la moindre expérience réfuterait bientôt vite.

J'ai vu des malades qui se mouraient visiblement d'épuisement et d'absence de sommeil, atteints d'une maladie de langueur des plus pénibles, conserver, jusqu'à peu de jours avant leur mort, les couleurs de la santé et une apparence juvénile. Combien de fois n'ai-je pas vu ces infortunés assaillis par de semblables compliments : « Je suis charmé de vous trouver si bonne mine; —Je ne vois aucune raison pour que vous n'alliez pas jusqu'à quatre-vingt-dix ans. Pourquoi ne prenez-vous pas un peu d'exercice et de distraction ? » —et tant d'autres lieux communs qui nous sont si familiers.

Puisqu'il y a, sans contredit, une physionomie qui appartient à la maladie, il faut que la garde apprenne à la connaître.

Quand elle est expérimentée, elle doit pouvoir reconnaître à la coloration inégale du visage, produite par la réaction qui suit l'engourdissement, si le malade a pris un narcotique la nuit précédente, tandis que cette même carnation sera, pour des yeux inexpérimentés, une preuve de santé.

Il y a encore une sorte de défaillance qui ne se trahit point par la carnation, et dans laquelle la face devient brune plutôt que blanche. Il en est une autre, et plus commune, qui est toujours, il est vrai, indiquée par la pâleur.

La garde en fait rarement la distinction; elle parle encore sans le moindre scrupule à l'infortuné malade trop défaillant pour se mouvoir, et continue à l'interroger, à moins qu'il ne devienne très-pâle, et que, heureusement pour lui, les muscles de la gorge contractés ne le laissent sans voix.

Cependant, ces deux sortes de défaillances peu—

vent être parfaitement discernées par la garde, à l'inspection seule de la physionomie du malade.

Particularités des malades.

En outre, la garde doit distinguer entre les diverses idiosyncrasies des malades. L'un préfère supporter seul ses souffrances et être aussi peu surveillé que possible; l'autre aime qu'on soit continuellement occupé de lui, qu'on le plaigne et qu'il y ait toujours quelqu'un à ses côtés. L'une et l'autre de ces deux dispositions doivent être étudiées et satisfaites avec beaucoup plus d'indulgence qu'elles ne le sont en général; car il arrive souvent qu'on fatigue par un empressement importun le malade qui ne demande qu'à « rester tranquille, » tandis qu'on laisse à lui-même celui qui croit alors être négligé.

On a, dans le monde, deux manières de considérer l'art de soigner les malades : les uns s'imaginent qu'on leur impose (comme cela est en effet trop souvent) une contrainte fatigante et inutile, qu'il faut réduire le plus possible; les autres voient dans cet art une « science mystérieuse. » Lorsqu'une garde véritablement habile réussit à obtenir volontiers de son malade ce qu'il avait entièrement refusé à une autre, son succès passe pour un trait de génie, ou même une sorte de tour de *biologie*, comme on l'a vu pratiquer à Londres, il y a quelques années.

Mais il n'y a en cela aucun « mystère; » il s'agit

seulement d'observer les petites manies qui sont communes à tous les malades, et celles qui sont particulières à l'un plutôt qu'à l'autre.

On a vu des personnes posséder un pouvoir étrange sur les animaux, comme de rassembler autour d'elles les oiseaux dans les bois : ce qui semblait autrefois de la sorcellerie passe maintenant pour une faculté particulière dont nous ne pouvons pas pénétrer la cause, de même que celle des enfants nés avec le génie du calcul. Ce fait merveilleux n'est que le résultat d'une observation minutieuse des habitudes et des instincts des oiseaux.

Ainsi, la « puissance extraordinaire » d'une garde et l'absence d'autorité d'une autre sur le même malade proviennent seulement, chez la première, d'une étude attentive des circonstances qui agissent sur lui, et, chez la dernière, du défaut d'observation.

Ainsi, et c'est un des exemples les plus remarquables : un malade succombe d'inanition sous le gouvernement de sa garde; vous lui en donnez une autre, et il consent immédiatement à prendre de la nourriture. Comment cela se fait-il ? On dira : Oh ! c'est qu'elle a beaucoup d'autorité sur ses malades. Cela ne tient point à l'autorité, mais seulement à la manière dont elle prépare la nourriture, ou à celle dont elle arrange les oreillers pour soutenir la tête, de façon que le malade puisse avaler commodément. Quelquefois on le met en état de prendre sa nourriture en ouvrant la fenêtre; d'autres fois en lavant son visage et ses mains, ou bien en passant simplement une serviette humide sur la nuque. Enfin, un autre qui se laisse aller, par excès d'abattement, à une sorte de suicide, a besoin d'un peu d'amusement pour être en train de manger : la garde le remonte en donnant un autre cours à ses idées. Je me souviens que, étant gravement malade, la manière dont une garde plaça la cuiller dans ma bouche me mit en état d'avaler, tandis que cela m'était impossible lorsque j'étais soignée par une autre.

C'est précisément l'observation de toutes ces petites choses qui, sans aucune « influence inexplicable, » rend une femme capable de sauver la vie de son prochain; et c'est le défaut d'observation qui enlève à une autre les moyens de salut.

Même dans le délire, qui semble mettre un malade hors de la portée de tout secours humain, lorsque ses cris vous appellent et que vous ne pouvez lui faire entendre que vous êtes là près de lui, le désordre de ses nerfs est souvent accru par un attouchement ou un bruit importuns, et cependant la garde maladroite ne s'en aperçoit jamais.

La garde doit observer par elle-même les progrès de la faiblesse du malade, qui jamais ne les dira lui-même.

Il est peu d'efforts plus pénibles pour un malade, accablé sous le poids d'une longue et incurable maladie, que la nécessité de recourir à la parole pour dire de temps en temps à une garde, qui ne sait pas voir par elle-même, qu'il ne peut plus faire telle ou telle chose dont il était encore capable l'année passée ou le mois dernier. Quelle autre que la garde doit d'abord apercevoir ces symptômes d'affaiblissement? Cependant j'ai vu, principalement parmi ceux à qui rien ne manquait de ce que la fortune et la position peuvent donner, j'ai vu, dis-je, arriver nombre d'accidents funestes, soit soudainement, soit par degrés, qui avaient surtout pour cause ce défaut d'observation chez les gardes-malades. Parce que le malade pouvait sortir seul de son bain il y a un mois, parce que, l'autre semaine, il pouvait aller jusqu'à la sonnette, la garde en conclut qu'il peut le faire encore aujourd'hui. Elle n'a jamais observé le changement qui s'est opéré dans l'état du malade, et il perd la vie, peut-être, parce qu'elle l'a laissé sans secours dans un état d'épuisement total jusqu'à ce que quelqu'un survienne par hasard. Il ne succombe pas à une attaque foudroyante d'apoplexie, de paralysie, ou dans une syncope imprévue (quoique de semblables accidents même puissent être beaucoup plus prévus qu'ils ne le sont en général, si nous savions observer); non, il succombe au progrès prévu ou qui devrait l'être, inévitable, visible, non interrompu de la faiblesse, état que rien n'aurait dû soustraire à l'observation.

Accidents qui naissent du défaut d'observation d'une garde.

Un malade, qui n'est pas habituellement confiné dans son lit, est forcé, par une crise de diarrhée, de vomissements, ou autres accidents, de rester couché pendant quelques jours. Il se lève pour la première fois, et la garde le laisse aller dans une autre chambre, sans y retourner quelques minutes après pour savoir comment il s'y trouve. Il ne lui vient jamais à l'esprit, quelque probable que ce puisse être, qu'il soit pris de défaillance, surpris par le froid, ou qu'il manque des choses nécessaires. Elle dit, pour son excuse : « Oh ! il n'aime pas qu'on s'agite auprès de lui. » Oui, il disait cela il y a quelques semaines, mais il ne le dit plus dans l'état où il est maintenant ; et l'eût-il répété, vous deviez chercher quelque prétexte pour retourner auprès de lui. Un grand nombre de malades ont été perdus par des rechutes qui avaient pour seule cause un abandon d'une ou deux heures, pendant lesquelles ils ont souffert d'une défaillance, ou du froid, ou de la faim, en quittant leur lit pour la première fois.

Vous ne savez pas combien le pouvoir de résistance est nul chez un malade très-affaibli ! Plutôt que de discuter, il cédera facilement aux habitudes de la garde, quoiqu'il en éprouve une souffrance positive pour le moment, et qu'il lui en reste une prostration de forces totale pour le reste du jour. Une garde intelligente sait amener le malade à de bonnes habitudes, telles que les soins de toilette et de propreté à des moments divers, de manière à ménager ses forces. Est-elle remplacée par une garde insouciante, le malade adopte, sans réclamation, la mauvaise méthode que celle-ci lui impose. *Les malades font ce qu'on veut qu'ils fassent;* il est de la plus grande importance de ne pas oublier ce point.

La faculté d'observation va-t-elle déclinant?

Cependant il semble qu'il ne se fasse aucun progrès dans la faculté d'observation, à ce sujet. La pathologie, cette science qui nous enseigne le changement produit par la maladie sur le corps humain, a pris un grand développement, mais à peine si l'application en est faite sur le malade. N'est-il pas à craindre que la science d'observation, comme partie essentielle de la médecine, n'ait été en déclinant?

Un médecin d'une grande autorité, dans un pays où la pathologie est considérée comme beaucoup plus avancée que dans le nôtre, disait : « Avez-vous découvert quelque chose par le stéthoscope? » alors il est déjà trop tard pour faire aucun bien.

Qui de nous n'a entendu cinquante fois une garde, un ami, même un médecin, dire : « Comment, A... est plus mal? » ou bien : « B... est mort? je l'avais vu la veille ; je le croyais beaucoup mieux. » « Il n'y avait certainement aucune apparence qui pût faire craindre une catastrophe si soudaine. » Mais

je n'ai jamais entendu personne dire, quoique cela
dût sembler le cours naturel de la pensée : « Il doit
y avoir eu *quelque* symptôme dont j'aurais pu m'a-
percevoir si j'y avais regardé. Je vais essayer de
recueillir mes souvenirs sur ce qui m'est échappé,
afin que je puisse mieux observer une autre fois. »
Non, ce n'est pas là ce que les gens disent ; ils affirment hardiment qu'il n'y avait rien d'apparent,
plutôt que de convenir que leur observation a été en
défaut.

Que ceux dont le devoir est d'observer la maladie
et la mort regardent en arrière, et s'efforcent de
retrouver dans leur mémoire les signes extérieurs
qui ont précédé les rechutes, les attaques ou la mort,
et qu'ils n'affirment pas qu'il n'y avait rien à conclure des apparences.

La pâleur n'est pas toujours un symptôme invariable des approches
de la mort, comme on le suppose dans les romans.

Peu de personnes ont eu l'occasion d'observer les
différents aspects sous lesquels se présente la face
humaine, à l'approche soudaine d'une mort violente ; et comme c'est aussi une observation qui renferme peu d'utilité, je n'en parle ici que comme
exemple le plus frappant de ce que je vais dire.
Dans les tempéraments nerveux, la face devient pâle
(et c'est là le seul effet *reconnu*) ; elle devient pour-
pre dans les tempéraments sanguins, et, dans les
tempéraments bilieux, elle devient jaune ou marbrée

de diverses couleurs. Cependant, on suppose généralement que la pâleur est l'unique symptôme de presque tous les troubles violents qui agitent la nature humaine, soit qu'ils aient pour cause la terreur, ou la maladie, ou une catastrophe imprévue. Il ne peut y avoir d'observation plus mal fondée ; la pâleur est, en effet, le seul signe apparent *reconnu*, et, comme nous l'avons dit, *de rigueur* dans les romans, mais nulle autre part.

Observation des conditions générales.

Deux habitudes de l'esprit conduisent souvent à de fausses conclusions : 1º le manque d'observation des conditions particulières ou générales ; 2º l'habitude invétérée des statistiques et des moyennes.

1º Les hommes que leur profession, comme celle des médecins, conduit à observer uniquement ou principalement les altérations palpables et permanentes des organes, sont aussi exposés à se tromper sur les résultats que ceux qui n'observent pas du tout.

Voici un cancer, une jambe cassée : il suffit aux chirurgiens d'y regarder une fois pour connaître le mal ; il importe peu qu'ils l'examinent le matin ou le soir : jusqu'à ce que les os soient ressoudés, quelles que soient d'ailleurs les circonstances, ce sera toujours une jambe cassée. Il en est de même pour beaucoup de maladies organiques. Il suffit à un médecin expérimenté de tâter une fois le pouls pour reconnaître l'existence d'un anévrîsme qui, plus ou moins promptement, doit tuer le malade. Mais il n'y a rien de semblable dans la grande majorité des cas ; et, sans une enquête bien faite de toutes les conditions au milieu desquelles vit le malade, il est impossible de se former une idée exacte sur l'issue de la maladie. Au milieu de la civilisation compliquée des grandes villes, la mort, comme le savent toutes les personnes expérimentées, est bien moins souvent causée par un désordre organique que par une maladie venant après beaucoup d'autres, et pouvant amener la somme d'épuisement nécessaire pour la mort.

Rien n'est si absurde, si propre à égarer le jugement, que ces paroles si souvent répétées : « tel ou tel n'a point de maladie organique. » Il n'y a donc nulle raison pour qu'il ne vive pas jusqu'à l'extrême vieillesse. Quelquefois, mais pas toujours, on ajoute : pourvu qu'il ait du repos, une bonne nourriture, du bon air, etc., etc. ; ce jugement est répété par les ignorants, *sans* ces dernières réserves ; or il n'y a aucune possibilité des conditions indiquées, ainsi la *seule* base de cette opinion n'a plus aucun fondement.

Les observateurs s'arrêtent beaucoup trop à ce qui frappe leurs sens, et pas assez aux causes impliquées dans les conditions générales.

J'ai connu deux hommes, dont l'un déplaçait constamment et volontairement un membre disloqué, et qui était gardé à l'hôpital et choyé par tous les chirurgiens; l'autre, pour lequel on avait déclaré n'avoir aucun traitement à suivre, parce qu'il n'y avait point d'altération organique perceptible, mourut dans la semaine. Dans l'un et l'autre cas, la garde, en accusant fidèlement aux médecins ce qu'elle avait attentivement observé, empêcha, dans le premier cas, le malade de persévérer dans sa fraude, et préserva le second du malheur d'être renvoyé de l'hôpital, lorsqu'il était véritablement près d'expirer.

On peut même aller plus loin, et dire que, dans toutes les maladies qui ont leur origine dans la faiblesse ou l'irrégularité de quelques fonctions, et non dans une lésion organique, ce serait tout à fait un hasard, si le médecin, qui voit le malade seulement une fois par jour et généralement à la même heure, pouvait se former une idée positive de sa véritable situation. Dans le milieu du jour, lorsque ce malade a été rafraîchi par l'air et la lumière du soleil, par son thé, son bouillon, son eau-de-vie, par des bouteilles chaudes aux pieds, par des soins de toilette et par du linge blanc, vous pouvez à peine croire que ce soit la même personne que vous avez vue le matin, avec un pouls fréquent et inégal, les paupières gonflées, la respiration haletante, les membres froids et des inquiétudes nerveuses dans les mains. Que doit faire une garde en pareil cas? Suffit-il qu'elle s'écrie : « Mon Dieu ! Monsieur, qui n'aurait pas cru, pendant toute la nuit, que c'était un mourant? » Cela peut être vrai, mais ce n'est pas là le rapport que vous devez à un médecin, plus capable que vous de se former un jugement d'après les faits, si vous les lui faisiez connaître. Quelque respectueusement qu'elle soit donnée, ce n'est pas votre opinion qui lui est nécessaire, mais les faits que vous avez observés. Il est important, dans toutes les maladies, mais il est indispensable, dans celles qui n'ont pas un cours régulier, que le médecin soit instruit par une garde attentive et in-telligente des faits qu'elle seule peut constater.

Le pouls.

L'attention de la garde doit être dirigée sur l'extrême variation qu'on remarque souvent, durant le cours d'une journée, dans le pouls des malades. En voici un relevé très-ordinaire : entre trois et quatre heures du matin, le pouls devient rapide, peut-être à cent trente pulsations, filiforme ; ses bat-tements ressemblent aux vibrations d'une corde placée sous la peau. Dans cet état, le malade ne peut plus retrouver de sommeil. Vers le milieu du jour, le pouls est retombé à quatre-vingts, et quoique fai-ble et compressible, c'est un pouls assez satisfaisant. Vers le soir , si le malade a eu de l'excitation dans la journée, le pouls est presque impercep-tible ; mais s'il a passé une journée tranquille le pouls est plus fort et plus égal qu'à midi, sans être plus rapide. Ceci est l'histoire ordinaire d'un pouls normal. On pourrait citer également d'autres variations, durant les vingt-quatre heures; mais, dans les inflammations, que l'état du pouls peut presque toujours révéler, dans les fièvres typhoïdes, où rien ne peut relever la lenteur et la compression du pouls, il n'y a point de ces variations considérables ; le docteur et les gardes sont accoutumés, en ce cas, à n'en pas chercher, mais les variations sont en elles-mêmes un symptôme important.

Dans les cas comme ceux que nous venons de citer, la fin est ordinairement « soudaine, » par suite peut-être de quelque légère fatigue des jours précédents, ce qui suffit à combler la mesure d'épuisement nécessaire pour provoquer la mort. Chacun alors s'écrie : « Qui aurait pu s'imaginer cela ? » Personne, excepté une garde attentive, s'il s'en fût trouvé une telle auprès du malade. Elle seule aurait pu prévoir l'épuisement et savoir qu'il serait sans remède, parce que le malade n'avait point de forces en réserve, pour le cas où il serait privé, même durant très-peu de jours, du secours quotidien de sa ration ordinaire de sommeil et de nourriture.

Les meilleures gardes se désolent volontiers de ce qu'elles ne peuvent communiquer au médecin leur impression sur le danger réel du malade, qui semble souvent, pendant la visite du docteur, ou beaucoup mieux, ou beaucoup plus mal qu'il ne l'est en réalité. Cette angoisse très-légitime provient généralement de ce que la garde n'a pas la faculté d'exposer au médecin les faits d'après lesquels elle forme son opinion, d'une façon assez claire et assez concise, ou de ce que le médecin lui-même, pressé et inexpérimenté, n'a pas pu les discerner. Un homme véritablement préoccupé de ses malades apprendra bientôt à provoquer et à apprécier les réponses d'une garde qui sait observer attentivement et rapporter avec fidélité.

Il faut qu'une garde puisse comprendre ce que révèle le caractère du pouls, ce que signifient ses variations. Ce n'est pas le nombre des pulsations qui indique ce qu'il est le plus important de connaître, bien que vous deviez, du moins, être capable de vous rendre compte, sans les compter, de leur fréquence. C'est leur caractère qu'il importe surtout de discerner. Il y a le pouls clapotant, qui indique l'anévrisme; le pouls filiforme, qui court, non comme un ruban, mais comme un fil, le long d'un espace qu'il ne remplit pas; le pouls intermittent des maladies de cœur; le pouls des péritonites; le pouls résistant, qui indique l'inflammation aiguë ou une menace d'hémorragie. Il y a encore le pouls rapide de la fièvre, signe d'épuisement, qui indique que le temps est venu de donner du vin et des stimulants. La vie du malade dépend toujours de l'à-propos avec lequel ce moment est choisi. Le vin, convenablement administré, fait baisser le pouls; le docteur ordonne que si, dans son absence, la réaction suit la dépression, le vin soit discontinué, ou donné en moindre quantité ; cette réaction est indiquée par le pouls.

Comment la garde pourrait-elle avoir la moindre confiance dans ses soins, comment pourrait-elle connaître les moyens de préserver son malade du péril ou de lui épargner des souffrances, si elle n'est pas devenue familière avec tous ces caractères du pouls?

Un pouls profond indique le danger de la gangrène ou de la pourriture ; il y a le pouls qui, dans l'apoplexie, indique le danger de la saignée, quelquefois pratiquée, même par des personnes qui ne sont pas de la profession.

Il y a le pouls des maladies cérébrales, le pouls des congestions et beaucoup d'autres ; il est impossible d'indiquer toutes ces nuances sur le papier; il faut les avoir palpées pour les connaître et cette connaissance est nécessaire à une véritable garde-malade.

Il est indispensable, pour cette raison, que ses sens soient cultivés et aiguisés : celle dont l'oreille ne distingue pas le timbre de la sonnette de son malade ne sera certainement pas capable de discerner, par le toucher, le caractère de son pouls. Elle peut commettre de redoutables méprises, et plût à Dieu qu'elle n'eût jamais mis dans sa tête de tâter le pouls à personne !

Pour arriver à se former un jugement sain sur l'état d'un malade,
il ne suffit pas de tenir compte seulement de ce qu'il est actuellement, mais de ce qu'il sera probablement.

Pour revenir aux conditions générales :

J'ai entendu un médecin éminent répondre de la
guérison d'un malade à ses amis ; et pourquoi ?
Parce qu'il venait de prescrire un traitement, dont
le malade avait suivi tous les détails pendant des
années, et parce qu'il avait interdit un traitement
que le malade ne pouvait suivre en aucune façon.

Une personne étrangère à toute connaissance
scientifique arrivera plus sûrement, par l'observation et l'expérience, à un pronostic probable sur la
durée de la vie des membres d'une famille ou des
habitants d'une maison, que le plus savant praticien, à qui les mêmes personnes viendront faire tâter leur pouls, sans qu'il sache dans quelles conditions elles vivent.

Si les compagnies d'assurances et les autres so-
ciétés semblables, au lieu de faire examiner les personnes qui traitent avec elles par un médecin, s'in-
formaient du genre de vie, des habitations, de toute
les conditions d'existence de ces mêmes personnes,
combien elles arriveraient à des résultats plus certains ! W. Smith paraît un homme robuste, mais
on pourrait prévoir qu'il courra de grands risques, à
la prochaine épidémie de choléra. M. et Mme J. sont
un couple sain et vigoureux, mais on pourrait sa-

voir qu'ils vivent dans une maison et dans un quartier de Londres si voisin de la rivière, qu'ils y ont
perdu les quatre cinquièmes de leurs enfants. Il serait utile aussi de savoir quels sont ceux qui ont
survécu aux autres.

La statistique nous dit seulement que la mortalité sera de tant
pour cent. L'observation doit nous dire quels seront ceux qui se
trouveront parmi les morts.

2° Nous arrivons au second point : la statistique,
les moyennes nous détournent de l'observation.
Les tables de mortalité nous disent seulement
qu'il meurt par an, dans cette ville, tant de personnes sur cent, et tant dans telle autre ; mais si
A ou B seront dans le nombre des morts, la statistique n'en dit naturellement rien. Nous savons
que la mortalité sera, l'année prochaine, à Londres, de vingt-deux à vingt-quatre personnes sur
mille ; mais une enquête bien faite nous mettrait
en état de prédire que, non-seulement dans tel
district, mais même dans telle rue, de tel côté
de cette rue, dans telle maison particulière, enfin, à tel étage de cette maison particulière, la
mortalité sera excessive, c'est-à-dire que les personnes qui succomberont n'auraient pas dû mourir
avant l'âge.

Nos observations ne seraient-elles pas beaucoup
plus exactes, nos conclusions beaucoup plus justes,
ne serions-nous pas beaucoup plus capables de nous

former une opinion, si nous savions quelle maison,
quel étage habitait celui dont le nom est enregistré
parmi les morts?

Il est bien reconnu qu'on trouve constamment
les mêmes noms sur les registres des maisons de
travail durant plusieurs générations ; c'est-à-dire
que les familles sont nées et élevées, naîtront et seront élevées, de génération en génération, dans les
conditions qui font les pauvres. La mort et la maladie sont comme la maison de travail, elles se re-
crutent dans les mêmes familles, les mêmes maisons, ou, en d'autres termes, dans les mêmes conditions; pourquoi ne voulons-nous pas observer
leurs caractères?

L'observateur attentif peut prédire avec certitude que telle famille, que ses membres se marient
ou non, sera bientôt éteinte; que telle autre dégé-
nérera moralement et physiquement ; mais qui est-
ce qui s'instruit par cette leçon? On sait bien que
les enfants meurent dans telle maison, dans la proportion de huit sur dix ; il semblerait qu'il n'y a
rien à ajouter à ce fait, car comment la Providence
pourrait-elle parler plus clairement? Cependant
personne ne l'écoute, la famille continue à vivre là
jusqu'à ce qu'elle soit éteinte, et ensuite une autre
famille prend sa place : « *Un mort ressusciterait
qu'ils ne l'écouteraient point.* »

But de l'observation,

En insistant sur l'importance radicale d'unè saine observation, .nous prions qu'on ne perde pas de vue le but pour lequel nous la recommandons. Elle n'est pas destinée seulement à augmenter la masse des connaissances, à recueillir des faits curieux, mais à sauver la vie, à préserver la santé, à accroître le bien-être. Il peut sembler superflu de le dire ; mais il est surprenant combien d'hommes (et même de femmes) agissent comme si le but scientifique était leur seule fin, comme si le corps humain n'était qu'un réservoir à médicaments, et, pour les accidents du ressort de la chirurgie, comme si c'étaient des cas intéressants préparés par les victimes pour l'instruction spéciale du praticien ; et je n'exagère pas. Si vous soupçonnez que votre malade a été empoisonné par un sel de cuivre, vous devez à l'instant combattre, par tous les moyens possibles, la cause du mal, sans considérer que ce prompt secours peut faire perdre une série d'observations curieuses. Mais ce n'est pas ainsi que tout le monde agit, et l'on a osé poser cette question d'éthique médicale : Que doit faire le médecin s'il soupçonne l'empoisonnement ? Il semble que la réponse soit bien simple ; insister pour qu'une garde qui mérite toute confiance soit placée auprès du malade, ou renoncer à la guérison.

Que doit-on entendre par une garde sûre ?

Rappelez-vous que toute garde doit être digne de mériter ce titre ; en d'autres termes, il faut qu'elle mérite toute confiance. Elle ignore quel degré de responsabilité peut bientôt peser sur elle. Elle ne doit point être commère, elle ne doit point dire de paroles inutiles ; elle ne doit jamais répondre à une seule question sur son malade, excepté à ceux qui ont le droit de la lui adresser. Elle doit être, je n'ai pas besoin de le dire, strictement sobre et honnête ; mais, ce qui est plus encore, elle doit être une femme pieuse et dévouée ; elle doit avoir du respect pour sa vocation, parce que la vie, ce don sacré de Dieu, est souvent littéralement confiée à ses mains ; elle doit être une observatrice sensée, attentive et d'un prompt discernement ; enfin, elle doit être une femme de sentiments délicats et élevés.

L'observation a un but pratique.

Pour revenir au but de l'observation, il semble réellement que quelques-uns la considèrent comme si elle était son propre but à elle-même ; comme si la découverte et non là guérison était leur affaire ; ainsi, récemment, dans un procès célèbre, trois médecins, suivant leur propre rapport, ayant soupçonné le poison, signalèrent un cás de dyssenterie, et abandonnèrent le malade à l'empoisonneur. Ceci est un cas extrême ; mais, dans des exemples moins frappants, nous avons eu tous connaissance de faits semblables. Combien de fois ceux qui soignaient un malade ont-ils admis qu'ils savaient parfaitement bien que le malade ne pouvait guérir dans telle atmosphère, dans telle chambre, ou dans telles circonstances, et cependant, ont-ils continué à lui administrer des remèdes, sans faire aucun effort pour éloigner de lui le poison, ou pour l'éloigner lui-même du poison qui le dévorait! Combien ont négligé d'exprimer leurs convictions sur ce point à la seule personne qui aurait pu agir dans cette circonstance !

CHAPITRE XIV

CONCLUSION

Les précautions sanitaires, aussi essentielles dans les cas de chirurgie que dans ceux qui appartiennent plus spécialement à la médecine, doivent marcher de concert avec celles qu'exigent plus spécialement les cas de chirurgie.

La totalité des remarques précédentes s'applique encore plus aux enfants et aux femmes atteintes de fièvre puerpérale, qu'aux malades en général. Elles s'appliquent aux soins à donner aussi bien dans les cas de chirurgie que dans les cas de maladie. Les premiers exigent même, s'il est possible, plus de précaution encore que les derniers ; dans les salles qui sont du ressort de la chirurgie, un des premiers devoirs des infirmières est *de prévenir*. Les fièvres et la gangrène d'hôpital, la résorption de la suppuration peuvent toujours survenir. Dans les cas de fracture compliquée, d'amputation ou d'érésipèle, le plus ou moins d'exactitude de la garde à suivre les indications données dans ces notes peut faire que les

malades soient attaqués ou non de l'une de ces affections d'hôpital. Si la garde laisse remplir la salle
qu'elle surveille de cette odeur fétide, qui se produit
dans les cas chirurgicaux et spécialement quand
il y a une grande suppuration, elle pourra voir
l'homme le plus vigoureux, au printemps de la vie,
dépérir graduellement et mourir, lorsque, selon
toutes les probabilités humaines, il devait guérir.
Qu'elle ne cesse donc jamais d'être sur ses gardes
contre le défaut de propreté, d'air pur, de chaleur
et de lumière.

Cependant il ne faut pas s'imaginer que si ces
notes insistent principalement sur les précautions
sanitaires, l'habileté et l'adresse manuelle doivent
être considérées comme accessoires. On peut dans
le palais le mieux exposé laisser un blessé mourir
par l'hémorragie ; — un malade hors d'état de se
mouvoir par lui-même peut mourir des ulcères qui
se forment à la suite des écorchures, tout en jouis-
sant de toutes les conditions désirables d'air, de
lumière et de repos, parce que la garde ne sait
comment le changer et le panser.

Mais les devoirs de la garde, considérée comme
aide du chirurgien, n'ont pas été traités ici pour
trois raisons :

1° Cet ouvrage n'a pas la prétention d'être un
manuel de toutes les fonctions d'une garde-malade,
pas plus qu'un manuel du régime et de la nourriture des malades.

2° L'auteur, qui a vu, peut-être plus que personne en Europe, un grand nombre de cas de chirurgie et a pu juger des soins qu'ils réclament, croit qu'il est impossible d'apprendre par aucun livre cette adresse manuelle qui ne peut être acquise que dans les salles d'un hôpital. Elle s'est également persuadée qu'on peut voir cet art pratiqué par les *sœurs* de la vieille école d'un hôpital de Londres avec une perfection qu'on ne rencontre nulle autre part en Europe.

3° Tandis que des milliers de malades, qui reçoivent ces soins manuels si bien entendus, meurent des mauvaises conditions de l'air, etc., le contraire a lieu beaucoup plus rarement.

La susceptibilité des enfants, dans les mêmes circonstances, est plus grande que celle des adultes.

Pour revenir aux enfants, ils sont beaucoup plus accessibles à toutes les influences nuisibles que les adultes. Ils sont affectés, mais beaucoup plus rapidement et plus sérieusement, par le manque d'air, de chaleur suffisante; par le défaut de propreté dans la maison, dans les vêtements, dans le coucher ou sur leur personne; par les bruits soudains, par une mauvaise nourriture; par le défaut de ponctualité, la tristesse et la privation de jour; par le trop ou trop peu de couvertures sur le lit ou de vêtements lorsqu'ils sont levés; parce que ceux à qui ils sont confiés n'ont pas l'intelligence de leurs devoirs. Nous ne pouvons qu'appuyer sur l'importance de tous ces détails à l'égard des enfants, et surtout à l'égard des enfants malades.

Mais de tous les inconvénients que nous venons d'énumérer, le plus nuisible aux enfants est assurément le mauvais air, et particulièrement durant la nuit. Rien ne ruine leur santé, comme de tenir les chambres où ils dorment constamment fermées. Que sera-ce donc quand l'haleine de l'enfant est altérée par la maladie? un petit nombre d'heures seulement, passées dans ce mauvais air, peut mettre sa vie en danger, lors même que la présence des grandes personnes dans cette chambre n'y laisserait aucune mauvaise influence.

Le passage suivant, emprunté à une excellente instruction sur la mort subite des nouveau-nés ou dans le premier âge, récemment publiée, montre l'importance vitale de l'hygiène des enfants : « Pour la grande majorité des cas, dit l'auteur, lorsque la mort frappe subitement un nouveau-né ou un jeune enfant, c'est un *accident* et non pas un résultat nécessaire, inévitable, d'aucune maladie déterminée. »

Il serait aussi très-intéressant de savoir dans combien d'occasions la mort des adultes n'est pas le résultat nécessaire et inévitable d'une maladie. Otez le mot *subit* (car la mort subite est comparativement rare chez les adultes) et la proposition sera presque également vraie pour tous les âges.

Le même auteur énumère ainsi les causes de morts accidentelles chez les enfants malades. — Les bruits soudains qui les font tressaillir, un changement trop rapide de température qui refroidit toute la surface, ne fût-ce que pour un moment, un réveil trop brusque, une nourriture trop solide, ou trop hâtée, une impression profonde sur le système nerveux, tout changement précipité de position, en un mot, toutes les causes, qui peuvent troubler le jeu de la respiration.

Nous répéterons encore que, pour les malades adultes très-affaiblis, toutes ces causes sont aussi soudainement fatales, non point très-souvent, il est vrai, mais beaucoup plus souvent qu'on ne le sait généralement.

Mais pour les enfants et pour les adultes, pour les malades et pour les gens bien portants (quoique, bien certainement, ce soit surtout vrai des enfants malades), la cause la plus fréquente et la plus fatale de toutes est le mauvais air respiré pendant le sommeil, même pendant un petit nombre d'heures, à plus forte raison pendant des semaines, et pendant des mois. Cette fâcheuse condition, qui trouble plus qu'aucune autre les organes respiratoires, tend à produire *les morts accidentelles* dans la maladie.

Je répète ici, pour prévenir toute confusion d'idées, qu'il faut distinguer entre le froid et le renouvellement de l'air. Vous pouvez occasionner à un malade un refroidissement mortel, sans lui avoir donné un souffle d'air respirable , et vous pouvez encore mieux renouveler l'air autour de lui, sans l'exposer au froid. A ceci on peut reconnaître une bonne garde.

Dans les cas de longue convalescence, par exemple, après l'épuisement d'une grave maladie, de celles spécialement qui affectent les organes de la respiration, l'air pur aux poumons, la chaleur à la surface, et souvent des boissons chaudes, aussitôt que le malade peut avaler, voilà les vrais remèdes et les seuls. Cependant, vous voyez souvent la garde ou la mère agir précisément au rebours de cette règle : fermer les moindres issues par lesquelles l'air frais pourrait entrer, et laisser le corps froid, ou peut-être l'accabler du poids des couvertures , sous lesquelles le peu de chaleur qui lui reste ne suffira pas à le réchauffer.

On a remarqué souvent, chez les enfants et même chez les adultes, que la respiration pénible et comme angoissée semblait, chez ces malades très-affaiblis, devenir un acte presque volontaire, et exigeant toute leur attention , comme les autres fonctions qu'ils doivent accomplir.

La maladie ayant mis obstacle au jeu libre des fonctions respiratoires, quelque nécessité soudaine qui exige l'exercice parfait des poumons peut produire un arrêt soudain de toute la machine (cela est donné comme une marche de la maladie) ; la vie s'éteint, faute de principe nerveux, pour maintenir les fonctions vitales en activité (encore un progrès par lequel la mort subite n'est pas *un accident* plus fréquent pour les très-jeunes enfants que pour les autres). Ces progrès, se terminant par la mort, peuvent très-bien survenir aussi dans le milieu de la vie, quoique généralement l'issue n'en soit pas soudaine ; mais j'ai vu, à cette période de l'exis·tence, l'arrêt, *soudain*, mentionné ci-dessus, arriver par les mêmes causes.

Résumé.

Nous répondrons, en terminant, à deux des objections les plus communes présentées, l'une par les femmes elles-mêmes, l'autre par les hommes, contre l'avantage de répandre parmi les femmes les connaissances sanitaires.

Imprudence de la médecine d'amateur faite par les femmes; véritables notions d'hygiène pouvant seules remédier à ce danger.

1º Les hommes disent souvent qu'il n'est pas sage d'enseigner aux femmes les principes de l'hygiène, parce qu'elles voudront faire de la médecine, qu'il y a déjà un trop grand nombre de médecins amateurs ; cela est certainement vrai. Un éminent docteur me disait qu'il avait vu donner plus de calomel aux enfants par les mères, les gouvernantes et les gardes, qu'aucun médecin n'en avait jamais ordonné dans toute sa pratique. Un autre me disait que la seule idée de médecine des femmes est le calomel et les autres purgatifs. Il est incontestable que ce fait a lieu trop souvent. Rien n'est comparable, dans aucune profession, à l'imprudence de la médecine d'amateur faite par les femmes; beaucoup d'entre elles, ayant obtenu une fois de leur médecin une ordonnance pour des pilules purgatives, *blue-pills*, les prennent et les donnent deux ou trois fois la semaine avec toutes leurs conséquences. Le médecin, informé de cet abus, substitue à son ordonnance des pilules comparativement innocentes; sa cliente se plaint que cela ne lui réussit pas la moitié aussi bien.

Si les femmes veulent prendre ou donner une médecine, le plus sûr de beaucoup est d'envoyer chaque fois chez leur médecin. Il y en a qui veulent prendre des remèdes ou les administrer, et ne se donnent pas même la peine de savoir les noms des substances médicales les plus communes, qui confondent la coloquinte avec la colchique. Ainsi les amateurs jouent avec un instrument tranchant sans connaître ses effets meurtriers.

Il y a aussi d'excellentes femmes qui, écrivant de la campagne à leur médecin de Londres qu'il y a beaucoup de maladies dans leur voisinage, le prient de leur envoyer quelques prescriptions pour elles-mêmes, et, ces prescriptions, elles les donnent ensuite à leurs amis et à leurs pauvres voisins. Ne serait-il pas mieux, au lieu de donner des remèdes dont vous ne pouvez connaître l'exacte application, ni toutes les conséquences ; ne serait-il pas mieux, si vous voulez aider et soulager vos pauvres voisins, de faire enlever le fumier qui est devant leurs portes, établir dans leur chambre une fenêtre qui s'ouvre, ou un ventilateur, ou de faire nettoyer et blanchir à la chaux leurs chaumières ? Les bons résultats de toutes ces améliorations sont certains ; les bons résultats de l'exercice inexpérimenté de l'art médical ne le sont en aucune manière.

L'homœopathie a introduit une amélioration essentielle dans la pratique de la médecine par des femmes amateurs ; car ses règles d'hygiène sont excellentes, ses prescriptions médicales comparativement inoffensives ; le *globule* est un grain de folie qui paraît nécessaire pour faire accepter les choses raisonnables. Si les femmes donc veulent donner des remèdes, qu'elles donnent des remèdes homœopathiques, et elles ne feront aucun mal.

Une erreur presque universelle parmi les femmes est la supposition que tout le monde doit avoir le ventre libre, une fois dans les vingt-quatre heures, sinon qu'il faut recourir immédiatement aux purgatifs ; la conclusion contraire est le résultat de l'expérience.

Ce sujet d'ailleurs regarde le médecin ; je ne veux pas le traiter davantage, mais je répéterai seulement : Ne continuez pas à prendre ou à donner aux enfants votre abominable *série de purgatifs* sans appeler un médecin.

Il est très-rare qu'en choisissant bien vos aliments vous ne puissiez régler vos entrailles ; chaque femme doit s'observer pour savoir quelle sorte de nourriture peut lui faire obtenir ce résultat. La privation de viande produit la constipation aussi souvent que la privation de végétaux ; le pain de boulanger, plus souvent que l'une et l'autre de ces causes ; le pain de ménage, le pain mêlé de seigle guérira cette indisposition beaucoup mieux que toute autre méthode.

Une garde douée de l'esprit d'observation et véritablement expérimentée ne fera de la médecine ni pour elle-même ni pour les autres, et le vrai moyen d'en finir avec les médecins amateurs est de leur apprendre l'obéissance due aux véritables médecins, et de cultiver chez les mères, les gouvernantes ou les gardes, l'expérience et l'observation pour les choses dont la santé dépend. C'est ainsi qu'elles viendront en aide à la médecine, au lieu d'y mettre obstacle. Il est vrai qu'une semblable éducation chez les femmes diminuerait la besogne du médecin ; mais personne ne croit réellement que les médecins désirent qu'il y ait plus de malades, afin d'avoir plus d'affaires.

2° Les femmes disent souvent qu'elles ne peuvent rien savoir des lois de l'hygiène, ou qu'elles ne peuvent savoir comment s'y prendre pour conserver la santé de leurs enfants, parce qu'il ne leur est pas permis d'étudier la « pathologie, » ou de disséquer. C'est une confusion d'idées qu'il n'est pas aisé de débrouiller ; la pathologie enseigne le mal produit par la maladie, mais elle n'enseigne rien de plus ; nous ne savons rien des conditions de la santé, de ce fait positif dont la pathologie est la négative, si ce n'est par l'observation et par l'expérience, qui seules peuvent nous enseigner l'art de conserver ou de recouvrer la santé. On pense en général que la médecine est le moyen curatif; il n'en est pas ainsi : la médecine est la *chirurgie des fonctions*, comme la chirurgie proprement dite est celle des membres et des organes ; ni l'une ni l'autre ne peuvent rien faire que d'écarter les obstacles ; ni l'une ni l'autre ne peuvent guérir ; la nature seule guérit. La chirurgie extrait la balle qui a pénétré dans un membre, et qui est un obstacle à la guérison ; mais la nature seule ferme la blessure. Il en est de même dans la médecine ; les fonctions d'un organe sont gênées par une obstruction ; la médecine, autant que nous pouvons la connaître, aide la nature à écarter l'obstacle, mais elle ne fait rien de plus, et tout ce qu'ont à faire, dans l'un et l'autre cas, ceux qui soignent un malade, c'est de mettre ce malade dans les meilleures conditions possibles pour que la nature agisse. En général, on fait précisément le contraire ; on croit que l'air pur, la propreté, le repos sont des accessoires superflus, peut-être dangereux, auxquels on ne doit recourir qu'après tous les efforts de la médecine, le *sine qua non*, la panacée. Si j'avais réussi jusqu'à un certain point à détruire cette erreur, et à montrer ce que c'est que de bien ou de mal soigner un malade, mon but serait atteint.

Ce qui ne fait pas une bonne garde-malade.

3° Il semble que ce soit une idée reçue, parmi les hommes et parmi les femmes elles-mêmes, que, pour faire de toute femme une bonne garde-malade, il suffit d'un chagrin d'amour, du manque d'occupations, du détachement de tout, ou de l'incapacité pour d'autres fonctions.

Ceci me rappelle certain village où un vieillard idiot fut nommé maître d'école, parce qu'il avait passé l'âge de garder les pourceaux.

Toutes les raisons ci-dessus, qui vous paraissent suffisantes pour constituer la vocation d'une bonne garde-malade, contentez-vous-en pour le choix d'une servante, et vous verrez à quoi elles servent !

Cependant, les romanciers populaires de nos jours ont inventé, comme types de gardes-malades, les femmes malheureuses en amour, ou bien quittant leurs salons pour se rendre dans les hôpitaux militaires à la recherche de leur amant blessé, et lorsqu'elles l'ont enfin trouvé, abandonnant pour lui, comme on devait bien s'y attendre, leur rôle d'infirmière et leur salle de malades. Cependant, selon ces auteurs, ces dames n'en sont pas pires pour cela ; mais elles sont, au contraire, des héroïnes de dévouement.

Que de lourdes méprises sont faites par des femmes et des hommes pleins de bonnes intentions, quand ils veulent traiter des sujets auxquels ils n'entendent rien, et sur lesquels ils se croient très-bien informés.

Le gouvernement quotidien des vastes salles d'un hôpital, la connaissance des conditions de la vie et de la mort pour l'espèce humaine, et celle de la salubrité des infirmeries (qui sont saines ou malsaines, principalement selon l'instruction ou l'ignorance des gardes) ne sont-ils pas d'une importance suffisante, d'une assez grande difficulté, pour exiger, aussi bien que tout autre art, des connaissances qui ne s'acquièrent que par l'expérience et par une observation attentive ? Elles ne sont certes point données par inspiration aux dames malheureuses en amour, pas plus qu'à la pauvre ouvrière qui cherche un gagne-pain.

Et terribles sont les conséquences de ces idées insensées pour le malade qui doit en supporter les connaissances !

D'où vient que, sous ce rapport, dans les pays ca-

tholiques, les écrivains et les ouvriers sont, en théorie du moins, bien supérieurs à nous? Ils n'admet-
traient jamais que les motifs dont nous venons de
parler puissent faire une bonne supérieure ou une
bonne sœur de charité. Et souvent une supérieure
a refusé d'admettre telle *postulante* qui semblait n'a-
voir pas de meilleure raison de s'offrir, pas de meilleure *vocation*.

Il est vrai que nous ne faisons point de *vœux*,
mais des « vœux » sont-ils nécessaires pour nous
convaincre que le vrai esprit, nécessaire pour n'importe quelle profession, plus spécialement pour pratiquer la charité, n'est pas le dégoût de toutes choses? Abaissons-nous à ce point l'amour de nos
semblables et le dévouement à leurs souffrances, qui
en fait partie ? Qu'aurait pensé d'une telle appréciation la mère Angélique de Port-Royal ? Qu'en aurait
dit Mme Fry ?

Vains discours que l'on tient journellement.

Je voudrais conjurer mes sœurs de se défier des
lieux communs, également faux et contradictoires,
qu'elles entendent répéter aujourd'hui. D'abord de
ce préjugé sur *les droits de la femme* qui la pousse à
faire tout ce que font les hommes, y compris l'art
médical et les autres professions, uniquement parce
que ces professions appartiennent aux hommes et
sans considérer s'il est permis aux femmes de se les
attribuer. Ensuite, de ces phrases toutes faites, et ce

ne sont que des phrases, par lesquelles on les rappelle au *sentiment de leur devoir*, en leur défendant de rien faire de ce que font les hommes, en les engageant à se renfermer dans leur *propre domaine*, etc. La seule chose vraie, c'est que la femme doit apporter tout ce qu'elle a de meilleur en elle, en quoi que ce soit, à l'œuvre de Dieu en ce monde, sans se laisser détourner par de vains discours, qui ne sont après tout qu'un préjugé populaire, un sacrifice au *qu'en dira-t-on ?* Un homme supérieur a dit que l'on ne ferait jamais rien de grand ou d'utile, si on écoutait *tout le monde.*

Vous ne devez pas désirer que l'on proclame vos bonnes actions comme *des choses étonnantes de la part d'une femme !* Mais vous ne devez pas davantage vous laisser détourner de faire le bien, parce qu'on aura dit : « Oui, mais elle n'aurait pas dû le faire, parce que ce n'est pas convenable pour une femme. » Vous devez faire le bien comme vous le jugez à propos, sans considérer si c'est convenable ou non à une femme.

Une entreprise n'est pas bonne, par cela seul qu'il est extraordinaire qu'une femme ait été capable de l'accomplir ; mais si elle eût été bonne faite par un homme, elle ne devient pas mauvaise, parce que c'est une femme qui l'a accomplie.

Oh ! laissez dire et allez droit votre chemin pour l'œuvre de Dieu, dans la simplicité et la sincérité de votre cœur.

CHAPITRE SUPPLÉMENTAIRE

QU'EST-CE QU'UNE GARDE-MALADE?

On dira, sans doute, que ce livre enlève toute la
poésie qui s'est jamais attachée au dévouement
qu'on doit aux malades, et qu'il le réduit à la chose
du monde la plus prosaïque. Ma chère sœur, il n'y
a peut-être point d'œuvre au monde, si ce n'est celle
de l'éducation, qui soit moins prosaïque que celle-
ci ou qui exige autant de force de volonté pour s'i-
dentifier aux autres; si vous n'avez pas cette puissance, vous ferez mieux de renoncer à cette profession. Le véritable alphabet d'une garde-malade,
c'est d'interpréter chaque impression qui se lit sur
la physionomie d'un malade, sans lui donner la
peine d'exprimer ce qu'il sent. Beaucoup de gardes
agiraient-elles différemment qu'elles ne le font, si
leur malade n'était qu'un meuble précieux ou un
animal souffrant? Je l'ignore. Cependant, une garde
doit être quelque chose de plus qu'un levier ou un
balai; un malade n'est pas simplement une partie

du mobilier, qui doit être tenue proprement, rangée contre le mur, et préservée de tout accident. Cependant, à en juger par ce que beaucoup de gardes font et ne font pas, vous ne pourriez guère concevoir une autre idée. Mais observez comment se conduit avec son enfant une bonne nourrice à la vieille mode ; elle est fermement convaincue que non-seulement elle entend tout ce que *dit* son nourrisson, et que personne autre qu'elle ne peut l'entendre ; mais aussi qu'il entend tout ce qu'elle lui dit, et ne comprend aucune autre personne.

Eh bien, une vraie garde *doit* comprendre de la même manière chaque changement de physionomie de son malade, chaque changement de position, chaque altération de sa voix. Elle doit étudier ces choses jusqu'à ce qu'elle se sente parfaitement sûre que personne ne les comprend aussi bien qu'elle ; elle peut encore, sans doute, s'y méprendre, mais elle est dans la voie de sa véritable vocation. Au contraire, la garde qui n'observe jamais la physionomie de ses malades, qui n'en étudie jamais les variations, pas plus que si elle avait en garde une porcelaine fragile, n'est pas même à l'entrée de la carrière ; elle ne deviendra jamais une bonne garde.

La vigilance et l'observation ne doivent pas être apparentes.

« Il déteste qu'on le surveille. » C'est là l'excuse de toutes les gardes négligentes ; il est très-vrai que

les enfants et les malades « détestent d'être surveillés, » mais trouvez une garde qui connaisse et com-
prenne réellement ses enfants et ses malades, et
voyez s'ils ont le sentiment d'avoir été surveillés.
Ce n'est pas avec le regard constamment fixé sur le
malade, qu'une garde, réellement capable d'observation, apprendra toutes les petites choses qu'elle
doit savoir. Le meilleur observateur que je connaisse,
un homme à qui ses études sur les aliénés ont acquis la reconnaissance de l'Europe, semble toujours
indifférent. Étendu dans son fauteuil, les yeux à
demi fermés, il voit tout, entend tout, observe tout,
et vous sentez qu'il vous connaît mieux que ceux
qui auraient vécu pendant vingt ans avec vous.
Je crois qu'il doit à cette singulière aptitude d'observation et d'intelligence, pour ainsi dire inaperçue,
l'influence singulière qu'il exerce sur les fous.

Ce que c'est que l'expérience.

Une garde qui a été dix ou quinze ans avec les
malades est souvent désignée comme une garde
« expérimentée; » mais c'est l'observation seule
qui fait l'expérience, et une femme qui n'observe
rien pourrait passer cinquante ou soixante ans auprès des malades sans devenir plus habile.

Bien plus, l'expérience quelquefois fait faire fausse
route : un médecin qui renouvelle dans sa pratique
les bévues de son prédécesseur a souvent la réputation d'être « un bon praticien; » et la garde qui

continue les méprises de celles qui l'ont précédée a également la réputation d'être une garde expérimentée. On a vu les amis d'un malade recommander le logement dans lequel il était tombé malade, apparemment pour la raison qui y avait détruit sa santé. Une garde alléguait, comme un motif de faire des choses qui avaient détruit la santé de la personne qui l'a précédée, et celle de son malade, *qu'on avait toujours fait ainsi.* On a vu des gens s'établir dans une maison parce que la mort en avait chassé tous les habitants; ceux-là, aucune expérience ne les instruira, parce qu'ils ne savent ni voir ni comprendre les résultats pratiques de leurs propres actions ou de celles des autres. Cependant, il n'y a aucune raison pour que A agisse comme B agissait; il y aurait une raison si le résultat de la conduite de A avait prouvé qu'elle était sage.

Ce qui nous frappe le plus chez un grand nombre de femmes, qui s'intitulent gardes-malades, c'est qu'elles n'ont jamais appris cet *a b c* de leur éducation pratique. Le A d'une garde doit être de savoir ce que c'est qu'un être humain en tant que malade; le B de savoir comment on doit se conduire vis-à-vis de cet être souffrant; le C de savoir que son malade est un être humain et non pas un animal.

[Une garde doit se sentir appelée à sa profession.

Qu'est-ce que la *vocation* en général? N'est-ce pas d'accomplir son devoir en vue de réaliser autant que possible l'idée la plus élevée de ce qui est *bien*, de ce qui est mieux, et non parce qu'on serait *blâmé* si on ne le faisait pas? C'est cet enthousiasme que chacun, depuis le cordonnier jusqu'au sculpteur, doit éprouver pour suivre sa « vocation. » La garde n'a rien à faire avec les chaussures, ou avec les outils et les marbres du sculpteur, mais sa mission est de soigner des êtres humains; et si elle ne s'occupe pas de ses malades, pour sa propre satisfaction, aucun enseignement ne la rendra capable de le faire.

Une garde qui a la *vocation* s'informera, pour sa propre satisfaction et dans l'intérêt de son malade, de l'état de son pouls, lorsque cela peut se faire sans le déranger. Elle observera, soit qu'on le lui ait ou non recommandé, l'état des sécrétions. Leur aspect seul, une légère différence dans la couleur témoignera à ses yeux observateurs si le bassin n'a pas été vidé après chaque fois.

Elle observera de même l'état de la peau, la sécheresse ou la moiteur, les effets du régime, des remèdes, des stimulants, etc. Trop souvent le médecin est trompé dans sa pratique privée, pour n'avoir pas été informé que le malade venait précisément de recevoir son pain ou son eau-de-vie. La garde veillera très-soigneusement sur toutes les rougeurs toutes les érosions de la peau, sera toujours attentive aux écorchures. Les progrès de l'amaigrissement ne seront jamais inaperçus pour elle; elle sera instruite des différentes éruptions de fièvres, rougeoles, etc., et de leurs symptômes précurseurs; elle discernera le frisson qui trahit la formation des matières, le besoin *to pass water* dont le malade n'a pas conscience, les signes qui précèdent la fièvre; elle observera les changements de la chaleur naturelle dans son malade, et si ces changements sont périodiques; et pour le réchauffer ou le refroidir, elle ne le traitera pas comme une portion de matière inorganique.

Une garde qui a la vocation.

Une garde qui a la *vocation* de son état examinera toutes les fioles qui contiennent les médicaments ordonnés à son malade; elle les flairera toutes, et si l'odorat ne suffit pas, elle les goûtera. Neuf cent quatre-vingt-dix-neuf fois sur mille, il n'y aura pas d'erreur; mais à la millième occasion il peut y avoir une méprise dangereuse, découverte par ce moyen. Mais si elle ne prend pas ce soin pour sa propre satisfaction, il est inutile de le lui recommander, parce que vous êtes sûr qu'elle ne se servira jamais ni de l'odorat ni du goût.

Une garde sans vocation.

Une garde qui n'a pas la vocation n'apprendra jamais à discerner le timbre de la sonnette de son malade de celui des autres sonnettes.

Lorsqu'on lui demandera le verre d'eau chaude et d'eau-de-vie pour son malade prêt à défaillir, elle lui offrira le *Weekly-Punch* (historique), ou elle attendra, pour lui apporter le cordial, le moment où elle lui apporte son thé (historique).

Sous la direction d'une telle garde, le malade n'obtiendra jamais une boisson chaude ; elle lui versera son thé, ensuite elle fera un voyage au garde-manger pour le beurre ; puis elle se souviendra qu'elle a oublié la rôtie et elle fera un nouveau voyage à la cuisine pour faire griller le pain ; elle profitera de l'occasion pour remplir une bouteille d'eau chaude ; et après tout cela, elle lui apportera son thé.

Cette garde ne saura jamais reconnaître si son malade est endormi ou éveillé ; elle l'éveillera pour lui demander « s'il n'a besoin de rien ; » et, quand il est levé, elle le laissera seul.

Elle chauffera la chambre comme un four la nuit, lorsque le malade a une chaleur fébrile ; et laissera tomber le feu le matin, lorsqu'il aura le frisson.

Une telle garde semble n'avoir point d'yeux, d'oreilles ni de mains.

Elle ne touche jamais rien sans le heurter ni le renverser.

Elle ne ferme pas la porte, mais elle la pousse après elle, de façon qu'elle se rouvre constamment.

Elle ne fait jamais une friction sans faire une plaie qui, trop souvent, ne se guérit jamais tant que vit le malade.

Elle prend une tasse pleine d'une main, et de l'autre elle attise le feu, chaque main sera par conséquent également maladroite; ou bien elle porte un plateau d'une main et un seau à charbon de l'autre; l'un et l'autre laisseront échapper leur contenu, et, en se baissant pour les relever, elle cogne avec sa tête la table qui est auprès du lit du malade (historique).

Les tables sont faites pour recevoir les objets et les lits pour coucher le malade.

Mais cette garde posera sur le lit un lourd pot de fleurs ou un in-folio, ou un traversin qui a roulé sur le plancher.

Cependant toutes ces choses sont faites par des femmes respectables, qui reçoivent dans les familles particulières leur guinée par semaine.

Définition que les hommes donnent d'une garde.

Mais il n'est pas un *homme*, même un médecin, qui ne définisse une garde convenable autrement qu'une « femme dévouée et obéissante. »

Cette définition serait aussi bonne pour un concierge, elle pourrait même convenir à un cheval; mais elle ne serait pas suffisante pour un *policeman!* Combien de femmes n'ont rien à dévouer; ni intelligence, ni yeux, ni oreilles, ni mains! Elles resteront, il est vrai, toute la nuit, assises auprès du malade, mais leur secours lui est inutile et leurs observations sont nulles pour le médecin.

On a vu des cas où le malade était déjà refroidi avant que la garde se fût aperçue qu'il était mort; et cependant elle ne s'était pas endormie; souvent elle l'a cru paisiblement endormi et il était insensible. On en a connu un plus grand nombre qui n'ont pas su reconnaître que leur malade était mourant, à moins qu'il ne le leur dît lui-même.

A Dieu ne plaise que, par ces réflexions, nous voulions faire supposer que l'obéissance au médecin n'est pas absolument nécessaire. Seulement, ni le médecin ni la garde n'insistent assez, à notre avis, sur la nécessité de l'obéissance *intelligente* et sur le peu de valeur de l'obéissance passive.

J'ai vu une garde *obéissante*, à qui il avait été recommandé de ne pas déranger, à dix heures du soir. par quelques détails de service qu'elle avait coutume d'accomplir à ce moment, un homme dangereusement malade, le laisser, toute la nuit, dans une profonde obscurité, alléguant, pour s'excuser de n'avoir point apporté, comme de coutume, sa lampe de nuit, l'ordre qu'elle avait reçu de ne pas le troubler.

Tout le monde a vu de ces gardes obéissantes laisser les fenêtres ouvertes par une grande pluie, ou un épais brouillard, et les tenir fermées quand le malade tombait en syncope.

Il n'y a point de milieu, pour elles, entre une fournaise et un foyer éteint.

Elles nous obligent, même dans ce climat si variable, de diviser l'année en deux parts, et de leur dire : « Maintenant, il faut du feu ; maintenant, il ne faut plus de feu, » comme si l'on commandait des recrues. Vous ne pouvez vous fier à elles pour en obtenir un feu *modéré*, quoique ce soit une question de savoir si, en Angleterre, excepté lorsque l'air extérieur est plus chaud que celui de l'intérieur, les malades ne sont pas toujours mieux avec un peu de feu, quand ce ne serait que pour renouveler l'air. Avec de telles gardes, cette précaution devient impossible.

Définition d'une garde par les maitresses de maison.

Les femmes, en général, définissent une bonne garde par ces trois adjectifs : « Sobre, probe, honnête; » mais n'est-ce pas là des qualités exigées de toute autre femme de service? Ne demandez-vous pas davantage à votre cuisinière ou à votre femme de charge?

Quand on réfléchit combien les femmes, en Angleterre, exercent peu leur faculté d'observation; combien est répandu le préjugé général que toute femme-est une bonne garde-malade, pourvu qu'elle soit « sobre et douce, » il semble plus important qu'une instruction clinique, pour ainsi parler, soit donnée à toutes les gardes-malades, là seulement où on peut la donner, dans les hôpitaux.

Principes élémentaires des devoirs d'une garde.

Les aptitudes les plus élémentaires d'une garde intelligente doivent être de savoir observer le pouls, les effets du régime, le sommeil. Celui-ci a-t-il été troublé? le malade a-t-il éprouvé des sursauts, symptôme ordinaire des maladies dangereuses? Le sommeil a-t-il été lourd et pesant? la respiration bruyante? le malade a-t-il roulé ses draps? L'observation doit porter aussi sur la nature de l'expectoration : l'expectoration rousse des pneumonies, l'expectoration mousseuse des pleurésies, l'expectoration visqueuse des bronchites, l'expectoration panachée de sang, qui se produit souvent dans la consomption. La nature de la toux qui produit l'expectoration doit aussi être étudiée; l'état des sécrétions n'est pas moins important à connaître; les neuf dixièmes des gardes n'y connaissent rien. Quelle est la couleur des sécrétions? Y a-t-il des alternatives de relâchement ou d'inaction complète des entrailles? les urines sont-elles pâles ou foncées, rares ou excessives, troubles ou limpides? Sont-elles foncées dans la constipation et pâles dans la diarrhée? N'y a-t-il jamais du sang dans ces cas-là? N'y a-t-il point d'indice de vers chez les enfants? La plupart des gardes ne semblent pas se douter que toutes ces observations soient de leur ressort.

Il n'est pas moins essentiel d'observer les caractères de la respiration et la position dans laquelle les malades respirent le plus aisément. Dans les maladies de cœur, la vie a souvent été atteinte, parce que le malade est tombé *accidentellement* dans une position, où il ne pouvait pas respirer; tandis qu'au contraire la vie a été préservée par un changement *accidentel* de position. N'est-il donc pas effrayant de pouvoir dire d'une garde, que ce n'est pas par ses soins, mais par un *accident* que son malade a pu respirer?

Un autre devoir essentiel de la garde est d'observer l'action des remèdes, comme, par exemple, celle de la quinine. Les aphthes dans la gorge, la surdité, le sentiment de compression sur les tempes sont les effets bien connus de la quinine. La perte de la mémoire est une de ses conséquences fréquentes et rarement remarquée, excepté par une garde très-observatrice. Souvent la garde n'a pas elle-même assez de mémoire pour se souvenir de ce que le malade a oublié.

Une bonne garde adresse rarement une question à son malade, ni sur ce qu'il sent, ni sur ce dont il a besoin ; mais elle doit convenir que, soit pour elle-même, soit pour les autres, elle ne connaît pas ses sensations et ses besoins, sans les plus scrupuleuses observations éclairées par l'expérience.

Pourquoi, par exemple, une garde demande-t-elle chaque jour à son malade : Voulez-vous, monsieur, que je vous apporte votre café, ou votre bouillon, ou toute autre question semblable, quand chaque jour, à la même heure, elle a coutume de les apporter? Il semble que ces questions n'ont d'autre but que le plaisir de faire parler le malade, tandis que ce qu'il désire le plus, c'est de n'être pas interpellé pour ces détails.

J'ai peur de ma garde.

Ce que préfère toujours un homme malade, dans la classe bien élevée, c'est que sa garde soit le plus possible hors de sa chambre (témoignage suffisant de ce qu'est maintenant l'art de soigner les malades, et preuve directe que ce qui *est* n'est pas ce qui *devrait être*). Un malade disait, lorsque ses amis lui exprimaient la crainte qu'il ne lui fût pas facile de faire venir sa garde : « La dernière chose que je ferais, si j'étais plus mal, ce serait de conserver ma garde dans ma chambre ; du moins aussi longtemps que j'aurais ma connaissance. »

Voilà où nous en sommes maintenant ; parmi les gens bien élevés, il n'y a pas moitié autant de crainte de mourir seul que d'avoir la garde dans sa chambre.

Observations qui doivent être faites au chevet du lit du malade.

Il est donc un grand nombre d'observations de la plus haute importance, et tout à la fois physiologiques et pratiques, qui pourraient être faites par les gardes, si elles étaient formées à l'observation, et qui ne peuvent être faites que par elles ou par ceux qui sont toujours avec le malade.

J'ose à peine les indiquer, à cause du peu que l'on en sait, et aussi parce que je ne puis en parler que d'après mon expérience personnelle.

Telles sont les idées différentes que se forme sur le temps le malade dont le pouls est fréquent, et le malade dont le pouls est lent.

Dugald-Stewart et d'autres métaphysiciens ont examiné la manière dont se forment nos idées par rapport au temps.

Sans entrer dans une telle étude psychologique, mon expérience m'a appris que le conte arabe, selon lequel les secondes paraissent des années à un homme dont la tête est plongée dans l'eau, se réalise pour le malade dont le pouls est accéléré.

Une inexactitude de dix minutes inflige aux malades de cette catégorie l'angoisse d'une heure d'attente.

D'un autre côté, pour celui dont le pouls est faible et lent, le temps s'écoule pour ainsi dire inaperçu.

On a très-peu observé la différence extérieure

causée au lit de mort par les différentes maladies. Ceux qui meurent de consomption expirent très-fréquemment dans un état de paix et de joie séraphiques. Leur physionomie exprime presque le ravissement. Ceux qui meurent du choléra, de péritonite, etc., expirent souvent au contraire dans un état approchant du désespoir ; leur physionomie exprime l'horreur.

Dans les dyssenteries, les diarrhées ou les fièvres, le malade meurt souvent dans une sorte d'indifférence.

Toutefois, dans quelques cas de consomption et de péritonite, il y a également tour à tour des moments de désespoir ou de ravissement. Dans la Vie des Saints, et dans les biographies religieuses, nous trouvons souvent des descriptions assez exactes du lit de mort. Mais alors le malade et ses amis tentent des efforts imprudents pour ramener l'état de ravissement, sans songer qu'il n'est peut-être que purement physique, et s'il ne reparaît pas, ils considèrent cette absence d'exaltation comme un signe de *manque de foi* ou de *réprobation*.

Les amis, dans de semblables occasions, sont très-exposés à l'erreur, en jugeant de l'état spirituel du malade d'après les manifestations physiques.

La différence des tempéraments est à peine étudiée, en Angleterre, dans un but pratique, si ce n'est par les médecins, et les souffrances des malades sont, par cette raison, souvent évaluées beaucoup au-dessous ou beaucoup au-dessus de ce qu'elles sont en réalité. J'ai vu un Gallois réveiller tout un hôpital, parce que ses orteils étaient refroidis, tandis qu'un Anglo-Saxon se plaignait seulement de froid dans le dos, vingt-quatre heures avant sa mort. Un Anglo-Saxon peut éprouver deux fois plus de souffrances qu'il n'en exprime, et une femme de même race, trois fois davantage. Vous ne devez croire, en général, que la moitié des souffrances dont un Gallois se plaint, et un dixième de celles que déclare une femme de cette race.

Dans beaucoup de maladies, la puissance nerveuse est excitée sans aucune proportion avec la force vitale ou la puissance digestive; dans d'autres cas, au contraire, l'activité du cerveau cesse quand la puissance vitale est épuisée. Celui dont le principe nerveux est excité reste capable de penser longtemps après que la faculté de manger et de dormir a cessé d'exister, et ni le malade lui-même ni ceux qui l'entourent n'ont aucune idée du péril où il se trouve; il meurt simplement parce qu'il n'a plus le pouvóir de vivre.

Il est une espèce ou un degré de délire qui est souvent pris pour la rêverie, *et vice versâ*. La rêverie se rapporte presque toujours à un passé éloigné, de même que le délire tranquille et doux qui précède la mort. J'ai vu de grands criminels parler, comme d'innocents petits enfants, du jardin de leur mère, précisément quelques minutes avant d'expirer, et l'on supposait que *c'était un signe de la grâce*.

Le délire et les visions produites par l'opium se rapportent généralement aux choses présentes. Le malade décompose, dans son imagination, les circonstances récentes, les faits qui viennent de se passer, ou même ceux dont il est actuellement témoin.

Il m'est une fois arrivé de voir une grande actrice dans le rôle de lady Macbeth. J'ai retrouvé là, transportée sur le théâtre, la scène d'un lit de mort, telle que j'en avais souvent été témoin. Ainsi, j'ai vu un malade, quelques instants avant sa mort, sortir de son lit, et représenter, en chancelant, quelques scènes du passé, absolument comme s'il eût marché dans un état de somnambulisme.

Il y a beaucoup d'autres observations physiques par lesquelles des questions métaphysiques pourraient probablement être résolues; mais elles exigent, pour recueillir des données suffisantes, une expérience consommée. J'ai voulu seulement en indiquer quelques-unes.

CONVALESCENCE

Les conseils relatifs aux malades ne conviennent pas aux convalescents.

Une grande partie des conseils donnés pour le temps de la maladie ne conviennent pas pour celui de la convalescence ; par exemple, les fantaisies *du malade* relativement à sa nourriture présentent souvent des indications précieuses à suivre, tandis que pour le *convalescent*, c'est souvent le contraire.

Toute bonne garde doit se faire un devoir de discerner quels sont les signes précurseurs de la convalescence. Dans toutes les maladies, ces signes sont plus ou moins les mêmes, mais ils sont naturellement modifiés par le siége et par la nature de la maladie.

Différences entre la maladie et la convalescence.

Durant la maladie, l'organisme tout entier est employé à se débarrasser des causes morbides ; durant la convalescence, il est occupé à réparer sa déperdition. Aussitôt que les puissances vitales ont été affranchies, il y a comme un élan vers la santé, opérant irrégulièrement, tantôt au profit de certains organes, tantôt au profit de certains autres.

Dans les accidents du ressort de la chirurgie, le blessé ne doit pas être malade.

Ceci est remarquable surtout dans les accidents qui sont du ressort de la chirurgie, lorsqu'il y a plusieurs fractures.

Le blessé sent distinctement comme une troupe de petits charpentiers à l'ouvrage avec de petits marteaux, qui travaillent d'abord sur une fracture, ensuite sur une autre, jamais sur deux à la fois. Remarquez qu'un blessé *peut* et *doit* être en parfaite santé durant la convalescence qui suit un accident ; si sa santé est dérangée, ce désordre vient de quelque autre cause que de l'accident.

Sobriété nécessaire dans la convalescence.

Lorsque l'action de la maladie est arrivée à son terme et que la convalescence est franchement commencée, le malade a très-souvent, pour sa nourriture, des désirs violents qui, lorsqu'ils sont imprudemment satisfaits, peuvent produire une dangereuse réaction ou même une rechute. Les fonctions digestives commencent à retrouver leur activité, dont le premier symptôme est un surcroît d'appétit, réclamant une nourriture qui dépasse en quantité ou en qualité (ou l'un et l'autre à la fois) ce que

l'estomac peut digérer. La plus extrême précaution
est alors nécessaire de la part de la garde, pour
prévenir de graves accidents. Le médecin est naturellement le meilleur juge de la nourriture et du
régime convenables ; mais, durant la convalescence,
il n'est plus là chaque jour ; très-souvent, il ne vient
pas plus d'une fois ou deux par semaine, et la garde,
à l'une des périodes les plus importantes de la vie
de son malade, est laissée presque à elle-même ;
elle doit alors être médecin aussi bien que garde.
Il dépend donc beaucoup de ses connaissances et de
son expérience ou que la convalescence marche d'un pas lent mais assuré, ou qu'elle reçoive
quelque rude échec, qui la fait reculer pour plusieurs semaines. On a vu une seule imprudence
faite dans un bon motif occasionner la mort.

Appétit des convalescents.

Il est plus sage d'établir, comme règle du régime
des convalescents, qu'ils doivent rester *au-dessous*
de leur appétit plutôt que de le satisfaire, et surtout de le dépasser ; car il est certain que, pour
satisfaire l'appétit d'un convalescent, il faut lui
accorder plus qu'il n'est nécessaire pour sa nourriture ; le besoin qu'il éprouve, pour suppléer à la
déperdition occasionnée par la maladie, étant excité au delà de ses facultés digestives.

La garde a souvent à lutter, non-seulement
contre l'appétit du convalescent, mais contre les

bons offices de ses amis ; les friandises malsaines, funestes peut-être, sont au nombre de leurs premières marques d'affection ; la garde doit être très-vigilante sur ce point ; elle doit se souvenir que sa responsabilité ne finit que lorsque ses services ont cessé, et qu'elle est réellement la seule qui puisse régler le régime du malade, en stricte conformité avec les ordres du médecin.

D'un autre côté, il se peut que la principale difficulté, dans les commencements de la convalescence, soit le défaut d'appétit du malade ; ceci arrive souvent quand il n'a point encore changé d'air. En ce cas, la garde doit prendre les mêmes soins pour le régime et l'exactitude des heures que ceux qui ont été indiqués pour les malades, dans le chapitre VI.

Il y a d'autres complaisances, outre celles qui sont accordées à l'estomac, qu'il est nécessaire de réprimer. Les malades sont quelquefois disposés à dépasser leurs forces, à s'exposer à certaines fatigues inutiles, à s'asseoir dans des courants d'air. Leurs amis prolongent souvent des lectures ou des conversations qui les épuisent. Les malades y font une dépense de forces vitales, qui ne se recouvreront pas de longtemps. Il faut aussi être en garde contre le tort de trop ou de trop peu les couvrir ; mais règle générale il faut que les convalescents soient habillés chaudement.

Pour toutes ces choses, un convalescent est, en

quelque sorte, comme un enfant ; ni son corps ni
son esprit n'ont recouvré leur équilibre et, pendant
un certain temps, qui varie selon les différentes
maladies, la garde doit le guider d'après sa propre
expérience. Elle a ce grand avantage qu'elle a surveillé toute la marche de la maladie, depuis le moment du danger jusqu'à celui de la convalescence.
Qu'elle ne perde pas de vue le cours entier de la maladie, et elle sera capable de trouver le droit chemin.

Ce n'est pas dire qu'elle doive, comme le médecin de Sancho Pança, faire enlever de la table tous
lés mets ; elle doit, dans cette période de son service, comme précédemment, exercer sa prudence
et son bon sens ; elle doit étudier son convalescent
aussi exactement qu'elle a étudié son malade.

Imagination des convalescents.

L'activité et les désirs de l'imagination sont,
comme ceux de l'estomac, extraordinaires chez
quelques convalescents, spécialement chez les convalescents de la fièvre. Ils ont souvent la passion des
romans, non pas des romans de mœurs et d'analyse, mais des romans dramatiques et émouvants,
et s'ils ne peuvent pas obtenir ceux-là, ils sont capables, avec une lucidité de mémoire et une vigueur d'imagination singulière, de repasser dans
leur esprit des romans qu'ils n'ont pas relus depuis
vingt ans. Ils ont souvent avoué qu'ils n'avaient
jamais su jusqu'alors ce qu'étaient les plaisirs de

l'imagination. Il faut tâcher de combattre cette disposition, car les terreurs, produites par les histoires de revenants ou de crimes atroces, seront présentes dans leur esprit sous les couleurs les plus vives, et deviendront insupportables jusqu'au point de troubler leur sommeil.

Utilité du changement d'air.

Un changement quelconque, le changement d'air principalement, est de la première importance, aussitôt que la maladie a disparu. Il n'y a personne qui n'ait remarqué qu'une personne en convalescence reste quelquefois des semaines entières sans faire aucun progrès, quoiqu'on ne soupçonne aucune cause à ce temps d'arrêt. La simple translation du rez-de-chaussée au premier étage peut quelquefois hâter la convalescence du malade. Le seul éloignement de ce qu'il considère comme une *chambre de malade* lui donnera une secousse salutaire. Un changement quelconque lui est donc nécessaire, ne serait-ce que pour aller dans un autre quartier, ou même seulement dans une autre chambre; c'est alors qu'il commence à se remettre. Cela est une expérience journalière; mais, pour les pauvres, le *changement d'air* est presque impossible, et les personnes des classes aisées, qui n'ont pas une grande expérience, qui n'ont pas reçu l'enseignement que donne une grave maladie, se doutent peu combien est nombreuse la catégorie de ces malheureux,

pour qui il serait nécessaire d'établir (et combien
de temps encore en seront-ils privés?) un séjour
intermédiaire entre l'hôpital et une maison de convalescence, où ils ne sont plus soignés. Une institution qui réunirait les soins les plus vigilants, et
tous les secours qu'on trouve dans les hôpitaux,
avec l'air de la campagne, épargnerait à beaucoup
d'individus le séjour dans les *work-houses*, à tous
le malheur de vivre sur la taxe des pauvres; à
beaucoup aussi celui de donner naissance à des familles maladives; à un grand nombre une mort
prématurée.

Institutions de convalescence.

Il y a beaucoup de personnes à qui ce sujet
semble sans importance; d'autres disent que
quand un malade est convalescent, il est en bon
chemin d'arriver ou est déjà arrivé au terme de la
maladie. On ne considère pas que la convalescence
a ses degrés et son cours, aussi bien que la maladie;
et il peut y avoir une très-longue convalescence, au
lieu d'une très-rapide, ou même point du tout,
simplement avec l'idée que le malade est rétabli.

Les convalescents exigent des soins aussi bien que l'air de la campagne.

Ceux qui entretiennent cette opinion ne voient
pas : « pourquoi il faut encore donner tant de soins
aux convalescents; » mais les personnes qui ont

pris la peine de garder les malades savent que,
dans beaucoup de cas, les convalescents seraient
irréparablement perdus sans la continuation des
soins les plus attentifs. Les uns tomberaient dans
des maladies chroniques, les autres deviendraient à
jamais impotents, à charge à eux-mêmes et à leurs
amis pour le reste de leurs jours. Ils ont pu être
rendus à la vie, mais le retour à la santé, à une
existence utile, dépend dans presque tous les cas
des soins donnés *après* la maladie. Ces soins ont pu
amener en peu de semaines ce qu'une observation
médicale superficielle avait déclaré impossible à
conquérir en moins de deux années. Les longues
convalescences terminées par une rechute ou par la
mort ne sont pas rares parmi les pauvres, dont un
grand nombre est renvoyé de l'hôpital, pour faire
place à des malades atteints de maladies aiguës,
longtemps avant qu'ils soient capables de retourner à
leurs travaux accoutumés.

Suivez-les dans leurs demeures ; qu'y trouverez-
vous? un intérieur misérable, obéré par la maladie du chef ou du soutien de la famille, où le
retour de ce chef, dont peut-être on avait attendu
la mort, est regardé comme une charge nouvelle
imposée à des ressources épuisées, où l'on ne sait
comment lui procurer les soins, les vêtements, et
par-dessus tout la nourriture propre à réparer ses
forces. Il n'y a aucun doute que ces convalescences,
à qui tout fait défaut, qui s'écoulent dans un mau-

vais air, au milieu de toutes les privations, doivent fréquemment grossir le registre des tables de mor-talité.

Ici se présente naturellement une question : en contribuant à la fondation d'un hôpital pour chaque chef-lieu, a-t-on songé à toutes les obligations qu'un tel établissement comporte? Il n'est pas sain pour les gens bien portants d'habiter et de dormir au milieu des malades ; est-il raisonnable de penser que les convalescents puissent s'en mieux trouver? ne doit-on pas considérer comme un point important de l'administration des hôpitaux, dans les districts populeux, d'établir le quartier des convalescents à une distance convenable, en pleine campagne, et d'y diriger les convalescents, retirés de l'hôpital aussi promptement que possible ?

Ma conviction personnelle, c'est qu'après l'avantage de transporter entièrement les hôpitaux hors des villes, rien ne pourrait ajouter plus au bienfait de ces établissements, rien ne serait, pour les malades pauvres, une plus grande bénédiction, ce principe étant reconnu, que la convalescence est un état qui exige son traitement particulier, et des mesures prises en conséquence.

Je suis heureuse de penser que déjà quelques pas ont été faits sur cette voie à Londres et à Manchester.

DES ENFANTS, A LONDRES

Il ne s'agit pas ici seulement des enfants malades, mais des enfants délicats, dont la délicatesse est due a l'excès des soins, surtout dans la classe où l'on peut leur faire une vie toute artificielle.

On pourrait supposer que toutes les observations qui suivent s'appliquent exclusivement aux malades, tandis qu'en réalité, il est une autre classe de personnes pour lesquelles elles sont également importantes : ce sont les enfants non pas malades, mais délicats, principalement les enfants des classes opulentes qui, en dépit de tous les soins et de toutes les dépenses, deviennent, pour leurs parents, une source incessante d'anxiétés, par suite de soins excessifs et malentendus.

Le mal n'est pas seulement le résultat de l'air, mais du genre de vie de Londres.

Ces enfants qui, durant leur séjour à la campagne, sont florissants, pleins de vigueur, deviennent promptement par leur séjour à la ville, de petites plantes de serre chaude, pour la vie desquelles on tremble, si elles sont exposées une heure au vent et au froid. C'est que ces enfants ont été transplantés dans un genre de vie artificiel, une vie de serre chaude, où les soins sont prodigués outre mesure, où la privation du grand air, de l'exercice libre *ad libitum*, où le changement du régime et des habitudes, la contrainte, les restrictions qui les attendent à chaque pas dans une grande ville, sont encore rendus plus nuisibles par des maisons mal construites, mal aérées, mal chauffées, c'est-à-dire trop chauffées.

Tout le bien acquis à la campagne est perdu à la ville.

Tout le bien, acquis dans une vie saine, en six mois de campagne, est ordinairement perdu en un mois de la vie de Londres.

L'opinion populaire est que tout le mal vient de l'air de la ville, que les enfants ne peuvent pas y profiter, et que la seule chose à faire est de les y retenir le moins longtemps possible.

Mais on oublie l'effet de l'atmosphère des maisons et des habitudes de Londres.

Relativement à la salubrité, il y a une grande différence entre les localités ; il n'est pas sain d'être sous le vent des quartiers les plus fangeux de la ville et de ceux où la population est le plus entassée. Les positions les plus élevées, les plus exposées à l'air et au soleil sont, en général, les plus saines.

Les quartiers bas, à l'abri des parties élevées, et où le vent apporte des émanations nuisibles, sont ordinairement plus malsains.

Le côté occidental de la ville, où le vent apporte les mauvaises exhalaisons, toutes les fois qu'il souffle dans cette direction, est le récipient de l'air des quartiers malsains, et cependant il est préféré par le monde élégant, parce que c'est le « West-End. »

Difficulté d'infecter une maison à la campagne, tandis qu'à Londres rien n'est plus facile.

Une habitation à la campagne, isolée des autres, dans un air pur et sain, défie presque tous les efforts de l'ignorance pour la rendre malsaine ; mais dans l'atmosphère de Londres, ce résultat s'obtient très-aisément.

Les maisons ne sont pas généralement bâties pour être aérées ; elles n'ont pas d'issues pour en chasser le mauvais air, ni pour y faire entrer un air plus pur. La meilleure preuve, parce qu'elle saisit tout le monde, c'est le temps durant lequel presque toutes les maisons conservent l'odeur du dîner ; dans quelques-unes, les greniers ne sont jamais purifiés. Les seuls endroits d'où vienne l'air dans beaucoup de maisons, c'est des caves et de la cuisine.

Il faut que l'air du rez-de-chaussée et de la cuisine soit bien pur pour n'être pas malsain.

Entretenez donc l'air intérieur de la maison

aussi pur que l'air extérieur ; le bon emploi des
fenêtres vous donnera ce résultat, mais ne pensez
pas que la ventilation remplace la propreté.

**Dans les villes, quand les enfants sortent, c'est en voiture,
ou comme des chiens en laisse.**

Pour en revenir aux enfants, comment vivent-
ils dans ces maisons ? A la campagne ils passent au
moins la moitié de leur temps en plein air ; à la
ville, au contraire, quatre-vingt-dix-neuf heures sur
cent se passent dans la maison, et quand on laisse
sortir les enfants, on les conduit comme des chiens
en laisse. C'en est fait de toute bonne influence du
jeu, des exercices musculaires ; il n'est plus question
de courir, de rire ; on ne voit plus ces bonnes mines
rondes et fraîches ; et souvent ces délicates créatures
sont empaquetées dans une voiture pour prendre
l'air soi-disant, comme ils prendraient une dose de
médecine.

**Ces craintes artificielles ne sont pas imaginaires, car elles se
créent elles-mêmes un fondement.**

On connaît l'effroi traditionnel des bonnes au
sujet du vent du nord-est, qui comprend, dans leur
esprit, les trois quarts de la zone du compas ; cet
effroi est certainement justifié, quand les enfants
ont été, pendant une année, cultivés comme des
plantes de serre chaude, et rendus semblables à
des invalides, de retour après dix ans de résidence

dans les tropiques. Ce régime réussit à produire, ce qui est une monstruosité en éducation, des rhumatismes, des phthisies, des valétudinaires de quinze ans.

Victimes bien élevées, mais étiolées

Une série d'études, qui serait convenablement répartie en douze mois, est souvent condensée dans une période de quatre ou six mois à Londres, à raison de la plus grande facilité que l'on trouve pour l'enseignement.

Les élèves sont réunis dans une classe ; ils sont reçus dans le salon, ils dorment dans un dortoir, et ces pièces sont toutes plus renfermées et plus chaudes les unes que les autres ; quelquefois, ils dorment dans des chambres chauffées, ce qui est l'une des erreurs les plus pernicieuses dans le régime des jeunes gens. Ils font toutes choses par ordre, toutes choses conformément à la règle, et ils deviennent des ombres pâles et sans vie, dans lesquelles il n'y a plus ni force, ni santé, ni vivacité ; les nerfs, les muscles et l'intelligence sont également affaiblis, faute d'exercices salutaires.

Trois choses funestes aux enfants.

Je voudrais ajouter trois autres choses qui exercent une terrible influence sur la santé de ces enfants.

1° J'ai vu des gens, possesseurs d'une grande fortune, exiler sans le moindre scrupule leurs enfants dans une chambre au nord (chambre de scrofuleux) où jamais ne pénétrait un souffle d'air purifié par un rayon de soleil, et cependant c'étaient des parents pleins d'affection et de sollicitude.

2° Est mauvaise l'habitude de faire venir les enfants *au dessert* ; on a souvent dit que c'était le seul instant où un père occupé pouvait voir ses enfants ; mais, s'il y a des convives à table, le père n'en jouira pas beaucoup, et s'il n'y en a pas, pourquoi faut-il qu'ils ne soient introduits auprès de leur père qu'avec les confitures et le vin.

3° Je voudrais savoir si l'expérience de beaucoup de femmes de charge est semblable à la mienne, c'est-à-dire si ce que l'on appelle à Londres renouveler les papiers et les meubles d'une maison signifie qu'on remet un papier neuf par-dessus un papier sale, et une nouvelle toile de Perse sur une ancienne ; et cela, jusqu'à trois ou quatre épaisseurs. Qu'on ne s'étonne donc pas si quelques maisons de Londres sont toujours comme moisies. Une telle négligence affecte la santé de tous les habitants de la maison, mais les enfants en souffrent à un bien plus grand degré.

Témoignage rendu par l'appétit à la campagne et a la ville.

L'état de la santé est, en général, attesté par l'état de l'appétit; les enfants, qui ont à la campagne un excellent appétit pour toutes les substances végétales et animales, lait, fruits, viande, pain de ménage, etc., durant le temps de leur existence de serre chaude se restreignent au pain, au beurre, au thé, à la pâtisserie et quelquefois, par hasard, mangent une orange. Est-il étonnant que l'estomac se détériore sous ce régime contre nature ?

Le thé ne doit pas être donné aux enfants, comme on le donne aux malades.

Ne traitez pas vos enfants comme des malades ; ne leur faites pas prendre, surtout aux enfants nerveux et irritables, du thé, qui leur procure une excitation passagère, aux dépens de leur pouvoir de nutrition. Pourquoi ne pas leur laisser manger de la viande, et boire un demi-verre de lait ou de bière légère? S'ils ne peuvent pas le supporter, c'est par la faute de quelqu'un; ce n'est pas celle de l'enfant, ni de son appétit naturel.

Résumé.

Donnez-leur des salles d'études fraîches, éclairées, exposées au soleil, ouvertes à l'air libre; des chambres à coucher sans feu, beaucoup d'exercice

en plein air ; exposez-les même au froid, au vent,
à tous les temps, avec des habits suffisamment
chauds et un exercice suffisant, beaucoup d'amu-
sements et de jeux librement choisis par les enfants et non imposés ; avec plus de liberté et de développement naturel, et moins d'études, d'efforts,
de discipline ; avec plus d'attention à la nourriture,
moins de préoccupation de les droguer, et vous
trouverez qu'il est possible de conserver des enfants
bien portants, même dans *l'air de Londres*.

NOTES

I

DE QUELQUES ERREURS DES ROMANCIERS

Les romans, qui occupent maintenant une si grande place dans les lectures des femmes de toutes les classes, contribuent singulièrement à répandre et à populariser l'ignorance et les fausses notions. Voici un petit nombre d'exemples entre beaucoup d'autres de ces erreurs vulgaires :

1º Les joies de la convalescence. Nos pères avaient, sans doute, des constitutions très-différentes des nôtres, s'ils revenaient à la vie aussi soudainement, aussi pleinement que bien des personnages qui nous sont représentés dans les œuvres d'imagination. De nos jours, pour les personnes d'âge moyen, dans les grandes villes où la civilisation est fort-avancée, la convalescence des graves maladies (si même il y a convalescence) est souvent retardée par des rechutes, et n'est jamais qu'une lutte lente, pénible et nullement « joyeuse. » L'un des devoirs les plus importants et les plus difficiles de la garde est de soutenir le convalescent, au lieu de vouloir le calmer. Tenez pour certain que de s'imaginer qu'il est dans un état de jouissance ou même de bien-être, c'est une pure rêverie. Souvent, quand il n'est pas soutenu par des intérêts ou des affections de premier ordre, il doit regretter le retour à une vie qui n'a plus d'attrait pour lui; ou, si elle reprend ses droits, il fait de pénibles efforts pour remplir des devoirs dont il se sent totalement incapable;

2° Les unions entre cousins germains sont le thème favori des auteurs qui oublient qu'ils contribuent de tous leurs efforts à traverser les plans de Dieu pour la race humaine;

3° La maladie et le lit de la mort sont peints avec des couleurs et des effets que non-seulement l'auteur n'a jamais vus, mais que personne n'a vus plus que lui. Un seul romancier peut-être fait exception à cette règle.

C'est en Angleterre que la maladie et la mort ont été le moins fidèlement observées; les sujets d'observation sont là, mais l'étude exacte manque toujours. « Le lit de mort » est, dans presque tous nos romans, une scène de théâtre, comme le chant de la PRIMA-DONNA, qui expire à la dernière scène d'un opéra. On serait tenté de croire que la mort n'existe pas en réalité. Shakspeare est le seul auteur qui ait jamais touché ce sujet avec vérité, et il l'a envisagé seulement du côté de l'art.

4° Dans les romans, la vie du malade est ranimée par quelques gouttes de bouillon succulent. Que signifie ce moyen, et tous les autres également absurdes ?

5° Les héroïnes bravent toujours la contagion, et ensuite elles en meurent avec toute leur famille et leur entourage. C'est honteux pour elles, si cela arrive ainsi.

Maintenant, c'est une question de savoir si la maladie et la mort doivent entrer dans des fictions ; mais si les auteurs veulent écrire sur de si graves sujets, ce n'est assurément pas trop exiger que de leur demander qu'ils veuillent bien prendre la peine d'observer avant d'écrire. Pourquoi encourageraient-ils des méprises sérieuses et mêmes funestes ? Pourquoi ne s'informeraient-ils pas, par exemple, de ce que c'est que « la contagion ; » et s'ils veulent en faire le sujet de leurs romans, pourquoi leur héroïne, au lieu d'en partager les dangers, ne les préviendrait-elle pas, pour les autres et pour elle-même ? La contagion, pour en donner la définition la plus vraie, est la propagation d'un fléau, qui prouve, lorsqu'elle a lieu, la négligence ou l'ignorance de quelqu'une des personnes responsables : médecin, garde ou parent ; et prouve aussi

que le lieu où elle s'est produite n'est pas plus
propre à l'habitation des gens sains qu'à celle des
malades.

II

SUR L'EMPLOI DES FEMMES

On a immensément écrit, dans ces dernières
années, sur la difficulté d'employer les femmes,
sur le manque d'ouvrage, le défaut de demandes,
le champ trop restreint pour l'industrie des femmes, etc., etc. Mon expérience m'a appris que les
demandes sont beaucoup plus considérables que les
ressources pour y répondre; que *le champ ouvert à
l'industrie* des femmes est vaste, mais que les *ou-
vrières* sont rares. Je me borne à mon expérience
personnelle, au terrain sur lequel j'ai travaillé. Je
n'ai pas recueilli par moi-même d'informations
relatives à d'autres emplois, tels que celui de
l'enseignement dans les familles ou dans les écoles
publiques, mais je sais que les résultats en sont
semblables à ceux que j'ai recueillis dans ma propre pratique. Pour ma part donc, j'ai reçu, durant
ces trois dernières années, plusieurs centaines de

demandes, pour des matrones attitrées ou surinten-
dantes d'institutions, qualifiées missionnaires ou
gardes de paroisse (c'est-à-dire pour garder les
malades dans une paroisse, avec un salaire provenant, non pas du *board's-guardian*, mais des
propriétaires de la paroisse), gardes pour les
familles, les hôpitaux et les maisons de travail.
Eh bien, ce qui manquait ici, c'étaient les gardes
propres à remplir les emplois, et non pas les
emplois pour les gardes, si elles avaient été propres à les remplir. A première vue, je pourrais dire
qu'environ pour un tiers de ces demandes on offrait
une ample rémunération ; pour un autre tiers, on
ne fixait aucun prix, et on était disposé à entrer en
arrangement à des conditions convenables, pro-
portionnées aux qualités de la garde, et quant au
dernier tiers, généralement adressé par des hôpitaux de province et des maisons de travail, le
prix offert dépassait la rétribution la plus ordinaire
de la tâche imposée.

Je ne puis que répéter, relativement aux gardes-
malades, ce que *Fraser* dit des instituteurs ou institutrices des écoles publiques, c'est-à-dire que la
demande excède de beaucoup le nombre des personnes propres à remplir l'emploi.

Si, dans la multitude des femmes auteurs qui se
sont donné carrière sur l'emploi des femmes, sur
leur juste droit au travail, sur l'équilibre entre leurs
salaires et leurs labeurs, chacune d'elle s'était oc-

cupée d'instruire, ou de mettre dans la voie de
s'instruire, dix femmes, propres à répondre aux demandes qui sont adressées, nous ne pouvons douter qu'il .n'en fût déjà résulté d'excellentes réformes.

J'ai reçu d'une amie qui, au lieu d'écrire sur ce
sujet, a fait elle-même les expériences en· faveur des
femmes compositeurs d'imprimerie, la permission de
dire : que l'expérience a pleinement réussi, que
les femmes gagnent un bon salaire et même un
salaire élevé (de 15 à 25 schellings par semaine),
qu'on n'exige pas d'elles de fortes journées, qu'il
leur reste du temps pour leurs occupations domestiques et que, cependant, l'entreprise fait ses frais.

III

SUR LE NOMBRE DES FEMMES
EMPLOYÉES EN ANGLETERRE COMME GARDES-MALADES.

25,466 femmes ont été enregistrées dans le re-
censement de 1851, comme gardes de profession ;
39,139. comme gardes en service domestique [1] et

1. La table que nous donnons ci-après fera connaître une circonstance singulière : c'est que sur les 39,139 gardes dans le service domestique, 18,122, c'est-à-dire près de la moitié, sont entre
cinq et *vingt ans,* tandis que pour les gardes de profession et
dans le service public, elles sont au-dessus de soixante ans.

2,822 sages-femmes. On trouvera dans la table B le chiffre des différents âges, et dans la table A leur distribution dans toute l'étendue de la Grande-Bretagne.

Ce serait une œuvre véritablement nationale de travailler à augmenter la capacité de cette classe de personnes, et de leur enseigner, autant que possible, les doctrines de la santé.

Les matériaux existent, mais la question est de savoir s'ils seront employés pour guérir ou pour empoisonner le malade. Un homme, qui est peut-être à la tête de notre corps médical, me disait un jour : « J'envoie une garde dans une famille, pour soigner mon malade ; mais je sais, qu'en définitive, elle ne servira qu'à lui faire du mal. »

Le titre de garde signifie toute personne chargée du soin de la santé d'une autre, et, dans les chapitres précédents, nous avons employé indistinctement ce nom pour désigner les amateurs et les gardes de profession ; car, outre les gardes-malades et celles qui prennent soin des enfants, nous avons, dans le nombre des personnes auxquelles nous nous adressons, compris les amis ou les parents, même les mères de famille, qui prennent temporairement soin d'un malade. Il est évident que ces gardes de circonstance ont un besoin aussi grand d'apprendre les lois de l'hygiène que les gardes de profession.

Il faut aussi compter, dans ce nombre, les maî-tresses des écoles nationales ou des pensions privées ; combien d'épidémies d'enfants naissent dans ces maisons! Il faudrait pouvoir établir la proportion des filles élevées dans ces écoles, qui deviennent mères de famille ou membres des 64,600 gardes mentionnées ci-dessus, ou qui tiennent à leur tour des écoles. Si les lois qui concernent la santé, celles qui sont relatives à la pureté de l'air, à la propreté, à la lumière, etc., leur étaient enseignées, ne sauverait-on pas la vie de beaucoup d'enfants ? N'arrêterait-on pas la source de beaucoup de maladies qui se perpétuent ? C'est sur les femmes que nous devons compter, premièrement et finalement, pour la salubrité des maisons et l'hygiène des personnes, ce sont elles qui doivent prévenir l'abâtardissement des familles, autant, du moins, que ces choses y contribuent. Le véritable moyen d'instruire la race humaine dans l'art de préserver sa santé, n'est-ce pas de l'enseigner aux femmes, dans les écoles et dans les hôpitaux, par un enseignement pratique et par l'expérience, comme nous avons cherché à en exposer ici la théorie ?

FIN

TABLE DES MATIÈRES

FIN DE LA TABLE.

Imprimerie L. Toinon et C⁰, à Saint-Germain,

www.ingramcontent.com/pod-product-compliance
Lightning Source LLC
LaVergne TN
LVHW050344060726